U0907442

黄希庭◎顾问　　陈红◎主任

社会与社区发展实践

【澳】马诺哈尔·帕瓦尔（Manohar Pawar）◎著
李　丹　尹华站◎译

Social and Community Development Practice

西南师范大学出版社
国家一级出版社　全国百佳图书出版单位

图书在版编目(CIP)数据

社会与社区发展实践 / (澳) 马诺哈尔·帕瓦尔 (Manohar Pawar) 著 ; 李丹, 尹华站译. —— 重庆 : 西南师范大学出版社, 2017.4
ISBN 978-7-5621-8717-2

Ⅰ. ①社… Ⅱ. ①马… ②李… ③尹… Ⅲ. ①社区管理 Ⅳ. ①C916.2

中国版本图书馆 CIP 数据核字(2017)第 086941 号

English language edition published by SAGE Publications of London, Thousand Oaks, New Delhi and Singapore, Manohar Pawar,2014

社会与社区发展实践

著　　者:[澳] 马诺哈尔·帕瓦尔(Manohar Pawar)
译　　者:李　丹　尹华站

责任编辑:张燕妮
封面设计:畅想设计
排　　版:重庆大雅数码印刷有限公司·瞿　勤
出版发行:西南师范大学出版社　地址:重庆市北碚区天生路 2 号
邮编:400715　网址:www.xscbs.com
市场营销部电话:023-68868624
经　　销:新华书店
印　　刷:重庆荟文印务有限公司
开　　本:720mm×1030mm　1/16
印　　张:15.75
字　　数:254 千字
版　　次:2017 年 10 月　第 1 版
印　　次:2017 年 10 月　第 1 次印刷
著作权合同登记号:版贸核渝字(2017)第 030 号
书　　号:ISBN 978-7-5621-8717-2

定　　价:48.00 元

《社区心理学译丛》
编选委员会

总序

黄希庭

社区心理学的研究对象是社区中人的心理与行为，它是一门探究个体、社区与社会交互作用的性质、机制和功能的心理学分支学科。我们倡建中国心理学会社区心理学专业委员会的目的，是为了建设中国特色社区心理学，使我国的社区更加和谐、健康和幸福。社区心理学诞生于20世纪60年代的美国。经过半个多世纪的探究和实践，西方社区心理学已涉及很多方面，有理论研究(如对社区心理学的核心价值的探讨)，也有应用研究(如对社区心理咨询和社区行为矫正等的实践)；有量化研究，也有质性研究；有对现实社区心理和行为的研究，也有对社区心理学教材建设的研究。为了借鉴西方社区心理学的研究成果以利于我国社区心理学的建设，我们确定了以下四项原则来选择西方社区心理学的研究成果：

——对我国社区心理健康服务有借鉴意义的研究著作；

——对我国社区心理学理论建设有借鉴意义的研究著作；

——对中国特色社区心理学教材建设有借鉴意义的教材；

——对国际社区心理学的新发展和走向有所把握的研究著作。

根据上述四项原则我们先在几十种著作中选出了近二十种，然后征求陈红、毕重增和Todd Jackson等教授的意见，经过反复斟酌，最后确定翻译由Taylor & Francis出版公司、Sage出版公司和牛津大学出版社等出版的十本著作。这些作品可分为下列四种类型。

属于社区心理健康服务的著作有Elaine Miller-Karas著，李彦章译的《重建应对创伤的心理弹性：创伤与社区弹性模型》；Mary Lee Hummert，Jon F. Nussbaum著，李媛等译的《老化、沟通与健康：成功老化的研究与实践》；Areej Hassan

主编，邹枝玲译的《青少年心理健康与社区》；Ximena B. Arriaga，Stuart Oskamp 编著，陈传锋等译的《社区问题的心理学研究与干预》。

属于对西方社区心理学理论探讨的有 S. Mark Pancer 著，何嘉梅译的《公民权与公民参与心理学》；Helena Águeda Marujo，Luis Miguel Neto 编著，吴继霞等译的《积极的国家和社区：积极心理学中的跨文化视角及质性研究取向》；Manohar Pawar 著，李丹、尹华站译的《社会与社区发展实践》。

属于西方社区心理学教材的有 John Moritsugu，Elizabeth Vera，Frank Y. Wong，Karen Grover Duffy 编著，尹可丽等译的《社区心理学(第 5 版)》；Victoria C.Scott，Susan M.Wolfe 编著，张锋等译的《社区心理学实践基础》。

Stephanie M.Reich，Manuel Riemer，Isaac Prilleltensky，Maritza Montero 编著，陈燕译的《国际社区心理学：历史与理论》一书分析了社区心理学与各意识形态流派、其他心理学分支学科、社会科学、文化历史传统以及不同时期经济发展状况之间的关系，以全球视野阐述了社区心理学的缘起、现状与发展趋势。

我国的社区心理学研究刚刚起步，我们翻译出版《社区心理学译丛》，了解西方社区心理学的研究和实践，借鉴和模仿前人的经验，这很有必要。但是我们必须清醒地认识到，借鉴和模仿前人的研究和实践不能代替我们从中国的实际出发进行创造性的研究和实践。这是因为社区是人们在一定地域里经营集体生活的共同体，而无论从社区的自然地理环境和人文地理环境以及社区内部的各种社会组织、社会群体之间的构成方式及其相互关系来看，还是从社区中人们的风俗习惯、历史传统、民间规约及现代化进程中的行为来看，我们的社区都不同于西方的社区。我们了解西方社区心理学的研究和实践，借鉴西方社区心理学，不是要照搬西方的理论、概念和实践模式，也不是重复和跟踪西方的社区心理学研究，而是从我国的实际出发，为解决我们自己社区中的问题进行创造性的研究和实践，这样，我们才有可能发展出中国特色社区心理学的理论、概念和实践模式。

那么，怎样从我国社区的实际出发进行创造性的研究和实践呢？我想就科学研究过程的主要环节提三点建议。

1.选题要有创见性

选题是科研成功的关键，要引起我们的高度重视。选题过程就是寻找一个重要的、自己感兴趣的研究问题的过程，即对本学科的研究现状和发展趋势做深入分析，从未解决的问题中选择一个对学科发展有重要价值和应用前景、自己感兴趣的问题进行研究。科研贵在创新。要创新就必须了解自己感兴趣的问题前人做过哪些工作，对前人的研究结果进行认真分析，找出尚未解决的问题进行研究。因此选题前我们应广泛查阅国内外文献，以免重复研究。在阅读前人文献时我们应随时想到前人的这些研究结果是否符合我国社区的情况，他们的社区心理咨询、社区行为矫正等实践经验是否适用于我国的社区。因此，我们自然会想到我国的社区深受中华传统文化儒释道的影响，特别是儒家提倡的仁、义、礼、智、信，忠、孝、廉、耻、勇以及正心、诚意、格物、致知，修身、齐家、治国、平天下等美德对社区中人们的心理和行为有着深远的影响；同时我们还会想到当代中国的现代化进程，特别是党的十八大所提出的经济建设、政治建设、文化建设、社会建设、生态文明建设五位一体的中国特色社会主义建设总布局以及创新、协调、绿色、开放、共享的发展理念对社区中人们心理和行为的影响正日益彰显。因此，我们要问，西方社区心理学的研究成果也符合我国的社区实际吗？我们只能照搬他人的研究结果吗？答案当然是否定的。我们必须走自己的路，选题要有创见性。在我国学术界有不少科研论文是跟着前人脚步的，他们的选题就只是对前人做一点“修正”或“补充”的研究。这种跟着前人脚步，不敢想不敢做前人没有想过没有做过的东西，是当前我国社区心理学选题的大忌，因为这种研究的所谓“创新”只是对前人的研究进行“修修补补”，不可能对我们的学科建设和社区建设有新的建树。

2.确定方法要合理

发现问题只是科学研究的第一步，接下来要规划解决问题的研究方案，即进行研究设计。研究方案包括研究内容（细化所要研究的概念和变量的含义）、研究方法、时间安排和预期成果等，其中最主要的是确定选择什么研究方法来解决什么问题。

社区心理学的研究目的大致可以分为四类：探索、应用、描述和解释。当我们走进社区的时候会看到某种新鲜事儿，想对它进行研究，却不知道这是个什么心理学问题，也不知道前人是否研究过，更不知道是否可以提出假设来进行检验，于是想对这种新鲜事儿的心理和行为做探索性研究。通常我们采用文献调查和实地研究进行探索性研究。文献调查就是通过对相关的科研报告、学术刊物和学位论文以及民间谚语、典故等的查阅，从中启发我们对它进行研究的思考。实地研究大致包括参与观察、直接观察和个案研究，特别适合于我们在自然情境下对社区心理与行为的探究。应用性研究就是以某种经验或理论为指导，帮助社区居民排忧解难的研究。应用性研究大多采用个案法，即指对单一个体的行为进行详尽的描述和分析。例如，社区的某一个案研究的临床报告可能包含对某种症状的描述、诊断和治疗及证明该治疗有效性的证据。社区心理学的第三类研究叫描述性研究。描述性研究涵盖的范围很广，包括问卷调查、相关研究和发展研究，不仅可以从事实方面加以描述，还可以从相关性和发展趋势方面加以描述。例如，我们可以从社区的地缘与经济特点、文化与历史特点、法制与管理水平、人口特征、家庭特征以及现代化特征等方面来描述当前社区中人们的心理和行为特征。除此之外，还可以从相关性和发生发展的角度来描述社区心理和行为。描述性研究主要回答是什么，在哪里，什么时间，如何进行的问题。社区心理学的第四类研究叫解释性研究，通常采用实验法来回答为什么的问题，具体地说，是对假设和预测的检验。一个实验是一项严格控制的研究。研究者系统地操纵一个或多个自变量，观察并记录一个或多个因变量的变化。真实验有三个重要特征：随机分配被试到自变量的指定水平；操纵自变量的水平；控制无关变量。由于社区心理学所探讨的心理和行为极其复杂，因此研究者必须对几种变量的交互作用所产生的影响加以考虑。如果实验的结果与假设所预期的一致，那么这个假设就获得了支持；如果结果与所预期的不同，那么这种解释可能就需要进行修订，然后可能会提出一个新的假设，并用另一个实验来检验。这种根据实验结果检验假设，形成正确解释的过程，有时是一个相当漫长和痛苦的过程。

社区心理学的研究还可以分为量化研究和质性研究。量化研究(quantitative research)强调精确的变量测量，它应用演绎推理方法，十分注重设计、测量、数据处理和取样的问题。量化研究方法是一个从干预(实验)到非干预(相关和差异研究)的连续体，所探讨的是一个或多个变量的数量特征、数量关系和数量变化。社区心理学研究中的实验法、相关法和问卷调查等都属于量化研究。质性研究(qualitative research)是不采用数字，而是用语言文字来描述和解释心理现象的研究。质性研究方法有很多，如参与观察法、深度访谈法、质性个案法等，是通过归纳逻辑对所收集到的资料所进行的解释和建构。与量化研究注重研究对象的代表性、问题的普遍性、测量的客观性和结论的精确性不同，质性研究注重个案的独特性、个案与情境的关联性和互动性，把自然情境作为资料的直接来源，对个人进行细致的、动态的描述和分析。在心理学研究中，每一种研究方法都有其适用的范围，每一个心理学问题都可以用不同的方法来加以解决。一项好的开创性的社区心理学研究通常是采用多种研究方法的。因此，怎样找到合适的研究方法并加以组合是做好研究设计的关键。在这方面，《社区心理学译丛》或许会给我们以启示。

3. 坚守职业道德不动摇

社区心理学既是一门学问，也是一种职业。说社区心理学是一门学问，是因为它是要探究个体与社区、社区亚群体及社会交互作用的性质、机制和功能等学术问题的；说社区心理学是一种职业，是因为它的社区心理咨询、心理健康服务是满足社区居民不同的需要，改善社区生活，进而促进社区发展的。无论从事社区心理学的哪一种工作，都必须坚守心理学家的职业伦理道德。Jennifer Evans 通过对世界心理学家伦理原则宣言草案(2005)、欧洲心理学家联盟伦理元章程(1995)、加拿大心理学家伦理准则(2002)、美国心理学家伦理原则和实施准则(APA，2002)等的研究，认为各国心理学家公认的职业伦理道德规范的核心准则是：

——尊重人的尊严；

——关怀人的福祉；

——为人正直；

——对社会、对科学负责任。*

这四条核心伦理道德准则是各国心理学家都应当具备的美德，也是各国心理学家的灵魂，它指引着心理学家的科学研究和服务，为心理学家的研究和服务保驾护航。它也是社区心理学家的研究和服务取得成功的基本保证。举例来说，在选题和制订研究计划的时候，应选择一个什么问题进行研究呢？应当认真谨慎地考虑这个选题对社会、对科学的价值如何。我们应当选择一个对社会、对

---

*Jennifer Evans 著，苏彦捷等译(2010).心理学研究要义.重庆：重庆大学出版社，7—15.

科学很有意义的问题进行研究，而不是马马虎虎、草率地选择一个毫无意义或仅有很少意义的问题便开始招募被试参加研究。浪费他人的时间，这是很不道德的。对于招募来的被试，应当用他们能够理解的言语告知其研究的目的和可能的风险；应确保他们是知情同意后参加的，而不是被胁迫的；对于未成年人被试，除了得到他本人的同意外，还应得到其父母或监护人的同意。尊重人的尊严，确保被试的隐私不被泄露，即使是质性研究，在公开发表结果时被试也必须是匿名的；无论被试在研究过程中说了什么或做了什么，除了研究者之外，没有人会知道他们的答案。关怀人的福祉与尊重人的尊严是相辅相成的。在心理咨询时如果发现来访者有伤害自己或伤害他人的严重倾向、有致命的传染病可能危及他人、未成年人受到性侵或虐待等情况，就应当以适当的方式告知有关方面。在获得结果和解释结果时，研究者的为人正直尤为重要。社区心理学研究报告中的数据必须真实可靠。任何形式的篡改数据和抄袭行为都是违背为人正直的道德原则。有些研究在开始时隐瞒了研究的真实意图，在研究完成后应当把这种隐瞒了的真实意图告诉被试，以取得他们的理解和谅解；参加研究的被试都有了解研究结果的权利，如果他们提出要求，研究者应向其提供一份研究总结报告。总之，心理学家的职业伦理道德标准是心理学家灵魂力量之所在，我们在从事社区心理学研究和服务的任何时候都要坚守职业道德毫不动摇。

心理学是一门探寻心迹，理解人生，点燃人类心灵真善美的学问。我相信，中国社区心理学的研究和服务工作的开展必将为心理学事业增添光彩！

是为序。

2017 年 10 月 17 日

CONTENTS 目录

第三编：社会发展与社区发展实践领域的社会工作

第四编：社会与社区发展实践展望

参考文献

前言

FOREWORD

二十世纪九十年代初，我有幸代表联合国亚太经济与社会委员会参观学习了当地社区发展非常成功的十二个基层社区的发展举措。如何实施，取得怎样的成功以及工作者如何参与都给我留下了深刻印象。当然，我非常感激这些举措得以实施，虽然这些举措是基层社区发展的一小部分，但却至关重要。而我唯一发现的不足是，在我参观的基层社区中，没有合格的社会工作者参与其中，这使得我对自己的专业感到有些许的惭愧。

二十世纪九十年代中期，联合国召集了政府高层协商社会发展，并且本次会议的报告引起了人们的广泛阅读。几年之后，社会发展便被各国领导人定为千年发展计划。许多人都知道，国际社区想要成为一个整体就需要了解社会发展的需求，并且能够确定一个合适的、一致的目标，同时拥有专业知识和技能，以实现在不同层次的社会和一系列背景中的社会发展。所有这一切不仅令人兴奋和有发展前景，而且还是弱势民族未来的福祉。

然而，我也注意到基层社会发展需要大量的工作者，而这些工作者没必要为某个工作接受训练。一种可能性是社会发展领域的构成。快速发展虽然能扩大社会工作的社区发展来迎合社会发展，同时，社会工作教育的进入和修改安排确保了潜在的社会工作者，尤其是那些可能选择进入社会发展工作，来自社会基层、农村及偏远地区的工作者。因此，我希望社会工作在亚太地区大规模发展。显然，基层社会发展的工作者也表现出这些国家对发展的强烈需求。跨境合作一旦形成，这种合作形式很有可能像南亚的区域合作。发达国家和发展中国家之间的合作较少，利益也少。

回顾二十世纪九十年代的那段时期，我发现自己从 2013 年就感到了失望。尽管国家的贫困有相当程度的缓解，一些国家的经济增长率得到提高，千年发展目标取得巨大进展，但在基层，却少有进展。当地的贫困水平会因为年轻人外出务工和寄钱回家在一定程度上下降，基层社会全面发展也由此开始。此外，社会工作学校的数量急剧增加，但却没有来自边缘化人群的学生，也少有学校关注社会发展。为何会一成不变，特别是对社会工作价值观，这将是一个谜。

由于内容和出版商，马诺哈尔·帕瓦尔(Manohar Pawar)教授的书非常的受欢迎。这本书并没有通过南亚的社会发展给出社会工作的答案，但却展现了一些关注国家社会发展水平的社会工作者，让我们知道有许多的社会工作者愿意坐下来思考南亚基层社会发展的可能，以及如何把这种可能更好地实现。

感谢马诺哈尔·帕瓦尔将过去几十年里亚太地区的基层社会发展记录下来，同时我们也要确保他的努力不要白费。我相信这也是本书的目标。

戴维考克斯博士(Dr Daviel Cox)

澳大利亚

绪论

PREFACE

本书的主要目的是为进一步讨论、验证传播思想。当然，如果我的同事、同学和朋友对我的写作和出版物没有兴趣，我也不会写这本书。在30年的时间内，我的作品大多以期刊文章和书籍的形式出版。然而不幸的是，由于市场限制，尽管近期的宣传和免费下载，在南亚地区人们还是不容易接触到这些读物，因此我希望在未来，人们可以免费阅读这些出版物，就像阅读期刊一样。本书反思和总结的以前工作，专门针对以印度为代表的南亚地区以及类似南亚的国家的读者所著。本书主要讲我对社会和社区发展实践的反思，讨论了社会发展进程的概念以及该进程与基层社区或基层村庄的需求的相关原因。本书认为，社会和社区发展实践的核心是社会工作领域的政策，社会工作、社会和社区发展的学生，教育工作者和从业人员，以及任何对社会发展感兴趣的人和社会发展在基层的实施。

从社会和社区发展实践角度看来，我的人生围绕着自我利益—自我追求，自我实现，自我中心。如果每一个人都像我一样，我们的社区和社会将有多美好！我们将在这社区诞生、成长、学习、工作、挣钱、发展自我及社会网络。实践中高效社区是日常生活成功的基础。现在我已经50岁，这正是验证我曾经待过的美好社会和社区的时候。仔细想来，这也许微不足道。因此如果可以，我希望把这本书当作我对建立有效社会和社区的小小贡献。然而，我必须指出，本书中的一些思想并不是我自已的。许多与社会和社区发展相关的思想都是思考了很长时间的。然而，在这个世界里，生活犹如老鼠赛跑，并且伴有许多负面的、破坏性的力量，但这可以从过去这些破坏性力量中得以恢复。由于这个原因，我可以重复过去的想法，并由衷地希望，在没有得到充分重视之前，他们的潜力也能实现。社会和社区发展的许多思想都与我们的生活高度相关，也是我们作为公民和社会工作者的思想、行动的中心。我希望本书能帮助读者结合现状了解这些思想。如果我为社会和社区发展工作者的思想和行动做出了贡献,那我也可能为未来社区更好发展做出贡献。

写书是一项困难、具有挑战性、耗时费力的任务,没有别人的帮助也难以完成。我非常感谢戴维考克斯教授(David Cox)为本书提供的宝贵建议并撰写本书的序。如果卡雷斯斯特大学艺术学院没有减少我一部分教学任务,我也不能集中精力完成这本书。我同样要感谢卡雷斯斯特大学艺术学院执行院长、前任人文社会科学学院负责人詹妮弗·麦金农教授(Jennifer Mc Kinnon),卡雷斯斯特大学艺术学院副院长玛格丽特副教授(Margaret Woodward)。我的朋友钱德拉坎德·科莱(Chandrakant Kore),是一位出色的工程师,虽然他对本书的基本概念一无所知,但我仍感谢他阅读本书。我也要感谢人文与社会科学学院的所有同僚,尤其是比尔·安斯科姆(Bill Anscombe),感谢他指出了社会工作实践的价值,以及感谢鲍尔斯·温迪(Wendy Bowles)副教授允许我引用她的社会工作职业道德的价值及准则比较表。我还想感谢我以前著作的出版商授予的转载许可,即本书最后列出的详细列表。感谢新德里圣人出版团队对本书的排版、编辑。最后,感谢我的妻子贾亚(Jaya)和孩子尼尔(Neel)、图拉斯(Tulasi)对我的支持。没有他们的爱、理解帮助与支持,本书及其他著作也不可能完成。

马诺哈尔·帕瓦尔(Manonar Pawar)

致谢

ACKNOWLEDGEMENT

我在此感谢出版过以下我的著作或论文的出版社，能够允许我继续采用相关内容。相关出版信息如下：

1.Pawar, M. and Cox, D. (2010). Social Development. In M. Pawar and D. Cox (eds), Social Development: Critical Themes and Perspectives. New York: Routledge.

2.Pawar, M. and Cox, D. (2010). Local Level Social Development. In M. Pawar and D. Cox (eds), Social Development: Critical Themes and Perspectives. New York: Routledge.

3. Chapter 4, 'Values and Principles for Community Development',and Chapter 5, 'Practice Dimensions and Dynamics of Community Development', from Pawar, M. (2010). CommunityDevelopment in Asia and the Pacific. New York: Routledge.

4.Pawar, M. (2004). Social Policy Curricula for Training Social Workers: Towards a Model. Australian Social Work, 57(1), 3 – 18 (journal website: www.tandfonline.com).

5.Pawar, M. (2010). Looking Outwards: Challenges for Teaching International Social Work in Asia. International Journal of Social Work Education, 29(8), 896 – 909 (journal website: www.tandfonline.com).

6.Pawar, M. (1999). Professional Social Work in India: SomeIssues and Strategies. Indian Journal of Social Work, 60(4), 566 – 586.

7.Pawar, M. (2000). Social Work Education through Distance Mode in India: A Proposal. The Indian Journal of Social Work, 61(2), 196 – 211.

8.Pawar, M. (2000). Australian and Indian Social Work Codes of Ethics. Australian Journal of Professional and Applied Ethics, 2(2), 72 – 85.

第一编　社会与社区发展进程

本书的第一编分为四章，主要介绍社会与社区发展实践。第一章介绍了社会发展方法。在社会工作课程中，社会发展的内容并不像社区组织和发展的内容那样普遍。然而，鉴于许多发展中国家需要用发展的眼光看待社会工作教育和实践，所有的社会工作者都有必要了解一些相关的、有用的社会发展知识和技能。本章的核心在于说明社会发展是能够实施并且取得积极成效的，而不像有些人所认为的只是一个空想的概念。为了验证这一观点，本章的第一部分阐述了社会发展的含义。第二部分，通过探索社会发展的历史起源，说明社会发展并不是新的概念，其核心思想在印度文化及其他文化中已有所展现，且有了上千年的历史。殖民时期的社会发展思想的演变，以及联合国(United Nations, UN)和相关机构有目的地采用这些思想，这些都是我们值得关注的，但个人主义、集体主义和伙伴关系等意识形态却影响了社会发展思想的进一步深化。在对有效文献进行分析的基础上，第三部分探讨了社会发展的观点及其实施的有效性。践行社会发展的观点首先需要了解现状，通过设置清晰的目标在必要时改变现状，其次需要遵循不同社会层次的价值观、准则、流程和策略，最后需要涵盖社会发展的所有层面。

第二章重点介绍如何将社会发展方法应用到基层社区的发展中。为了使概念清晰化，本章讨论了基层的意义，以及社区与社区发展的变化本质。通过指出基层社区是怎样被长期忽视的，从而说明社区间合作的必要性，也介绍了社会发展方法如何促进这些社区的全面发展。本章还推荐了一些可以用于社区发展实践中的基本策略。应用社会发展方法的实质是将社区中的所有层面都列为发展内容，从而使人们体验更高品质的生活，获取幸福感。

第三章将价值观与准则融合，探讨了社区发展实践的四种核心价值观和准则。考虑到深度和广度、应用的挑战与困难、有用性和有效性等因素，将人权、自立、自主和参与作为主要探讨的价值观和准则，并且介绍了它们的含义、评价、质疑、应用和实践策略。

第四章介绍了社区发展实务的动力系统。社工、社会和社区发展工作者们在实践中都曾运用过复杂的动力系统，本章将这些动力系统划分为四个方面，互相不包含也不排斥。第一方面，将价值观和准则应用到社区发展实践中是具有挑战性的，因为社区中的不同群体的反馈可能是不同的；第二方面，走进社区和开展社区发展工作具有其本身的动力系统；第三方面，作为社区基本活动的意识唤醒和能力构建，会给工作者带来一些挑战；第四方面，随着一系列社区发展工作而来的，是关于社区的可持续性和社区发展项目的连续性问题。第一编的四个章节旨在能够为社会发展方法的实践提供一些基本的知识、技能和观点，从而提升社区的社会发展。

第一章　社会发展进程

虽然社会发展在社会工作文献中不属于新的概念，但是在印度和亚洲其他地区，社会工作和福利事业相关的学生和教育工作者对社会发展的研究和应用还甚少。当我在塔塔社会科学研究所（Tata Institute of Social Sciences，TISS）学习社会工作时，常常看到一本题为《社会发展观点》（authored by Professor M.S. Gore，1973）的书陈列在出版部门，在塔塔社会科学研究所图书馆也会看到《社会发展专题》杂志，但我却基本不记得在社会工作课程中学习过社会发展的内容。为什么社会工作专业竟然没有开设社会发展这样一门有趣且全面的课程？这个重要的问题一直困扰着我。当我开始在区域社会发展中心（Regional Social Developmental Center）担任国际社会工作的讲师时，拉托贝大学的戴维·考克斯（David Cox）教授向我介绍了社会发展的课程。我参加了他主讲的国际社会工作课程的演讲，并和他一起进行了一些演讲、讲座。

作为一名社会发展课程的初学者，我阅读了索（So）撰写的《社会变革和发展》（1990），联合国亚太经济社会委员会（United Nations Economic and Social Commission for Asia and the Pacific`s，UNESCAP，1992）编写的2000年以后的、针对亚太经济社会委员会所属区域的《社会发展策略》，以及詹姆斯·米奇利（Miagley）教授著的《社会发展：社会福利的发展》（1995），回顾了米奇利教授的书籍以及发表在《印度社会工作杂志》上的评论文章（Pawar，1997）。协助考克斯教授组织了社会工作的社会发展课程方面的区域研讨会，合著了两篇报告，题目分别是《各层次的社会工作课程中的社会发展视角介绍》（Cox et al.，1997b）和《社会工作教育的社会发展》（Cox et al.，1997c）。在接触了社会发展方面的文献之后，是考克斯教授给了我进入这个领域的经验和机会。近二十年我一直在阅读社会发展的文献，并向社会工作和福利专业的学生讲授社会发展这门课程。我对这门课程的思考和对社区的生活经验及观察表明：社会发展不仅仅是一门哲学类的思考或者是一种无法实现的理想状态。社会发展的观点是务实的，并且是可以在不同的基层社区得以实践的。我与考克斯教授之前都曾说明过这个观点（Pawar 和 Cox，2010a，b，c），本章将紧紧围绕此观点展开。米奇利教授的新书《社会发展：理论与实践》（2014）在标题和内容中都反映了实践的观点。我本人对于这个问题的观点是，尽管目前对社会发展的概念还有些歧义，对其内涵的理解也不尽相同，但它作为一种目标、策略、理念和理想是可以实现的。基于此，本章的第一部分讨论了社会发展的不同内涵，第二部分介绍了社会发展的演变过程，并追溯了社会发展基于其他理论和意识形态的观点，第三部分探讨了社会发展领域出现的新方法。实现全球化、多层次的社会发展是一项极具挑战的任务，但却极具实践性和必要性，在解读社会发展理论、影响社区居民坚定不移地实践社会发展的进程中，社会工作和社会发展工作者们扮演着非常重要的角色。

社会发展的概念

从社会发展可实践化的角度去理解社会发展的概念是非常重要的。社会发展的概念广泛、灵活且包含甚广，每个人不同的学科背景、学术取向以及思维的局限性，导致了对社会发展的理解不尽相同。就比如盲人摸象的故事，盲人对象的描述取决于触摸到的象的不同部位和他们不同的感知方式。针对社会工作教育中一项基于社会发展的调查，一位来自发达国家的发言人是这么说的（Cox 等人，1997c）：“无论如何我都很难理解所谓‘社会发展’的含义是什么。在日本，这个词只有当我们提及发展中国家时才会使用。”而早先我邀请一位同事以社会发展为题写点什么时，他的回复是：“除非伊拉克战争停止，否则写任何有关社会发展的内容对我来说都没有意义。”

我也看到了一些社会工作教育者不愿意讲授社会发展内容，因为他们认为社会发展概念不明确且实践性不强，就采取了直接拒绝的态度，即便提及社会发展的概念，也是非常有争议的。在当前的社会经济和政治环境中，形成一个能够被大家接受的、具有可实践性的社会发展概念是具有挑战性的，但却是非常必要的。为了使概念更为清晰，首先，简单讨论了“社会”和“发展”两个术语；其次，罗列并分析了一些学者对社会发展的定义；最后，将之前的观点进行总结和发展，从而促进人们对社会发展的理解和实践。“社会”这个词本身是通用的、广泛的、包含甚广的，将其与其他词语搭配，比如“社会发展”，它的意思就会得到扩展，会令人产生混淆，从而不会对这个词产生重视，或者使用就很随意。“社会”一词源自于拉丁文，在拉丁文中名词“socius”意为“盟友、同盟”，推而广之，意为“分享者、搭档、伴侣”；形容词“socialis”意为“具有同伴关系的、社会性的、社会主义的”；与“socius”相关的另一个拉丁词是“socio”，意为“加入或团结一致，联盟：做或持有共同点，与大家分享”。在《简易牛津英语词典》中“社会”有四种含义，即：强调了单独、从属、相互合作、群体生活和活动四种方式，通过克服困难达到改善社会条件的目的。

名词“发展”在作为后缀词使用时具有不同的意思，并被应用于生物学、音乐、戏剧、运动、矿业、建筑业、摄影、政治和经济等不同领域。字典中的解释来源于动词“develop”，其含义为“逐渐发展，成为或使更加成熟、先进或有组织”（Hornby，1993）。“发展”也可以解释为“具有某种能力或可能性；形成更加先进或有效的状态；不断增长；详细说明或扩展；形成或激活；产生；发展”。因此，发展包含着行为和过程：通过扩展、放大或精炼而改善的行为，经历的不同阶段，尤其是更加先进或成熟的阶段（Dictionary. com，2007）。

将“社会”与“发展”两个词汇组合是理解“社会发展”的简单方法，但有一点很清楚，社会发展不只意味着一个个体、一个家庭、一对邻里、一个社区、一个企业、一个国家和一个民族的发展，也不只意味着重视一个实体的某个方面的发展，比如通常只考虑经济或政治方面的发展，而忽略其他方面。不管是什么实体，社会发展都指的是整个实体的共同发展，社会发展的解释就是以一种统一的方式一步一步地或一个阶段一个阶段地成长、前进、成熟，从而全面涵盖类似社会这样的实体的所有方面。例如，尽管社会繁荣，但事实上很多社会不平等的加剧提示着社会发展的缺失。成长、前进和成熟这些词在生物学意义上很容易被理解，但这样的理解是否能同样运用到社区、社会和机构中？什么是前进？是从一个阶段发展进步到另一个更好的阶段？一个国家或多个国家的发达地区展示出了一种成熟状态，而在非洲、亚洲和拉丁美洲的许多国家呈现的却是贫困状态，那还有没有必要改变当前的状态，发展到发达国家所描述的“成熟、先进的状态”呢？物质生产和财富的极速增长，在一定程度上影响了气候，引发了国家内部和国家之间的暴力冲突，增加了儿童贫困，导致了孤寡老人数量的增长，这些现象正如我们在美国和日本等发达国家所述的“先进成熟的状态”中所见，难道这就是社会发展的最终结果？同时也可以关注一下印度和许多其他亚洲国家所表现出的农村和城市的巨大差异。毫无疑问，迅猛的经济增长和发展是必要的，但这不是社会发展。世界的共同成长、改变、前进、成熟与发展涉及发展内容、发展主体、发展方式和发展时间等根本问题。了解这些有争议的观点之后，就可以关注这些问题在以下的社会发展的定义中是否得到解决。如前文所述，社会发展的定义众多且不尽相同，并且基于所使用的方法不同还可以在三类范畴内灵活组合。第一类范畴着重强调社会发展与经济发展之间的系统规划和联接；第二类范畴说明了社会发展的核心因素是带来结构性的转变；第三类范畴的核心在于认识到人类的潜能、满足社区群体的需求和达到满意的生活质量。对于社会发展进行界定的关键问题就是搞清其与经济发展的关系，即经济发展是社会发展的部分，还是社会发展是经济发展的补充？1995 年社会发展的世界首脑峰会对社会发展和经济发展进行了区分，将社会发展看作是经济发展的一个必要补充，这一观点也得到了联合国开发计划署(United Nations Development Programme，UNDP)的认可。现有的某些界定似乎能够说明这一问题，将社会发展和经济发展作为不同而又共同存在的两个概念。

对社会发展的不同界定进行分析之后能够明显发现其各不相同(见资料卡 1.1 到 1.3)。部分关注结果，部分关注过程，还有部分对二者都有所关注；部分界定包含了社会发展的含义和目标，以及如何去实现社会发展，而其他的可能只涉及其中的一个方面。对概念的分析表明，社会发展指系统化地介绍有计划的(有时是激进的)改革过程，释放人类的潜能，改变人们的决定，重组结构，提升人们的能力，完善机构以满足人类的需求。社会发展还可以达到一些其他的目标：减少不公平现象和问题，创造机会和赋予人们权利，实现人民的福利和幸福，改善人际关系以及人与机构之间的关系，确保经济发展。结合这些概念，可以了解米奇利(1995)提出的社会发展的八个特点，虽然其中一些特点可能与上述概念有所重叠，实际上都是从概念中衍生而出的。其中，正面的改变、进步的发展、组织机构努力的干预和经济发展四个特点解决了社会发展的过程问题，澄清了过程的实质。另外的四个特点指的是跨学科的理论基础意识形态导向策略、包含或普遍的范围和社会发展的福利目标。

资料卡 1.1 侧重系统规划、将社会发展与经济发展结合的概念界定

社会发展观包括经济发展，但二者又不尽相同。社会发展强调在经济、政治、社会和文化等方面的整体发展。(Gore,1973)

社会发展是有规划的社会变革，它与经济发展共同促进，目的在于提升人民的幸福。(Midgley,1995)

米奇利 2014 年修订了社会发展的定义(2014，第 13 页)：社会发展是有规划的社会变革，它在多种发展环境中共同存在，目的在于提升人民的幸福感。

社会发展是为了提高人民的福利而进行的综合社会变革。重大社会问题之间的相关性，要求国家和国际政府机构、社会机构和所有公民在经济和文化方面的努力。(Barker,2003)

资料卡 1.2 侧重结构变革的概念界定

社会发展是一个综合概念，包含政治、经济和文化等重大结构变革，它是社会变革中所采用的行为。(Pathak,1987)

发展应该是多层级的过程，包括对整个经济与社会系统进行重组和重新定位。它涉及制度的、社会的和行政结构的变革，还涉及民众的态度、习俗和信仰等方面的问题。(Todaro,1997，第 69 页)

新社会发展(New Social Development,NSD)是人类社会变革的人工化物质过程，目的在于建立人民群众、社区和国家的同一性。人类平等和法律观念的普及，一方面有助于消除暴力、战争和疾病，另一方面还需要付出许多以保证新社会发展的实质、总览和内容。(Mohan,2010，第 205、221 页)

资料卡 1.3 侧重实现人类的潜能、满足需求和提高生活质量的概念界定

社会发展包含了人民生活质量的提高……更公平的资源分配……决策过程中人民群众的广泛参与；采取特别的措施帮助边缘团体和社区进入主流。(Pandey,1981)

社会发展包含相互关联的两个方面：一个是人民为了追求自己和社会的福利而不断工作的能力，另一个是社会体系的不断完善和变革，能够满足不同层级的人类需求，特别是最低层级的需求，这就需要通过改善人民群众与社会经济体系之间的关系来实现。(Paiva,1982)

社会发展是一个有规划的变革过程，目的在于在人类需求和社会方针政策之间找到最佳的结合点。(Hollister,1982)

社会发展指的是发展和转型，为人民群众和社会发展创造更多的机会，逐渐能够掌握自己的命运。(Mohan 和 Sharma,1985)

社会发展特指人类潜能的释放，从而消除社会的不平等现象。(Meinert 和 Kohn,1987)

发展的三个核心价值构成是生存、自尊和自由。(Goulet in Thirlwall,1989,第 8 页)

社会发展不仅关注个体的幸福，还关注整个人类的幸福，以及最大程度实现个人、团体、社区以及大多数人的潜能。(Billups,1994,from Lowe,1995)

社会发展是一个促进人民幸福的有规划的社会变革过程，为实现人们固有的需求以及提高全民的生活质量提供了一个有效途径。(Cox 等人,1997b)

社会发展涉及个体福利和生活质量的提高、社会规范和体系的变革，这会使得整个发展对整个社会成员更具有公平性和包容性。(Davis,2004)

对于社会发展的概念中的特征问题，很多观点存在着争议，但对于目标问题却争议甚少。目前社会发展的相关文献中对于如何区分目标、价值、策略以及社会发展的过程如何在现实中得以实施，这样的陈述较少。也就是说，以上的概念中并未涉及社会发展“如何进行”和“发展多久”这样的问题。由于社会发展实践层面的缺乏或具有的不确定性，有些人可能认为社会发展是乌托邦式或理想化的，而不是现实的。因此，社会发展理论者们所面临的最大挑战是要证明社会发展在现实世界中能够实践。社会发展不是一个模糊的或只是与发展中国家相关的概念，而关注社会发展的实践化问题，我们或许可以从社会发展的历史起源和理论基础上获得一些启示。

社会发展的历史起源

早期文明

我们在阅读社会发展的历史时心里总有一个疑惑，是否可以追溯到关于社会发展及其实践的真实可信的起源。改革与社会发展（并非社会发展本身）的观点可以追溯到古代中国、古希腊和古印度的文明。帕塔克（Pathak）指出，社会发展的观点属于西方社会思想的一部分，已经有超过 2500 年的历史了。这些观点在佛教时期和马努（Manu）、考底利耶（Kautilya）的著作中都曾出现过（Pathak，1987）。整个宇宙的福利和幸福是几千年前印度文化的一部分。例如，Lokah Samastha Sukhino Bhavantu，意思是愿万物众生都快乐，这是许多印度教徒每天祈祷的内容。然而，是什么引起了变化和发展，什么样的变化和发展才会给人们带来福利和幸福感，这在人类历史中还没有得到确切的证实。

生物改变的观点

从生物学的观点来看，改变、发展和衰亡都是生命的本质，并以周期形式出现。宇宙中没有什么是静止的。将这种生物现象应用于生活、社会和文化的非生物方面，发现它们也经历了类似的周期，于是，“黄金时代”的概念应运而生。历史显示，许多文明都经历过巨大进步、达到顶峰、逐渐衰败这一过程，社会发展会处于这个周期中吗？米奇利（1995）认为社会发展不是倒退，而是进步。这是一个重要的假设，可能取决于社会发展的确切原因。以生物科学的观点来看，虽然人为的干预会对某些改变和发展过程产生促进或诱导作用，但成长、改变、发展和衰亡主要还是源于自然的原因或外在力量。由自然原因所引起的变化不属于社会发展的一部分，但人们有意识地处理自然变化的结果则属于社会发展的一部分。米奇利（1995）追溯了古希腊思想家的社会变革理论，赫拉克利特（Heraclitus）认为，当把对立的元素辩证地融合就会产生一种新的现象，于是变化就出现了。奥古斯汀(St Augustine)的观点认为，改革变化的阶段是由物质和精神力量共同作用的。伊本·赫勒敦(Ibn Khaldun)的思想是关于游牧部落和定居居民的人类冲突和变革的。

社会变革和经济变革观点

在16世纪和18世纪的文艺复兴和启蒙运动时期，许多思想家提出了对社会变革的传统的、教条的和宗教性解释的批判，表现出进步的形式却带来了倒退的结果，从而开始强调社会变革应该循序渐进地按阶段进行。或许是受到了早期希腊哲学家的影响，改革与进步的原因一方面可以归因于观点的提出、冲突以及融合(见黑格尔(George Hegel)及其追随者们的观点)，而另一方面可以归因于唯物主义下的经济和社会力量(见亚当·史密(Adam Smith)、卡尔·马克思(Karl Marx)和弗里德里希·恩格斯(Friedrich Engels)的观点)。虽然这两种归因在当时是具有差异的，但我们必须反思二者在观点上的相互影响且各自完整。

计划性的社会变革

相似的思想观点为人们寻求社会变革和发展，进行有计划的干预行为奠定了基础。创造理想社会的观点、群体生态学的产生以及奥古斯特·孔德(Auguste Comte)运用科学方法解决社会问题的观点，这都说明未来的发展逐渐克服了无干预的思想(见赫伯特·斯宾塞(Herbert Spencer)的观点)，并影响了许多为了人们福利进行有计划干预的费边式的社会主义者和社会学家们。其中的一位社会学家伦纳德·霍布豪斯(Leonard Hobhouse)就提出“社会发展”指代的就是计划性的社会变革过程(Dean，2010；Midgley，1995，第29、45页)。在19世纪和20世纪，政府是否应该干预，是一个具有争议的问题，但是工业革命、机械化的增长、工业化的增长、从农村向城市地区迁移的人口以及城镇化的扩大，都源于政府实施的各种与健康、教育和住房有关的福利项目和服务的计划性干预（如俾斯麦(Bismarck)实施的社会保险和贫穷法令)。每个国家在政策的覆盖范围、操作和传播方面都不尽相同，在大萧条和第二次世界大战期间就应运而生了一些额外的、重要的福利措施，如美国的罗斯福新政和社会保障法案、英国的贝弗里奇报告等。贝弗里奇报告在英国得以实施且影响深远，甚至为世界提供了福利国家的模板。

殖民时期与社会社区发展

最早是霍布豪斯（Hobhouse）在英国使用了“社会发展”这一术语，但欧洲殖民地却为实践社会发展提供了肥沃土壤。非洲、亚洲和拉丁美洲许多殖民地中实施的社会发展，到底是殖民统治者精心策划的统治方法，还是时代发展的必然结果，还不能够妄下定论。殖民化和非殖民化的过程、影响和结果对殖民地来说是福祸参半，但从长远来说，这样的殖民经历对殖民地人民的影响是糟糕的。殖民者最初以探险的名义兴奋地进入新世界，逐渐将其发展成了贸易和商业的场所。他们采取暴力、最大化地镇压独立运动、传播分裂和冲突的思想等方式压制和征服当地人民，最终建立了殖民者的统治规则。这样的发展往往被定义为殖民历史，没有人会感到高兴和自豪。

但不得不承认的是，欧洲殖民者对基础设施的建设做出了贡献，并且为教育体系、医疗服务、邮政体系和福利服务的发展奠定了基础，这些发展主要是通过传教士、建立监狱、完善税收体系和规范法律而实现的。当然，这些做法最初是为了服务殖民者本身而建立的，他们这样做的最主要的目的是掠夺殖民地的资源运回欧洲，而绝不是提升殖民地人民的福利和幸福感。这样的殖民化统治已经流行了几百年，但是从 16 世纪到 18 世纪，西方社会出现了新的发展，尤其是在启蒙时期，工业革命、工业化以及手工业的增加和产量的提高，都对殖民者的统治产生了影响。对于殖民者而言，19 世纪和 20 世纪的殖民地不仅仅是可供开发之所，而且是消耗欧洲工业革命所生产货物的市场。为了促进殖民地市场产品的消费，需要系统的经济发展措施，于是有限的福利服务开始实施。殖民地出口原材料，进口工业制成品，是当时的统治规则，甚至有些国家至今仍是这一模式。因此，在殖民地进行有策略的经济发展，从而夯实工业化国家的工业基础，在当时是非常有必要的。

正是这种社会经济形势为一些殖民地国家实践社会发展提供了沃土。对于 20 世纪 40 年代非洲西部殖民者所推动的大众扫盲及相关活动，米奇利（1994，1995）指出，某种社会发展观点（仅仅以识字率和教育作为社区发展的标准）的产生是时代的产物。但是，我们并不知道 20 世纪40年代非洲西部这种社会发展的源泉是什么。在那之前，英国人在印度已经建立了一种相对完善的教育体系，促进了农业的发展，并开始从印度和其他殖民地国家向英国本土出口棉花。在整个过程中，经济发展、社区发展和福利制度三者是紧密相关的。然而我们并不能确定的是，殖民统治者是否是有意识地规划，并将社会发展与经济、福利结合？在殖民统治时期，非洲和亚洲的许多国家既没有取得满意的经济发展，也没有获得足够的福利服务。在殖民地国家，福利服务的发展通常是要根据经济发展而进行的。尽管如此，无论出于何种动机，将社会发展结合经济发展和福利发展的观点，至少从殖民地的经济和社区发展的反复试验和发生错误中，找到更好的办法。

殖民统治者不仅出口原材料，也贩卖人口。一些人口被贩卖到其他殖民地国家从事农业和经济发展活动。还有一些精英人群前往英国深造，比如，圣雄甘地（Mahatma Gandhi）和贾瓦哈拉尔·尼赫鲁（Jawaharlal Nehru，印度开国总理），他们接受了西方的自由、民主和法制观念，学成归来之后，许多人在殖民地国家加入和领导了独立运动。为了完成从殖民统治者手中获得自由的梦想，为了完成民族独立和重建国家的梦想，他们进行了长期的奋斗，甚至牺牲，最终取得了胜利，许多殖民地国家获得了独立，建立了不同的政治和行政体系。

然而，殖民化的传统依然存在，与殖民者的关联仍然继续着。在新独立的国家，社会、经济和政治权利结构集中在精英阶层的手中，他们基于自己的经济和社区发展经验，以及所熟知的西方福利体系，开始对国家建设的宏伟蓝图进行规划。民众们在精英阶层所说的建立一个富强的国家、实现经济的繁荣、消灭贫穷等承诺的诱惑下，采用俄罗斯式的中央计划模式，通过完善福利条款和经营社区发展来实现这些目标。正如米奇利（1994）所言，或许正是看到了这些新独立国家所许诺的发展，英国政府于1954年正式以“社会发展”表示传统的社会福利和社区发展的整合。米奇利引用了英国的官方文件，其中所提到的“社会发展”是指“就社会和个体不断提升的幸福而言，没有比政权的变革和完善更重要的了”（英国，殖民局，1954，第14页，引自 Midgley，1994，第6页）。

联合国与社会发展

尽管一些国家实现了瞩目的经济繁荣，但仍然落后于西方发达国家，并且很难落实到地方层级。贫穷、医疗服务和教育的缺乏、生活水平的低下等问题不但没有改善，反而更加严重，还有一些贫穷国家无法偿还所欠债务。这种不平衡的经济发展，加剧了一些国家的债务危机，这不仅对于很多新的国家而言是巨大的挑战，对联合国也是如此。由此，联合国改变了发展的策略，从原来的有限的补救福利服务转变成社会发展策略阶段，这就使得除了经济发展之外，还同时强调了社会服务。自20世纪60年代以来，联合国在社会发展方法的普及中起到了重要的作用。1966年，联合国将其中的一个部门更名为社会发展委员会，成立了社会发展研究机构，组织了专家会议，出版了他们有关社会规划的研究成果，1976年支持国际劳动组织（International Labour Organization，ILO）采纳基本需求的模式，1995年召开社会发展问题的世界首脑峰会，2000年形成了明确强调社会发展的千禧年发展目标（UNDP，2003）。国际劳动组织的社会保护底限举措也值得关注（ILO，2013；社会保护底限，2013）。2013年，联合国经济和社会事务部（Division for Social Policy and Development，DSPD）的社会政策和发展部（United Nations Department of Economic and Social Affairs，UNDESA）已经推出了一个名为联合国社会发展网（United Nations Social Development Network，UNSDN，2013）的网站，主要用于社会发展专业人士分享相关知识和经验。联合国所采取的这些社会发展里程碑式的举措和主动性，引发了许多重要的行动，这在后续的章节会详细介绍。联合国的相关行为也促使着许多组织和国家在实际工作中采用社会发展的观点。

联合国早期和现在的发展策略以及采取的行为明显地影响了世界银行集团（World Bank）。德维斯（Davis，2004）在他的论文《世界银行集团的社会发展网络历史，1973—2002》中明确阐述了世界银行如何从最初被项目的有效性所吸引，到20世纪80年代中期将吸引转变为在工作中渗透了社会发展的观点。文章进一步指出，1977年世界银行集团的社会发展网络的建立及其后续的工作对以下方面产生了显著的影响：

• 关注人和社会——而非特别的部门或经济；

• 深入国家和当地的文化——允许对各种条件的适应；

• 自下而上的视角——支持政权参与方法，鼓励人们解决问题，赋予穷人权利；

· 关注社会体系,关心涉及社会整合和持续社会发展的经济、社会、政治因素;

· 支持政府在减少社会界线中的作用,使发展更具公平性和包容性。

社会发展的出版物

随着联合国将社会发展的概念普遍化,一些学者(如 Cuyvers, 2001; Gore, 1988;Jones 和 Pandey,1981;Midgley,1995,2014; Midgley 和 Conley,2010; Patel,2005;Pawar 和 Cox,2010c)和联合国组织(如:社会发展研究机构和亚太经济社会委员会)发表了诸多社会发展主题的成果。如前文所述,联合国建立了用于社会发展专业人士分享相关知识和经验的网站——联合国社会发展网联合国经济和社会事务部,2013)。20 世纪 70 年代以来,国际社会发展协会(以前被称为国际社会发展国际大学协会)定期出版《社会发展问题》杂志。20 世纪 90 年代以来,乐施会(Oxfam)出版了《发展实践》杂志。社会工作教育的亚太组织分会将他们所办的杂志命名为《亚太社会工作与发展杂志》。最近,印度的 Rajagiri 社会科学学院创办了一本名为《Rajagiri 社会发展杂志》的新杂志。非洲的《非洲社会发展杂志》自 1985 年起由津巴布韦的社会工作学院出版。印度和美国的《社会工作百科全书》都有一个章节是关于社会发展的内容。国际的专业团体,比如国际社会工作者联盟(International Federation of Social Workers,IFSW)、国际社会工作学校协会(International Association of Schools of Social Work,IASSW)和国际社会福利理事会(International Council on Social Welfare,ICSW)都采用了社会发展方法(详见第十章)。

意识形态与社会发展

从历史上看,社会发展的诸多方面和实施可以追溯到四种意识形态,即个人主义(或自由主义)、民主主义、集体主义和伙伴关系(或机构合作)(Midgley,1995,2003)。单一民族—国家和社会的建构也会受到这些意识形态的影响。个人主义或自由主义的意识形态强调个体的首要地位，而忽视社会中的其他个体，它的极端表现是拒绝对个体任何形式的约束。由于个人主义在社会构建和以一种尊重的方式帮助他人的实践操作上的困境，这种意识形态只是被节制采用，于是便产生了新自由主义以及相关形式的意识形态。新自由主义的意识形态强调个体的解放、自由、理性选择和自然权利，是当今资本主义产生的源头。这是一种强大的意识形态，也许会引起和解决许多当代的社会问题。个人主义或自由主义提出自己为自己负责，通过个人的奋斗自力更生，把握自己的命运。通过促使个人的发展实现社会福利和福祉的发展目标，也就是说，通过沿着特定的路线（例如，提倡自由市场、私有化和结束监管制度）以发展个人能力和建立机构，通过引入维护个人自由的方针政策和项目以提升知识和技能，开创企业、实施市场竞争、寻找机会、促进资本形成，最终实现个人的福利和幸福。当所有的社会成员都是按照这个模式生活，社会发展目标就可以实现。一些不具有工作能力，不能加入自由社会发展的人，会以购买市场福利服务的方式对他们进行慈善救助。

相反，民主主义的意识形态强调人民和社会底层群体的幸福。米奇利（1995，第 90 页，2003）指出，“民主主义是普通大众反对政府当局的主要原因，它强调人民的利益、体现大众的意愿”。民主主义者遵循人民的利益，动员人们组织团体，有时还会采取激进的方式发起行动。在很多新建立的后殖民国家（如印度），一些领导人也是从普通大众中产生的，他们通过满足人们的需求和渴望、解决问题、代表人民群众的利益而取得权利。这种意识形态有助于联合大众的力量，组织被忽视的群体（例如：妇女、儿童和老人），关注被忽视群体的问题，制定了很多方针政策以满足人民群众的利益。民主主义的意识形态已经融入了社会组织、社区发展和社会行为，以实现社会发展目标、改善生活状况（详见第十章）。它也以自下而上的方法实施，对社会底层的发展效果显著。“参与”是社会发展的核心之一，就是来源于这种意识形态。很多非政府组织（Non-Government Organization，NGOs）、社会组织和社区发展工作者都间接或直接运用这种意识形态来改善他们所为之服务的人民和社会状况。集体主义或社会主义的意识形态与以上二者不同，强调人民群体、财产的集体所有制和群体决策。工人运动、工会和合作社等都受到了集体主义意识形态的影响。在这种意识形态下，国家以集体主义的形式存在，对经济和社会发展进行统筹，力求满足人们的需求。米奇利对于集体主义国家的假设是："整体来说，国家体现的是整个社会的利益，有义务提升人民的幸福；政府是人民所有，代表人民群众的利益；这样的国家就是纯粹的集体主义国家。"（Midgley，1995，第 125 页）。作为集体主义国家，不管是否真正遵循了自由、民主和共产主义，对经济发展和引入不同的福利措施方面都产生了显著影响，但经济发展和社会福利之间的平衡在不同国家差异显著。实际的情况是，一些国家和国际组织过分强调经济发展，忽视社会结构，破坏生态环境，他们现在已经意识到且在努力改善这种不平衡。例如，在一些既实行民主主义又实行共产主义的国家中，一些国家遵循高度中央集权的模式，一些采用非集权的模式，一些实行实行自上而下的高度集权；一些国家鼓励公民参与，另一些则不鼓励。无论怎样的模式，都是为了改善人民的生活条件，实现社会发展。

第四种意识形态是伙伴关系，米奇利(1995)称之为"制度层面"。"制度"一词在理解上会产生困惑，我们将其改为"伙伴关系"。上文陈述的所有意识形态都有自己的优势和不足，且会以不同形式、不同程度在社会和社区发展中呈现。在分析之前的三种意识形态时，需要对它们分开描述，但在实践中为了实现社会发展目标，可能需要结合三种意识形态的有利要素，形成伙伴关系。伙伴关系意识形态的本质是，培育在意识形态、理论、国家—民族、国家和国际组织中的伙伴关系，从而实现社会发展目标。国家是伙伴关系的掌控者，市场、国家和社区都是伙伴关系存在的推动者。许多事例都说明了三种意识形态共同存在的必要性，只强调其中一种意识形态的发展必然会出现混乱。例如，在自助小组和小额信贷计划中，需要提升个体的意识、能力和技能；根据一定规范组成团体来满足成员的需求和利益；国家创建有利的环境帮助个体和团体有效地工作，满足人民需求获得幸福。然而，由于只有一些团体、国家—民族具有生成资源的能力，内、外成员和机构之间的伙伴关系也是不断发展和变化的。如有需要，就可以引进外来援助，与各层面机构工作者共同促进社会发展。伙伴关系在发展的各个部分都是必要的，因为它们都是相互联系的，只重视某一部分而忽略其他的部分，所取得的成果是不完整的，也可能会导致发展混乱。

问题在于，个人主义、民主主义和集体主义意识形态能否共存于社会中,从而改变现状,实现社会发展目标?伙伴关系意识形态给了这个问题以肯定的答案。

总之,通过社会发展概念的历史演变过程发现,虽然社会发展的概念不是新的,但它已经逐渐由最初的一种自然现象演变成了计划性的结果,学者、机构、社会—经济背景、政治背景和意识形态,都会对社会发展的形式和构成产生影响。同时,社会发展是许多政府的重要议程。例如,在英国,海外发展管理委员会,现在被称为国际发展部(Department for International Development,DFID),在 1975 年任命了首批社会发展顾问(Social Development Advisers,SDA),后来却没有招募更多的顾问,数量仅仅从 1987 年的 2 名增加到 1991 年的 7 名。但到了 1997 年,国际发展部却招募了 40 多名社会发展顾问,他们以社会发展的观点为指导,对国际发展部的政策发展做出了重大贡献(Eyben,2003)。许多政府(如:新西兰、泰国、多巴哥)也成立了社会发展部以实现社会发展目标。20 世纪 80 年代,保守党政府通过自由市场、自由化和私有化等政策在一定程度上限制了社会发展方法的运用,但他们对于社会参与和人民自立的观点也是认同的。保守党政府的政策在发达国家和发展中国家中都导致了贫困和不公平等消极的社会结果,后来的气候变化问题进一步地加剧了这种状况,但也再次为社会发展的理论与实践创造了良好的机会。

社会发展方法

是否存在一种恰当的理论能够解释社会发展,并指导我们对社会发展方法的本质和原因进行理解?社会发展是否存在不同的理论?对这些问题的回答源自于对社会发展的不同理解。一些人认为,社会发展只是一个来自于不同学科的实践领域问题,没有自己的理论基础,但另外一些人则持相反的观点,这是社会发展中最难的、最具争议的问题之一。

我们认为,从严格意义和实证框架角度来讲,不存在社会发展理论,一些学者使用了“社会发展范式”这一术语想说明社会发展存在着重要的理论(Karger, 1994),但我们不这么认为。当前社会发展理论仍在发展之中,或者说是理论匮乏的现状,为构建社会发展理论提供了好机会,我们认为这个是可以进行的。为此，我们必须为理论的发展做一些前期准备，包括对概念和变量进行辨析，厘清变量之间的关系，意识形容和目标对变量的影响，及其他们之间的内在联系。通过本章之前对社会发展的不同概念、历史演变和意识形态取向的简单阐述可以发现，没有一种解释是清晰的、令人信服的、准确的，但却可能从这些分析中确定社会发展的核心因素和方法。在社会发展的宽泛方法中，我们提出了七个复合的概念和变量，包括现状、目标、价值、过程、策略、层级和维度，见图 1.1 和资料卡 1.4，图示中也标明了变量之间的关系。

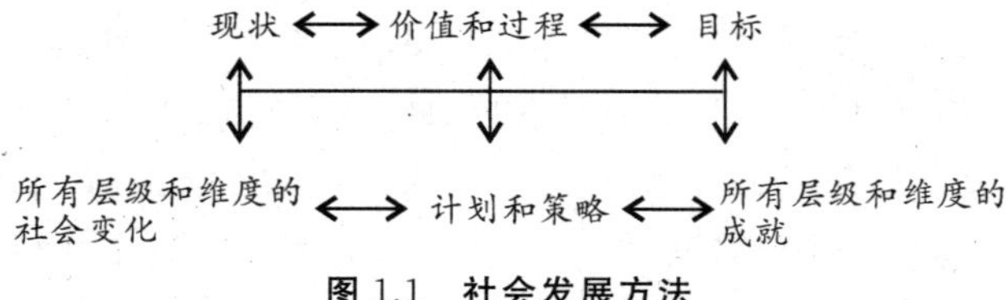

图 1.1　社会发展方法

资料卡 1.4　社会发展的方法

现状

· 社会的变革、进步和发展。

目标

· 提升人民的幸福感和生活质量。

· 让人民获得自由，满足愿望，实现潜能价值观。

· 尊重人民，相信他们具备成长和发展的能力。

价值

· 从整体理解人类生存——从身体到精神。

· 接受社会和文化的多元化，确立文化和价值观的中心地位。

· 认识到生态问题的重要性以及人类与自然环境的联系。

· 认识到社会关系是基于人民的权利与义务、平等的机会和拥有社会公正的权利。

过程

· 参与过程。

· 赋予权利过程。

策略

- 个人、群体和社会建设的能力。
- 基层机构建设和对人民组织的支持。
- 培养自立。
- 创造有利人民发展的环境，参与社会机构的发展和运行。
- 为人民提供有利的资源和便利的服务。
- 在支持国家的参与性计划中起到积极作用。
- 参与政策的发展和实施，促进社会发展。
- 协调各层级的发展规划。
- 从各方面提升公民社会。

层级

- 国际的。
- 国家的。
- 民族、区域内的。
- 州和省。
- 区。
- 政府的最低行政单位。
- 基层社区和乡村。

维度

- 文化。
- 政治。
- 经济。
- 生态。
- 教育。
- 健康。
- 住房。
- 权益集团。
- 公民和机构。

资料来源：摘自 Cox 等人(1997b)

资料卡 1.4 表明，这种方法对推行社会发展具有实践意义。基于社会变革、进步和发展，此种方法首先分析了现状及其产生原因。很明显，社会发展涉及环境范畴(包括生态环境)内的个体、家庭、团体、社区和社会，每种实体都有其不同现状，根据地理位置、历史、文化、政治的类型和层级、经济、基础设施、资源、健康、教育、发展机遇和主要问题进行划分。需要对每种状况的原因进行分析，可以基于多个变量，比如人民的生活水平，社会和社区的细微进步或后退的经历，不良发展导致的财富和资源的减少，不平等，阶层社会，压力，孤立，食品、营养健康食品、避难所、衣物、健康和教育服务等生活必需品的缺乏或不足。另外的影响因素可能还包括性别歧视，独裁政权，战争和冲突、海啸、洪水、地震、旱灾和饥荒、工业和技术事故等自然或人为灾难。

为了对现状进行理解，提出两个问题：当前的现状是什么？导致现状的原因是什么？解决第一个问题相对于第二个更容易。可以使用一些认识论的和理论的取向来对现状进行解释，包括不同的研究方法，例如量化研究、调查分析、人口普查数据、发展指标、质性研究、观察法、种族研究、个案研究、参与式研究、肯定式探询、媒体报道等等。对现状的宏观层面描述是较容易的，并且有助于对现状进行更好地解释。例如，联合国开发计划署的人类发展指标根据不同的变量，将国家划分为人类发展的低、中、高水平国家。然而这种划分只是基于社会层面，由于基层和地方社区层面呈现的显著多样性，还需要对前面所产生的解释进一步发展。在实践中，如何对这些层面进行报告、测量、理解，及其成就的获得都具有相当大的争议。

第一，针对现状所分析的宏观原因，要求将社会发展归因于不同的理论，比如现代化、依赖理论和世界体系(So，1990)。这些理论富有争议却在不断发展，因为支持者们用新证据持续地纠正自己的观点并回应批评。所有相关的理论可以归类为内源性的或外源性的。将现状归因于内部因素，如文化、传统、自给自足的农业、愚昧、资源缺乏、领导阶层、统治、技术使用水平和缺乏创新等，这样的理论被称为内源性理论。现代化理论就属于内源性理论。将现状归因于外部因素，如西方工业化国家的剥削、国际货币基金组织(International Monetary Fund，IMF)、世界银行和世界贸易组织(World Trade Organization，WTO)等国际机构设立的国际贸易和援助条例以及全球化，这样的理论被称为外源性理论。依赖理论和世界体系理论认为，这些外在因素是产生不利条件、恶化现状的原因。但事实上，促使社会发展的原因是这两种理论的结合，例如，以气候变化的原因而论，发达国家和发展中国家都存在不同程度的气候变化。

第二，设置目标非常重要。为了改变现状，需要做些系统性的有计划的工作以使人民获得自由、实现潜能，从而确保幸福感和生活质量，这些都是社会发展的重要目标。社会发展的目标包括：福利，幸福，生活水平，人权和平等，个人、家庭、团体、社区和社会的公平，以及维持生态环境。目标是社会发展实践的基础，但是目标的实现离不开价值观和意识形态。目标的制订基于人民对现状的不满，需要通过实现目标而改变现状，达到更好的结果。当然需要对目标的概念有清晰的界定，目标必须是具体的、实际的、可测量的、可验证的，而当前的社会发展目标通常因为不明确和无法实现而备受批评。明确目标概念的复杂性在于如何将物质目标（如：满足基本的需求，提高识字率和教育水平，增加平均寿命）与理想目标（如：社会公平，和平，福利，幸福，平等，公平和权利）以相互依存的方式紧密结合（Midgley，1995）。社会公平、平等和分配等理想目标具有价值观和意识形态内涵。有文献表明，社会发展目标具有相当大的争议（见《支持与反对的论证》，Midgley，1995，第92—101页），但现在到了我们平复争论，确定某些具体目标的时候吗？例如，千禧年发展目标涉及贫穷、健康、教育、歧视、生态、合作与协调，就可以作为社会发展目标。目前，由谁来制订社会发展的目标，如何制订目标，是最令人苦恼的问题。是应该由国际社区机构，还是国家和基层的某些精英人士，还是所有的人民和社区来制订社会发展目标？人民该如何参与到社会发展目标的制订中？目标设置的价值准则和意识形态导向是什么？如果社会发展目标是由外部力量所制订的，如何说服人民和社区认同这样的目标？这些问题对计划和实施有重要的意义。

第三，目标的讨论明确地包括了价值观和意识形态。目标的实现需要遵循人的尊严和价值、个体多样性、维护生态平衡、权利和义务以及整体主义的价值准则。

第四，上述价值观与人民的参与和权利的赋予过程紧密相关，也是社会发展的基础。

第五，显而易见，方法中的一些策略需要通过上述的四类过程来实现。社会发展的总体目标都是为了全体人民的福利和幸福，但因为所采用的计划、策略和过程不尽相同,所达到的效果也各不相同,这取决于现有的意识形态取向和信念对于现状的影响。

第六,这些策略需要在多层级、多部门、多维度中才能得以实施(Cox 和 Pawar,2006,2013)。这里所述的"多层级"包括国际的、国家的、民族的、区域的、州或省或区(管理的最低行政单位)、基层社区或乡村。目前多层级方法的最重要的环节是基层,因为它容易被忽视,主要指的是政府最低行政单位下的基层社区或乡村。尽管国家或地区层级也很重要,但历史发展的事实说明这些国家和地区层级的发展是孤立的,以集权的方式进行,对于基层的社会发展毫无裨益。某种意义上说,大多数的基层社区、乡村、农村和部分城市地区都没有从他们理应得益的经济发展中获利,由此,还远未能实现社会发展的目标。鉴于这样的结果,我们深信,虽然国家和地区层级的社会发展依然需要规划和改善,但应该优先和重点发展基层社区,还应该优先发展国家内部欠发达地区。最后,多层级的社会发展工作也应该关注多维度或多部门,主要涉及文化、政治、经济、生态、教育、健康、住房、权益集团、公民和机构。许多国家都从国家层面对这些部门进行了详实的规划,并取得了良好的发展效果,但大多数国家过分地强调经济发展,认为持续的经济发展能够解决所有的问题,并会对所有层级的所有方面的发展提供支持。事实证明,情况并非如此。

社会发展的文化维度是全面的、复杂的且富有争议的,正如概念所示,它可以涵盖其他的所有维度。即便社会的所有方面都与文化密切关联,为了区分和讨论单独的文化维度,必须将其他维度进行剥离。早期的现代理论家强调,为了实现现代化、进步和西化,传统的人民和社区应该摒弃原有的传统、习俗和观念,因为这会成为阻碍他们发展的禁锢。不同于这种理论,亚洲四小龙及其一些区域发展表明,发展和传统可以共存,即文化、习俗、传统、信念和发展本身可以共存。顾此失彼根本就不能称之为发展,某些外来机构建议放弃自身文化以求发展是不人道的,很有可能会破坏良好的发展预期。因此,为了推动社会发展,本土和外来机构理解人民和社区的文化、传统、习俗、宗教和精神的实践、信念是非常必要的,也是非常重要的。人民和社区如何从文化中汲取力量,并运用于其他的社会方面?文化似乎就是其他社会方面的基础,对于宗教、精神、艺术、习俗和信念等文化方面的敏锐理解和发展，有助于改善人民的福利和幸福，从而有助于达到社会发展的目标。政治维度发展包括意识的提高、问题和需求的敏感性及其评价、解决影响人民生活的事务、提升人们参与影响其生活的决定的能力。政治发展最重要的方面是不同层级和部门的领导力发展。领导力的提升需要能够意识到社会发展所有维度的重要性并促进其发展。事实上，整个的发展基于政治维度的优势，正如事实上的“民主”决策的中心，但这些决策需要以人民为基础的真正的参与。

多层级的经济发展至关重要，理解人民的经济愿望并为之奋斗也非常重要。不同层次的人们和社区拥有的资源是什么？民生的来源是什么？社区以自给自足的方式能满足需求吗？现有的资源是怎样分配的？经济发展的主要障碍是什么？这些障碍可能是基础设施不足、市场匮乏、失业或缺乏就业机会。基于许多因素，大多数的经济发展都需要调动一些内部和外部的机构资源，这些机构包括政府、商界和非政府组织，甚至还包括国际机构。基础产业、微型企业（见第八章和第九章，Midgley，2014）和公平的市场机制是经济发展的本质。经济发展是具有挑战性的，一旦开始实施，如果没有恰当的规划和安排，无节制的经济快速增长可能会给社会变革进程带来损害。长期可持续的经济发展取决于可持续的生态系统和人类资源。经济发展对自然资源的过度开发，对生态系统的忽视和破坏，这样的问题已备受争议，也确实应该受到批评。因此，必须确保在追求经济发展的同时，关注生态发展。生态发展主要涉及水域的开发和管理，树木的种植、森林和物种的生长与保护，发展绿色区域，控制和防止污染（二氧化碳的排放），以及阻止水和土壤等自然资源的浪费。好的生态发展会产生好的经济发展，这已经得到充分的证明（例如，水域发展项目的结果）。当前的气候变化问题和采取的行动，以及所提倡的绿色经济都与此有关。

人类资源的发展对健康和教育的发展也是有要求的。身体健康对所有人都是至关重要的，其他所有方面的发展都要依靠健康的人类和社区。为了人类的健康发展，可以实施很多预防措施和提升策略，比如，摄取有营养的食物和安全的饮用水，养成健康的习惯，避免过度吸烟、喝酒，降低孕、产妇和儿童的死亡率，增加平均寿命。国家的规划和项目中反复提到这些做法，但在基层社区中却没有得到重视。

从广义和现实的角度看，意识即是教育，人类的教育能非常容易地引发社会的变革。因此，提供给大众各种正式和非正式的教育都很重要。在很多国家中，初等教育是普遍且强制执行的，这种素质教育在基层中的实施尤其需要特别关注。教育的目标是教给人民文化、经济、政治体系、生态、健康的相关知识，以及如何为社会发展做贡献，同时应该把发展教育基础设施和促进继续教育作为优先的考虑。教育的发展反过来会促进其他方面的发展。

充足的、功能性的和高质量的住房供给是发展的重要方面之一，这个方面与健康、经济和文化方面紧密相关。一座好的房子，供水和卫生设施等完备的基础设施，对于人民的健康和舒适的生活都是必不可少的。数百万计的人住在以泥为墙、以茅草为顶的屋子里，这样的住房条件是差强人意的。城市中心的住房状况也是令人堪忧的，很多人生活在贫民窟。糟糕的住房条件肯定会对健康有影响。住房的发展还应该与文化相结合。某种意义上说，人民还需要提升自己的经济水平，以使自己能够买得起住房。同时，住房的设计安排还应该考虑基础卫生设施。在很多国家，用水供应没有考虑修建下水道设施，水流到大街上，汇集在地沟中，成了蚊子的繁育基地，这对人民的健康是非常有害的。

以往的生活经验和当前一些扭曲的发展模式清楚地表明，社会中的某类成员，如儿童、妇女、老人、残疾人、灾难受害者和病人，他们是容易受到伤害的，并且一般享受不到发展的成果。可以将他们纳入需要服务的群体当中，以保证其能够很好地融入社会中。

文化、政治、经济、生态、健康、教育、住房等方面的发展应该朝着培养良好的公民，发展不同层级的机构的方面不断完善。公民需要有自己的权利和义务，并且是社会的主宰者，因此，不同方面的发展都提升个体的能力，帮助其由自然人转变为好公民，进而建设性地参与到社会的发展中来。当然，这些方面的发展还需要建立良好的管理体系，但要确保其管理体系高效且远离腐败。好公民和好的管理体系共同发展，也有助于解决其他方面的问题。我希望在全球范围内践行社会发展，尤其在基层社区，这将有利于实现社会的普遍性发展。

结论

正如引言所述，本章主要介绍了社会发展的概念、历史演变和实践的方法。对社会发展概念的阐释是多种多样的，但核心都是关于目标、价值观、推进结构变革的过程、社会发展与经济发展同行，以及允许人民群众的参与和赋予人民群众权利。对历史的分析说明，社会发展的观点经过了很长时间的演变。很多学者及不断发展的社会经济、政治环境和体系对社会发展都做出了贡献，多种意识形态以自己的观点结合社会发展进行了解释，其中伙伴关系意识形态最具前景性，因为它融合了其他意识形态的优点。基于以上的分析，我们提出了一种社会发展的方法，重点在于改变当前扭曲的发展现状，以提升人民的福利和幸福感为目标。它所形成的是允许人民群众参与和赋予人民权利的价值观，提出了在各个发展方面、各个层级尤其要在基层践行社会发展的有效策略。我们相信，这种方法能够更加明确社会发展的概念，坚信社会发展在社会的任何地方都能够实施，并最终达到目标。

第二章 基层社区发展

结合我本人的乡村生活经验和对全局发展过程的观察，发现以社会发展方法（如第一章所述）践行基层社区发展（将在下文解释）是非常有必要的。我在印度的一个大约拥有 10 000 人口的大型农村长大，并在那儿生活了近二十年。对于农村生活中持续的需求和问题，我一直很关注。这是一个古老而传统的村庄，农业是人民的主要生活来源，在 10 年的基础教育之后，大多数的孩子都从事农业生产，只有少数孩子会继续接受高等教育。村庄中泥造或泥石混造的房子大都以种姓的方式聚居排列，社会地位较低的人家的房子都位于村庄外围，只有极少数的家庭最近才在村庄内部购买了住房。职业与种姓的联系在某些地方已经明显减弱，但却仍然存在。贫穷的人们只有在病情严重时才会去就医，他们一般采用精神疗愈的方法。他们大多数生活在贫困中，贫困和自给农业、季节性雇佣、不充分就业与失业、道路和下水道等基础设施的缺乏、卫生问题、优质教育的匮乏等问题在他们那很常见。

近年来，借助整体发展，尤其是借助村级管理委员会的发展，一些村庄的生活已经发生了变化，人民的贫困水平下降，工资相对提高，更多的孩子可以接受教育，交通条件得以改善，更多人愿意接受私立或公立医院的服务，某些村级管理委员会修建了公路和下水道等小型公共基础设施。基于种姓的社会分层制度逐渐削弱，政府的公共分配制度也有所改善。职业结构发生了改变，越来越多的人从农业转向服务业或制造业。剩余劳动力和劳动力短缺的现象同时存在，有一些人评论说，劳动者的工作态度正在改变，因为他们对政府的供给感到很满意。城乡互动、城镇化、信息和通信技术，以及购买力的增强在一定程度上促进了消费。但村庄中的这些改变却滋生了很多其他问题，比如，只有自来水供应而没有下水道系统导致污水横流，并滋生了大量蚊虫；塑料制品在农村得到了广泛使用，但塑料袋和塑料杯的处理却不得当；从农业脱离出来的劳动力没有规划好就业出路。受过教育的青年大都移居到了城市地区，社区中的关心、福利措施和艺术、文化活动都在逐渐减少。(Pawar 和 Cox，2004)

包括村庄一级在内的多个层级都发生了不同程度和速度的显著发展，但印度和其他亚洲南部许多村庄的发展还是没有达到其应有水平，当然也有个别地区例外。当我参观印度的村庄时，经常看不到明显的变化，据我所观察的结果，尽管印度出现了高经济增长率，工资也得到了增长，但依然不能相信这些村庄人民的生活质量得以改善，我不断地问自己，为什么出现这样的状况？如何解决？解决这个问题的方法可能有，但我推崇的是使用社会发展方法来促进基层社区的发展。为了更进一步说明，本章节首先讨论了基层社区发展的概念以及社区发展变化的本质；然后讨论了基层社区发展的意义、基本原理和目标；最后，阐述了如何将社会发展的方法运用于基层社区发展，并提出了相关策略和计划。

基本概念

基层

理解基层和社区发展的概念是非常重要的。在第一章的资料卡 1.4 中，已经明确阐释了社会发展的七个层级(见图 2.1)。所有层级都很重要，社会发展也应该涉及所有层级，但在这里我们着重分析的是基层。“基层”一词在基层社区发展的概念中不具有特定的含义。乌普霍夫(Uphoff)认为“基层”可以代表以下的任何一个层面或所有层面：基层层面(有合作或商业关系的社区)、社区层面(相对独立的社会经济单元)或组别层面(具有共同兴趣的人，可能是一个小的住宅群体，如一个村庄或邻居、职业群体、种族、种姓、年龄、性别或其他组别)、家庭层面和个人层面(1986，第 11 页)。正如第一章所述，基层指的是农村地区和部分城市地区的大多数基层社区和村庄，如图 2.1 所示，它指的是金字塔的最底层。同样，那些往来于农村和城市之间工作或经商的人，实际上也是基于社区和农村生活的。每个乡的下面有许多村级管理委员会，由这些村级管理委员会负责成千上万个村庄和社区的管理。基层指的是这些村级管理委员会管理下的村庄和社区，城市发展当局或市政企业管理下的社区也包含在内。

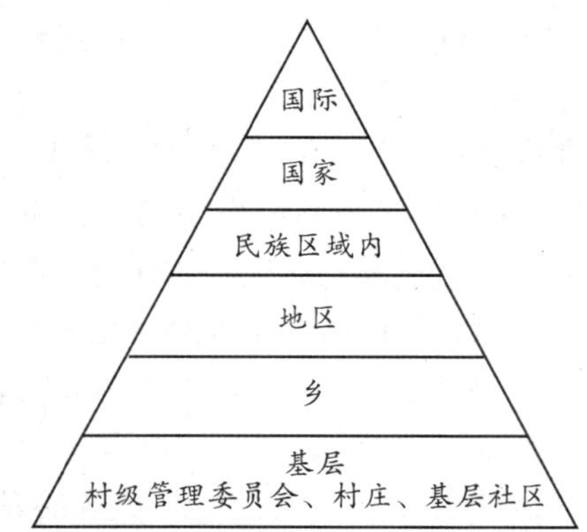

图 2.1　社会发展实践中的多层次和基层层面

对基层的概念界定还需要考虑个体、家庭、群体和社区等因素，因为在基层社区的发展过程中，这些因素都有参与且发挥了重要作用。个体、家庭和社区除了可以作为基层的基本单元存在，我们还将其作为社会的组成部分，与其他三个部分共同存在，这三个部分分别是市场或经济部分、国家或体制部分和民间团体部分（Cox 和 Pawar，2013，第 182－184 页）。我们还进一步提出了，个体—家庭—社区的存在及其发展构成了任何社会的根本，以下是详细的陈述。

如果我们希望了解得更具体，可以以多种方式进行讨论，而社会的重要方面都要依赖于基层的建设。第一，从根本上说，人民是构成社会的最重要资源，但是和其他资源一样，人也是需要发展的，而且这种发展源于基层。该理论的关键点是个人、家庭和社区的能力建设。第二，社会资本和社会一体化等重要的社会方面无法与第一种观点完全吻合，却要依赖于基层的发展（世界银行，2000，2001）。第三，宏观经济的发展依赖于家庭经济、社区经济和日常经济等基层经济的发展，而经济发展的其他层级也需要基层在经济系统中既扮演制造者的角色，也要扮演消费者的角色。（Cox 和 Pawar ，2013，第 184 页）

在社会发展方面，不仅要将基层发展当成社会发展的基础，而且要看成是领悟国家发展举措的阵地。因此，这是一个双向的过程。一方面，国家层面的发展为个体和群体创造了机会，主要包括教育和培训体系，人才市场提供工作机会，都市化和国际合作提供追求个人和群体的利益的机会等，这些都是能力构建的机会。另一方面，国家层面的有效发展也可以通过提供机会和服务而延伸到基层，但基层能否借助国家发展的东风，将在很大程度上取决于现有的基层能力建设和基层组织发展。也就是说，基层需要做好准备参与到国家发展的洪流中。因此，基层社区发展在社会发展方法中所扮演的角色就是为了实现这些目标，即基层为全面、有效地参与国家和地区层级的发展所做的准备，以及个体为组建基层组织所做的准备，都有助于抓住出现的机会。但是，对于有些地区，无论是否存在国家或地区层级的社会发展，因为他们排除了类似基层社区这样的特定群体，这样的基层社区的发展还是只能依靠自主发展。

社区发展

要了解社区发展的概念，就必须了解社区的概念。“社区”这一术语是一个普遍的、复杂的、有争议的(Pierson 和 Thcmas，2010)和全面的概念，不同的人和专家们基于不同的目的对这个词的解释也是不尽相同。埃夫拉特(Effrat，1974，第 2 页)客观地指出：“识别各种概念的要点在于，将概念的内容从附着于概念本身的诸多负荷价值的想象中剥离出来。”希勒里(Hillery，1955)对社区的 94 种定义进行了分析，总结出地区、公共关系和社会交往三个普遍要素。最近出版的两本教科书从人口规模、人民群众的共通性、认同和归属感、主要的人际关系和依附、本土文化等五个核心特征出发对社区的概念进行了分析(Ife，2013；Stepney 和 Popple，2008)。从定义社区转而描述社区特征说明了掌握社区的动态的主客观社会现象是存在困难的。

在现代和后现代生活中，是否还存在具有这些特性的社区？我们是否生活在这样的社区中？21 世纪的社会有了巨大的进步，体现在对本土居民的成功殖民和征服、工业化的显著提升、现代化、生产和繁荣、城市化的发展等方面，社区的地理位置分布取决于种姓和职业等标准，而这样的整合和政治化使得社区体系更加具有复杂性、挑战性和扩散性。随着近年来人们生活方式的改变，社区本身和人们对社区的理解也发生了变化。例如，生活在城市中心的人们从事快节奏的工作，他们在生活中不知道自己的邻居是谁，也不知道邻居们发生了什么事情，这都与传统意义上的侧重所在地、归属和当地文化的社区概念不符。这些人们的归属感往往是放在了社区以外的其他地方，因此，对社区概念的界定和对社区本身的建设必须能够符合人民群众和他们的社区不断变化的本质。社区如何转变？基层应该存在哪些类型的社区？重要的是，要观察和了解基层中社区的存在方式，及其如何变化，而不能一味地采纳西方社会的定义。

对当代社区的理解可以分为三种类型，它们之间彼此相关，也可能毫无关联。

第一种类型是社区居民的地理位置，这是社区最根本的方面，人们之间的近或远，或人与人之间的互动，都会创造一种相对的归属感和依恋感。社会学的定义大多会涉及地理位置、人们的归属感和人际关系。社区的概念还应包括对地方的归属感和依恋，因为人们对居住地的土壤、水和植被同样有归属感。这样的理解从生态学的角度来看是很重要的，而且其重要性在当代尤为凸显。这样的社区在基层的农村地区是非常普遍的。值得注意的是，随着城市化的进程，以及城市化对基层传统社区生活方式的渗透，地理区域所框定的社区正逐渐消失。农村和城市社区各有利弊。农村社区往往是保守的，有强大的信仰系统，他们的聚居和人际关系往往是基于宗教、种姓等类似的身份，这可能会成为农村社区发展的障碍。相反，城市社区更具有个体化，在交往过程中更注重契约性，更注重人自身的品质，而不会受到种族和出身等因素的影响。(Pierson 和 Thomas，2010)

第二种类型，社区的居民有或没有特定地理位置，他们的社区意识基于相同的背景、利益或共同关注的问题，如宗教、民族、起源地、语言、运动或爱好、残疾、儿童保育、青年、老龄等。第二种类型可以被称为“基于目标或利益的社区”。

第三种类型是一个虚拟社区，它通过社区网络传播，在虚拟社区中产生人际关系，虽无物理的接近却超越了地理位置，还可以大幅度减少时间。例如，通过网络、社交软件（比如脸书）、智能手机等的使用，人们可以进行互动、发展人际关系、制订行动计划以及为某些事件共同奋斗。

基于以上不同类型的社区，从规范的角度来看，社区发展被定义为"参与式的以人为中心的过程，这个过程包括汇集、调动或组织人们来共同解决他们的需求和问题，从而按照社会发展的方法促进自己、社会和社区的全面发展(Pawar，2010)。然而，这并不意味着社会发展总是或经常按照这种定义进行实践，在第二和第三种类型的社区中实行这种类型的社区发展也是具有挑战性的。

早期社会发展工作在独立的印度社会中取得了成果，但这些工作在其他国家的实践，由于一些复杂的因素，基本都失败了。从村庄到上级层面的权力结构阻止了社区发展，并且这些结构还不利于利益的获得。同时，这些权力结构进入成千上万座村庄也是困难的。此外，部级官僚协调的缺乏和对社会服务的过分强调，集中产生了官僚式和报告式的程序，与高层次区域单位相联系的社区的缺乏，减弱了印度的社区发展前景(Korten，1980)，这种情形在其他亚洲国家也有可能会发生。最重要的是，受西方经济发展理论(如，Rostow 的成长阶段论和 Lewis 的发展理论，1997)和现代化理论的影响，国家建设主要是以经济增长和发展为主导，这就给基层社区的发展实践留下了很小的空间。在 20 世纪 60 年代中期，大多数社区发展计划被终止或大幅减少。科滕(Korten，1980)指出："社区发展承诺得很多，兑现得很少。"因此，我们现在需要关注基层社区发展背后的意义和基本原理。

基层社区发展的意义、基本原理和目标

大规模弱势和临时人口面临尚未解决的需求和问题

基层社区发展的意义和基本原理源自于存在已久的弱势和临时人口多面临的潜在的、未解决的需求和问题的规模。印度和亚洲其他一些地区有上千座乡村尚未享受到其他层面的发展成果(见图 2.1)。虽然预计在不久的将来会有 50%左右的人居住在城市地区，但仍有 50%到65%的人生活在农村和偏远地区，而满足他们的需求和解决他们的问题是很重要的。21 世纪，也有一些人称之为"亚洲世纪"，随着经济的繁荣和持续高速增长，当前许多基层社区的贫困状态就无法解释了。大约有十亿贫困和弱势人群无法满足生存的需求或者实现他们的潜能。此外，

考虑到目前为止所有资源已用于发展，我们只能得出结论，只有致力于摆脱贫困、消除不安全因素、提高生活水平、给需要发展的基层以切实可行的机会等，才能改变当前令人无法接受的现状。

社会发展的基层场所

我们近几十年对社会发展的基本认识是，国际、国家和基层三个层级独立存在且在发展中处于各自的层级。为何之前国际或国家层面的发展能够辐射到各个基层，是找不到内在的逻辑必然性，部分原因可能是国际和国家层面强调发展的本质使然。如果能够使基层接受其他层面的发展，则往往需要直接的目标指向。尽管会有一定程度的全球化，尤其是国家层面的延伸，它们的发展也会为社区发展创造一定机遇，但抓住其中的有利因素并能发挥主动性，是其是否能在其中获利的关键。因此，即使发生了延伸，这个过程也必须是互惠的，基层也必须通过自下而上的方式获得发展。

社区多元化的意义

现代的社区几乎都是以各种方式进行多元化，在政治和经济发展中也较为常见，而从中获利的能力，要遵循多元化本质的特定社会模式。无一例外，某些阶层或群体的人被排除在发展之外或受到了明显的歧视，虽然这种情况可以通过国家层面的反歧视措施进行解决，但也并不总能起到作用，除非同时帮助弱势群体在社区中占据合法位置。因此，基层社区的发展对于解决多元社会中的不平等和不平衡问题至关重要。

偏远社区的存在

许多国家都存在一些偏远地区，或者以某些方式从国家层面的发展中脱离的地区，它们要成为贡献者，抑或是获益者，这是一个困难的过程。这些地区可能是分离于大陆或国家中心的岛屿区域，可能是被崎岖地形阻断、常年严寒的山林区域，可能是处于国家偏远角落的区域或根深蒂固的贫困地区。虽然现代国家可能会采取适当的策略应对各种障碍，但一些偏远地区存在特定的部落—民族—种族—宗教特征，从而使得被孤立、不受欢迎，它们仍然可能会被遗忘或忽略。在大多数情况下，基层社区的发展重点应该在于高度自主发展，因为这既是生存的重要基础，也是重要过程。

建立社区网络以及在基层建立民间社会组织优势的重要性

社区优势和网络（某些学者称其为社会资本；见 Hoff，1998；Korten，1995，第 279 页；Putnam，1993，第 235 页）是社会发展的重要组成部分。世界银行（1999，2000，第 18 页）认为社会资本反映在基层中，体现为公民在教育、健康和基层信贷计划等方面高度“参与村级社会组织”（世界银行，1997，第 115 页）。根据 Cox（2006，第 14－15 页），在社会层面，社会资本不能完全反映能力构建的水平，但会出现在很多社会组织中，将这些社会组织结合，使得它们能够彼此相互工作、相互信任、彼此联系，最终在社会过程中共同发挥作用。此外，社会资本会产生一定类型的、在其他情境下无法产生的社会组织，也就是说，无论是政治、经济、社会、文化或福利，反映社区基础或社区范围的组织将产生雄厚的社会资本。米奇利将这样的发展认为是社会资本的囤积（1995，第 160 页）。

社区连接民间社会基础，对基层乃至整个社会都至关重要，并且通过基层社区的发展形成并加强了健康社会的两个特性。

忽视基层社区发展

基层社区发展往往在社会发展的概念阐述中被忽视，当然，在这一领域被完全忽视的情况也不是个例，因为很多与国际层面发展相关的机构已经产生、鼓励、资助和参与了发展的计划和项目，至少有一部分是在基层进行的。然而，在我们看来，有两种趋势导致了基层发展的相对忽视。首先，可以理解的是，国际层面的主要发展机构倾向于强调国际层面（国家之间的关系，比如：捐赠援助）和国家层面的发展。它们支持的基层活动往往是由发展承包商、非政府组织和其他关注基层发展的组织发起，跨越了特定的区域，但考虑到反对全面的社会发展概念或现有需求时，由此产生的项目经常是单一维度的且限制了范围。此外，有时一些能够并愿意进行基层发展的机构，认为更有必要选择一些已经取得了一些进步并且更有前景的基层进行发展。另外的做法可能因为无法达到捐赠者的目标而致使失败，从而也为更进一步的资金筹集带来困难。因此，国际上开展的工作在基层开展时经常被批评为在很大程度上是基于项目的、单一的、有时是不可持续的，即使成功了，也需要有强大的基础。很少能够找到一个相对全面的基层发展计划，是专门针对世界最需要帮助的地区和人民，并且能够基于广泛的基础开展。

其次，国际发展机构和国家政府似乎都在关注国家发展。这种方式与二战后关注宏观经济发展的模式是一致的。国家政府需要的现代化在很大程度上是通过城市化、工业化和相关基础设施建设而实现的，而这些都是实现经济增长的必要步骤。国际上的参与者热衷于通过推动全球贸易支持发展。特别是在自由贸易基础上，他们为大型开发项目提供了资金，扩大了全球投资市场。有时，投资者们鼓励大规模兴建基础设施，以及配套财政的教育和健康发展，这些都将有利于国家的精英和大多数群体更好地走向小康。如果考虑到基层，普遍认为宏观经济增长为导向下的流动效应将会给所有阶层的人带来好处，但这经济增长的第一步取得显著进展则是至关重要的。

然而，有充分的证据表明，假定的宏观经济的涓流效应或流动效应通常都没有出现，主要是因为理论所隐含的某些先决条件没有出现。这就意味着，一个有凝聚力的国家和当权群体会对国家和内部进行关注，而现实中许多中坚力量或上层掌权者对国家或群体中的其他人民却鲜有同理心存在。这也意味着在现实中，一种稳定的、非腐败的、高效的治理体系在许多国家并没有占主导。因此，许多政府基本上没有通过社会服务、收入支持和其他方案来增加税收和重新分配增长成果。相反，许多国家逐渐变得不平等，从而导致政治上的不稳定。最后，该理论能够符合本地层面发展，鉴于事实上许多基层社区都处于世代贫困中，并且缺乏参与国家发展建设的机会，所以即使他们能迁移到城市的中心，许多人还是会维持原状。

近年来，国际社会不仅越来越意识到加强善治和解决基层贫困的重要性，还意识到国家经济发展和其他发展主体的重要性。特别是世界银行和国际货币基金组织（IMF）现在都紧随联合国开发计划（UNDP）和其他计划（联合国，1995；千禧年发展目标，开发计划署，2003）采用更稳定的发展方式，而这也日益成为西方国家政府海外援助方案的重点。现在，关于社会发展能被广泛接受的方法是自上而下与自下而上的方式共同发展。

国家与基层的联接

这是基于自上而下和自下而上的发展举措而产生的问题，如果没有国家层面的发展，或发展处于较低水平，或是出现腐败和偏离轨道的发展过程，那么基层社区发展或自下而上的发展是否还具有可行性？换句话说，国家层面的发展，尤其是国家层面的经济发展是否是实现合理的基层社区发展的重要前提？如果这个命题是正确的，那么就能得出这样的结论：如果欠发达国家、失败国家和遭受贫困的国家在数量上达到了显著性，那么解决基层社区发展的问题就没意义了。将基层社区的发展置于全球视角中去考虑就显得尤为重要。

国家层面的重大发展是否是基层社区发展的前提，这个问题不能被抽象回答或是得到肯定，以下论述在很大程度上代表了个人的意见，没有太多有力证据的支持。然而，应该指出的是，1995 年的社会发展联合国峰会首先承诺强调创造“一个使人民实现社会发展的经济、政治、社会、文化和法律环境”，这就是所谓的有利环境（联合国，1995，第 11 页）。我们的第一个观点是，要明确一个合适国家的社会发展层面，将会提升基层发展成功的机会。如果国家层面的发展在本质上是全面的，并覆盖了所有的维度，这样的做法更是毫无异议的。然而，我们关注的是，没有显著的国家层面发展，基层社区发展就不能取得较大程度的进展。我们的第二个观点是，找到国家层面和基层发展的真正本质非常重要，并且存在几种可能的情况：一些基层的发展被其他层面忽视了；基于文化、种族或政治原因，中央政府将某些基层的发展与其自身的发展放在了对立面；某些基层则成了不稳定的国家层面的发展、内战或中央无法有效应对的自然灾害的受害者。将国家层面发展失败得出的具体情况总结转化为基层发展的进步的做法各有不同，但这些特定情况将成为决定基层社区发展的重要因素。

以上两点在各个环节中都会影响基层社区的发展。然而，我们认为，无论国家层面社会发展的程度和本质是什么，不管基层和国家层面关系的特定本质是什么，如果可以利用必要的资源，某些基层社区的发展将是有可能的，并且实现这些发展采取的行动也是有意义的。即使处于极端的基层情况，如流离失所者，被边缘化的少数土著群体或社区，极偏远的地区和贫困社区，如果人们愿意并决心实施计划，目标是能够实现的。这些都是重要的先决条件。理想情况的状态是，除了人员以外能够提供相应的资源，但这也不是最重要的，因为如果社区工作人员受过良好的训练，能够识别和利用现有的资源亦可。例如，社区工作人员可以帮助社区人们开展基础识字课程、建立初级卫生保健设施和基础教育、制订利用本地资源的创收方案。这些措施在一定程度上都将有助于基层社区发展，最低限度上，即便没有明显的外部资源和不依靠国家层面的发展，社区也能发展。不过，很显然的是，如果能将社区发展与国家层面发展的一些外部资源相联接，社区发展的计划实施的可能性就会更高。

关于将国家发展与社区发展进行联接的意义，我们进一步认为，社区取得的成绩对于国家的发展要么会起到促进作用，要么会对国家整体的发展造成一定的压力。基层社区发展必然会提高个人、家庭、社区和基层组织的能力，增加社会资本，并开始了构建公民社会的重要过程。在持续和互动的过程中，这些发展将构建国家性的资源，并对国家层面的发展产生一定程度的压力，比如好的治理方法、国家财富的公平性再分配、国家基层设施的扩展和国家社会服务的扩展。后续我们会进一步讨论，基层社区发展构成了国家层面发展的重要基础。可以说，基层社区的发展是建立强大的、安全的国家的唯一基础，并将最终实现国家的完整和统一。

基层社区发展的基本原理与目标

从总体上看，基层社区的发展发生在基层，并由基层开始。基层的发展并非是单纯地建立在中央规划和决策的基础的、理论上的行动，而是一种结果（联合国区域发展中心，1988，第 14 页）。正如米奇利

(1992a,第 4 页)对社会发展的民主主义的理解:“当基层人民共同加强社区的联系,采取协调行动以提高社会和经济条件时,基层社会发展就开始了。”我们认为,基层社会发展的哲学基础是基层人们通过社区结构承担自身发展的责任。

基本原理

根据以上的讨论,直接涉及基层社区发展的基本原理有三个方面。这个层面的发展从本质上讲是为了三个层面的目标而设置:

第一,解决忽视多年的基层发展问题,通常表现在极端贫困和受压迫上;

第二,弥补国家层面发展的失败;

第三,为基层参与国家层面的发展做准备,特别是基层社区能够利用开放的机会。

基层发展的三个目标的说法较为常见,而究竟哪种目标占据了主导作用,说法存在争议。毫无疑问,最困难的情况体现在第一个目标中,因为解决忽视多年的发展问题将会面临极端贫困、缺乏自尊和自信、缺少基层组织发展等问题。其次,次之困难的情况是基层社区很少能攀附到国家层面的发展,这就限制了那些资源相对充裕地区或以某种形式接受外界援助地区的发展。而如果从国家层面就进行了一些限制,或是国家以某种措施反对基层发展,情况就会更糟糕,这种状况在从国家层面中感觉基层发展会威胁到它的统治地位时就会发生。第三种情况是最容易的,即促使基层利用合理的、重要的以及潜在的国家层面的优势,尤其是如果能同时在国家层面进行工作确保对基层发展的需求做出合理的理解和反应。在一些情况中,这三个目标在参与基层社区发展中是相辅相成的,而要对这些情况进行干预和处理却是极为复杂和困难的。

目标

正如我们看到的那样,提倡基层社区发展的背后存在三个广泛的目标,且它们之间具体的相关性则由具体情况决定。这三个目标如下:

第一,协助基层的个人和其他社会团体克服重大的问题,即会阻碍个人或团体的社会功能和进一步的发展；

第二，通过加强个人、家庭、特定人群和基层组织的发展而提高基层发展的整体水平；

第三，促进不同维度的基层社区发展，每个维度的进一步发展是实现基层社区整体发展的必要条件。

以社会发展方法促进基层社区发展

第一章已经介绍了社会发展的方法(见表 1.1 和资料卡 1.4)。它包括了解基层社区的现有条件，组织基层人民设置目标以及根据各层面和维度的价值观、原则和过程采用具体的策略。因此，关注的重点是基层社区。印度和亚洲其他一些地区的农村、偏远地区的大多数基层社区和乡村都是没有接受过专业训练的社会和社区发展工作者，这种推测是不正确的。无论在哪里，都可以看到许多从事社会工作的学生、社会工作者、社区发展工作者、社会发展工作者、非政府组织、村务委员会、其他政府机构和人民组织从事于某些社区工作或致力于解决某一方面的问题。这些问题可能与健康、教育、就业和创收、乡村基础设施(如道路、卫生设施、社区中心)等有关。这些问题往往以项目的形式解决，并取决于资金机构或机会和政府计划，优先需求或危机情况。如果这些具体的项目采取适当的方法，符合特定的原则，它们可能会取得成效。然而，每一个项目只会对整体的基层社区发展产生一定影响，因为它们只与基层社区发展的某一方面有关，因此，它们对当前的现状只会产生特定的但也十分重要的影响。这些项目也可能因为不符合当时的社会现状而最终失败，这种结果也是常见的。

作为这类项目的一部分，社会工作类学生的课程通常是由社区来进行组织，从而因为训练和教育本身的需求产生不连贯性。但是，社会工作相关学校和学生可以选择特定的乡村和社区为对象，用一段较长的连续的时间在此实践社会发展方法，定能给社区发展带来质的改善。单一机构或社会工作者不可能在社会发展的各个维度开展工作，但他们采用的计划性社会发展方法是重要的，也是实现基层社区发展所必需的。为了社会发展方法在基层社区取得有效成果，需要遵循以下六个步骤。前三个步骤重在提供知识、技能和能力，后三个步骤重在基层的应用。

1.了解社会发展方法

正如第一章所述，专业人士和大众都以自己的方式对社会发展进行阐释，所以社会发展有许多的定义。因此，理解第一章阐述的社会发展方法非常重要。对基层社区发展实践感兴趣的人（包括社会工作者以及社会和社区发展工作者）都应该了解社会发展方法的内涵、本质和功能。可以通过自我阅读、参加培训（如：相关的大学课程、研讨会和讨论会），以及参观和研究基层村庄和社区的方式进行了解。乡村、社区和团体、基层领导、村务委员会成员、人民组织和非政府组织工作者以及其他政府组织都应该对此进行学习。提升他们理解的根本是消除常见社会发展不同于经济发展的误解。讨论的重点应该在于社区发展的现状，家庭和社区所希望达到的目标，如何应用正确的价值观、原则和过程来引导行为，以及如何有意识地应用一系列的策略帮助社区各方面取得发展。

2.坚持价值观、原则和过程

迪安（Dean，2010，第 185 页）恰当地评论道："社会发展本身就是一项道德工程……"因此，遵循一定的价值观、原则和过程是至关重要的。这些在第一章的资料卡 1.4 中已经进行了简单的阐述，四种基本的价值观和原则在第三章会进行详细的阐述。如今，至少在原则上，我们一致认为，应该采用与基层社会发展相关的方法。该过程实际上是将一系列原则运用到发展的过程中。该过程涉及的五个关键要素包括参与、赋权、公平、人权、环保（这五项原则并不是唯一的表述，其他的一些表述可能被认为包括在其中，如，自信）。

综上所述，发展过程的这五个方面影响深远，却很难实施，这也解释了为什么大部分基层社区发展不能实现。没有人民的参与相对而言较为容易，赋予人们权利可能会适得其反并导致一些人在某些方面提出不恰当的要求，比如在国家层面部分人就不愿意赋予权利。因此，在发展进程中使精英群体的利益长久化，比在不平等条件下采用公平方法要容易得多。确保人权可以消除政治上的不公平，尤其是如果这种不公平极有可能破坏大多数组织的权力基础或生活标准，并且将环保可持续性看作不必要的或有争议的方式，那么权力集中就更加容易些。我们对这些全球的原则都有着合理的共识，这也是可以理解的，但问题是这些原则在这个领域并没有得到政府甚至是非政府组织和人民团体的认可。当我们发现有些原则很难实施或需要花费极高代价时，即便已经认可了这些原则，也尽量使之更合理化甚至回避。

这就是为什么要着重强调基层社会发展过程中的所有要素，如：教育、培训和实践。人民、社区、工作者和组织需要制订一个坚定的目标以提升人民的幸福感或生活质量以及赋予自由权来满足愿望和实现潜能。当与个人、家庭、团体、社区和组织一起工作时，社区工作者需要尊重人民，相信自己的能力，全面理解人类的生存、自然与生态，并支持多元化、非歧视和人权。可以雇佣人民参加工作，赋予其相应的权利，并要求其参与到发展中来。正如上面所指出的，由于存在目前的既得利益群体和不同的社区权力机构，在实施这样的价值观、原则和过程中可能会遇到诸多挑战，但从长远来看，这样的措施应该是有效的。

3.提升策略的使用能力

第一章的资料卡 1.4 中已经提出了社会发展实践的十种策略。虽然这些策略很重要，但也要意识到，如果没有运用有效的技能，就是不完善的。这些策略是具体的、涵盖面广泛的。个人工作者不会同时使用所有策略。个人工作者、基层工作人员、非政府组织和政府组织中的团体需要使用这些策略。许多社会工作者和机构能够将这些策略运用到个人、家庭和团体中。

基层社区发展的四种基本需求中的第一种是在必要时构建人们的自信心、自尊心和自我意识的提升；第二种是个人、家庭和基层组织的能力构建；第三种是增加收入；第四种是开发社区资源。在基层中，这四种基本需求间的平衡和相互作用非常重要。当人们处于低自信和自尊的情况时，就有必要去满足这种需求。同时，将这种需求独立于或者分裂于其他的需求而单独解决，由于人们的认知不足，这种需求也是难以满足的。事实上，有些时候可以采用诸如在提升能力的同时提升自信心这种间接的方式，但无论采用什么样的方式，提升人们的自信都是非常重要的。

资料卡 2.1　构建自信的例子

在孟加拉国以女性为家庭主妇的家庭模式中，工作者认识到邀请与这些家庭主妇群体相互熟识的小部分女性参与工作的必要性。最初的目的是鼓励妇女讨论她们的生活、家庭情况、需求和愿望，寻求需要改变的方面，并尽可能培养她们在某方面的生活能力。由于这些妇女脱离社会已经有很长一段时间，且自我价值感很低，因此，工作的间接目的就是帮助妇女们逐渐建立自信和健康的自我。工作者常说，家庭主妇们可能需要几个月的时间才能逐渐建立自信并开始关注自己的生活，但至少说明她们已经开始了改变，而只有在几个月之后达到了这个目标，才有可能进行下一步的能力建构的培训。

在必要的条件下，尤其是在长期受到压迫的情况下，强调人民意识提升和赋予权利是很重要的。一些群体习惯了被压迫，认为这是一种宿命，没有努力的意义。在这种情况下，通过反对人们原有的认知和对现实的盲从，努力去寻求能够改变现状的方法。这种做法须格外谨慎，以避免人们受到更进一步的剥削和压迫。实施这种方法需要能够提供有效而有持续性的支持。最常用的两种策略是通过设置非正式情景对话和社会学习情境来提高人们的意识，即提出问题并通过行动寻求答案。不同情境下的假设可以是“对现实的认识是人们充分参与发展过程的必要前提，这种认识会促使人们决心改变并为之努力”。(Cox 和 pawar，2013，第 203—204 页)

社会工作者和组织需要提升自己的技能，通过运用能力构建策略来提高个人、家庭、小团体、基层组织或其他团体的能力。这些策略可能包括日常的方法和合理的正式方法。例如，上文所述的孟加拉国女性为家庭主妇模式的计划，就是在每周的小组会议上进行重要的能力构建。内容包括基本的识字和算术，如何处理政府机构提出的要求，家庭卫生或食物处理等问题。在合理的正式层面，包括建立基础小学、卫生诊所和成人教育中心以及可以进行的任何活动。如果中心构建主要采用印度、菲律宾和其他地方常用的以工换粮方法，那么就应该训练人们处理木材、水泥等基础建材和其他方面的能力。换句话说，特定情况下的能力构建可能是一个计划目标，或者说它可以在完成另一项计划时顺带完成。

第三类是涉及增加收入的策略。在尊重人们意愿以及必要的情况下，社会工作者和组织需要发展基层的信贷计划、基层银行和基层微型企业。印度和世界许多地方都有很多类似的例子，重要性不言而喻。人们需要资本去承接各类项目，或者为生活改变而做出努力，同时也需要有大量的微型企业使人们拥有做工的机会。此类型的计划可能由当地小型信贷组织完成，而不需要外来资金或者中间调节者。这类计划还可以由国家层面的机构发起，这样就可以有成百上千的社会工作者参与，造福成千上万的人民。（Cox 和 Pawar，2006，第 150－151 页，第 206－207 页；Midgley，2014，第 8 章）

第四种策略指的是开发社区资源。社会工作者和组织需要关注基层领导力的发展、基层组织发展、加强基层组织与外部支持来源的联系，从而与更全面的社区计划共同发展。事实上，通过社会发展方法进行的理想基层社区发展包括了前三种策略，强调给予基层现状和其他因素。

总之，社会工作者和组织首先需要增强人们的自信心和自尊心，使之意识到相关策略、掌握相关技能，并将其合理地运用于基层社区的发展中。最重要的是，需要把重点放在培养勇气、信心、责任、诚实、无私、爱和希望等方面。

4.观察和了解基层社区

这一部分的主要目的是总结社区的当前状况及其形成原因（见第一章）。如前文所述，上述三个步骤为社会工作者和组织提供了知识和能力基础，是另外三个步骤的实施前提。通过有意识地运用知识、价值观、原则、过程、技巧和策略来认识目标基层社区、乡村、团体是非常重要的。社会工作者和组织需要在社区中进行调查，他们可以通过客观的方式进行研究、观察、访谈和分析，也可以通过分析人口普查报告和历史记录等二手数据了解社区。社区意识需要从以下方面获得，如：社区居民的信仰、信念，条件和愿望，社区地理地形，人口统计，社会文化规范，宗教和精神实践，政治和权力结构，剥削—依赖—歧视性结构，组别和子组别，民生和经济来源，涉及健康、教育、住房、基础设施的需求和问题，当前社区资源以及与其他社区和城市中心的联系等。有很多技术和方法可用于发展社区，但它们不应该是纸上谈兵，而应注重实践。乡村的发展需要快速、参与式的评估方式，这对于发展重要且必要，但还不够。社会工作者无法进行评估或判断，如果没有充分的准备，是不可能从快速的社区发展中获得任何成果。在观察社区发展时，了解过去、现状和愿望是非常重要的（目标设置，见第一章表 1.1）。在了解当前社区现状时，将其与全球化进程中其他层面的发展进行连接，并使其成为国际或国家层面的重要角色是非常重要的。社区工作的相关内容将在第四章中进一步讨论。

5.组织人力、机构和资源

组织是社区发展的根本。将个体、家庭、团体、人民组织、政府组织和非政府组织进行融合和调配，对于接下来要讨论的将领导能力和资源运用于各个维度是非常重要的，且极为平常。基于需求，前面所述相应的策略，如建立信心和自尊、提高意识，吸引基层人民参与组织、个体至组织层面的能力提升和资源构建，可以将雇佣基层人民的方式用于整合个体、机构和资源。只有将人们和社区的需求、问题、具体任务和目标进行整合才能实施以上的做法。这会促使领导能力的发展、青年和青年团体的发展，形成以社区需求为目的的人民组织，并为促进基层社区的发展、政府能力构建和非政府组织的能力构建间建立联系和合作。

6.关注社区的维度

将之前的五个步骤完结之后达到的顶峰体现在第六步，它关注的是社区所有的维度发展（见第一章的资料卡 1.4）。但有时无法取得各个维度的同步发展，而当无法同步实施时，应采用计划的、阶段性的方式实施，不必拘泥于特定的顺序。

基层社区发展的方法之一是从建立社区的文化维度发展开始（如图 2.2）。将所了解的人们和社区的文化特征运用于进一步的文化实践，并使这些实践成为社区发展的基础。社会工作者需要了解人们的信仰、信念、宗教和精神的实践、艺术、音乐、戏剧、节日等。许多文化习俗逐渐被侵蚀，引入合适的计划和活动，建立和保持文化习俗活动就很重要。根据儿童、青年和老年人的信仰和传统游戏，组织不同社区的娱乐活动、体育、音乐、宗教等活动，也可以通过这些社区资源向年轻一代传授传统知识和技能。

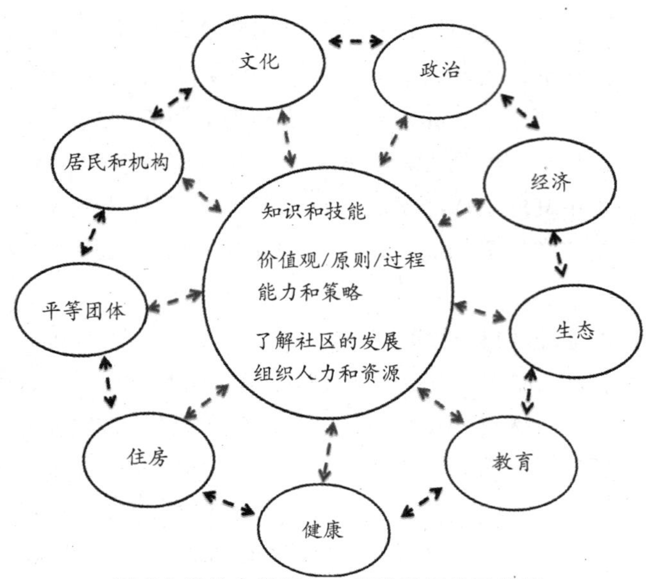

图 2.2 以社会发展方法促进基层社区发展

这样的做法一方面能够建设社区的文化方面，另一方面可以建构人们的价值观、个性、品德和责任心。每一种文化都能够产生这种正面的价值和力量。因此，建构社区发展的文化方面并使之成为社区发展活动的基础，这样的做法具有实践性。

社区政治维度的发展与文化维度同等重要，因为二者是密切相关的。政治维度的践行有一些核心要素，主要包括利用社区权力结构为社区发展服务，各基层的领导力发展，人民意识的提高以及赋予人民适当的生活决策权。代表基层管理层的政治选举是很重要的，但这也只是政治维度的一个方面。对于社区的领导层需要方方面面的培训。人民组织、政府组织及非政府组织可以通过参与和赋权过程发展帮助社区领导地位的确定。

社区的经济维度也是至关重要的，因为它是民生和就业机会的来源。经济维度是主要的控制维度，因为人们需要固定的工作和收入，才能有尊严地生活着。将中央和国家政府的计划落实于基层可以创造工作和就业机会。村务委员会根据这些计划和一些原则创造了一些就业机会（例如一系列的基础设施建设，尽管其本质和实施质量可能存在问题），但这仍不够。根据基层社区的现状，知识和技能的发展、农业推广、畜牧业、奶牛养殖、灌溉业、小额信贷计划、微型企业、自助组织和类似的举措可能是经济维度下的重点。在基层社区，如果将基础工业作为发展的重点，市场经济以及对农产品的合理定价也是很重要的。有时候，经济维度占主导地位，其他维度就会在某种程度上受到忽视，这种情况需要有人们有意识地加以避免。

与经济维度紧密相连的是生态维度。基层社区的经济需要在不影响基层生态的基础上进行，而基层生态的维护与发展也为基层经济的发展做出了贡献。近年来，人们对生态问题和气体排放改造的意识逐渐增强。一些生态方法可以在基层社区得以实践，例如：创建植物库以保护原始植物，收集雨水和使用节水技术，生产沼气，利用太阳能，植树造林，保护森林，保护水土等。事实上，经济维度和"绿色经济"是共同发展的。

另外三个维度涉及教育、健康和住房。因为这些方面已经积累了很多经验，也为了简便起见，虽然它们很重要，但还是将三者放在一起讨论。建造教育设施，提供正式或非正式的教育服务都是非常必要的。基础教育通常是免费的强制教育，但质量和保持率需要靠基层社区来保证。良好的住房和健康密切相关。许多基层社区没有基本的医疗服务，因此为人们提供针对性、普遍性的基本医疗服务也是必要的。在社区能购买良好的住房极为重要，因为许多人住在茅草或泥巴墙的房子里，卫生条件很差。住房与经济维度紧密相关，因为住房往往代表了个体和家庭的经济条件，低利息贷款和卫生基础设施建设尤为关键。

下一个维度是关注平等团体。这一维度重点关注弱势的社区群体，如儿童、妇女、老年人、残障者、灾难受害者和病人。根据需要有必要提供社区和机构的服务，在可能的情况下，通过恢复社会经济鼓励自力更生。社区的社会工作者们更多关注的就是这样的群体，尽管他们最终面对的也还是这样的群体，但毕竟这只是社区发展的维度之一。

最后一个维度的中心是发展良好的公民关系和基层机构。其他维度在发展的同时应引导公民及其机构的发展。基层管理机构（包括村务委员会、人民组织、基层非政府组织、自助团体、微型企业、合作社和类似的机构）的发展基于给人民提供合适的发展途径，即允许人民参与和决策。为此，必须要发展良好的公民关系，符合基层文化，并提供有关权利和责任的教育。对这一维度的自觉维护将会确保基层社区的发展。

结论

为了展现社会发展方法如何运用于基层社区发展，本章首先探讨了基层、社区和社区发展的意义。其次，详细阐述了基层社区的意义和基本原理。最后一部分展示了如何使用六步骤来实践基层社区、乡村和团体的社会发展方法。六步骤包括社会发展知识、技能、策略、价值观以及过程和实践维度。同时阐释了各发展层面都很重要，且是一体的，由于基层社区一直都被忽略，所以21世纪需要对社区发展尤为关注。基层社区发展的规模是巨大的，建议采用的社会发展方法具有前景性，能使人们和社区的生活发生极大变化。然而，正如前文所述，鉴于目前大规模需求的形势，对基层的关注是不够的，表现为没有给基层分配需要的资源，缺乏足够的训练有素的人员致力于推动基层社区的发展等。世界正在全球化压力下迅速变化，技术的革新也更容易运用于农村。基于这些变化，希望本章的讨论将激励社会工作者和社会工作领域及相关机构采取社会发展的方法促进基层社区的发展。

第三章　价值观和准则

在写这章的时候，我阅读了社区发展文献中有关价值观和准则的讨论，回顾了我以往的经历，研究了社区组织和发展中的价值观和准则及动力系统，反复思考社区是如何存在的，动力系统和贫困是如何扩散的，弱势群体和边缘化群体是如何生存的，想要知道价值观和准则在社区层面是否有意义，是否可以给社会实践提供指导并为生活在社区中的居民提供某种生活方式。价值观和准则虽然可以单独讨论，但本章决定把它们合并在一起，并选择四个价值观和准则进行讨论。在社区发展实践中，四大基本价值观和准则是人权、自立、自主和参与。四大价值观和准则虽然被广泛谈及，但在社区却难以遵守。这四大价值观和准则是困难并具有挑战性的，却又是有用及有效的，并为实践及人民、社区、工作者提供了道德合法性。因此，在社会发展实践中应用这四项价值观和准则是非常重要的。把这四个价值观和准则应用于社区发展实践中，显得十分重要。

人权实质上包含了所有的价值观和准则。以泛泛而谈的方式来讨论人权并不可取，因为它存在极大的争议。例如，在一般情况下或是在使用时，人权都是作为批准贸易、援助以及实施制裁时的一个基准。因此，分别讨论每个价值观和准则是非常重要的。人权、自立、自主和参与在社区发展实践中的应用只限于某种程度，并不普遍，这些价值观和准则只是社区发展实践的一部分，并与已讨论过的社区发展实践存在一定联系。本章着重讨论社区发展实践需遵循的四项基本价值观和准则。被许多人认同的价值观是尊重人民，这为可持续社区发展实践提供了道德合法性，还使得社区发展与社会发展的价值观和准则紧密相连。此外，本章也会一一讨论这些价值观和准则，并说明它们是如何相互联系的。

为什么只有四项价值观和准则？选择这四项价值观和准则的标准是什么？根据《牛津字典》（*Oxford Dictionary*）的解释，价值观指“道德或职业行为标准”，准则指“个人行为的指导规则”（Hornby，1993）。因此，这四项价值观和准则将道德和职业标准分别结合起来指导行为，而在许多社区发展文献中也讨论了若干条准则。如肯尼（Kenny，2007，第22—31页）讨论了社区工作者的八项承诺中的准则[①]，舒勒（Schuler，1996）提出了社区发展的六个核心价值观[②]。艾夫（Ife，2013）在《社区发展》（*Community Development*）的第12章中列出了30条社区发展的准则。而这样一个准则长列表虽然有用——因为它们确实为实践提供了有益的启示，但如果准则太多，就有可能失去作为准则的重要性。因此，所选择的四项准则有必要概念化，因为它们也是社区发展实践的基础。也就是说，没有这些准则的应用，想要健全的社区发展实践是不可能的。当然，也有社区发展在实践中不遵循或违背这些价值观和准则的例子。在实践中坚持这些准则并不容易，也是有争议的，甚至会挑战当前的权力结构，但是无视这些准则不仅会导致不符合人们需求的社区发展活动，还会导致人们无视甚至拒绝参与这些活动。四项价值观和准则以权利为基础，以自立和自主为中心，其参与过程是反慈善、反依赖和反压迫，并且逻辑、有序地相互联系，同时也可作为核心价值观和准则与其他社区发展的准则相联系。四项价值观和准则广泛地集中在基层并以人为中心，不被外界或组织管理、干涉。因此，这四项价值观和准则虽然是反规定的，但有可能为国家与个体、权利与义务带来平衡。四项价值观和准则的相关标准讨论如下。

人权

人权的含义

人权由价值观和准则以及道德标准和它们固有的行动方针构成。

---

① 八大承诺是对无权的人和社会公正承诺公民权和人权、授权和自主权、集体行动权、多样性、变化和参与冲突权、解放、开放社会和民主参与权、战斗和实践权。

② 舒勒新的社区六项核心价值观是欢乐和教育，民主，健康和幸福，经济公平，机遇和可持续，以及信息和通讯。

联合国(1992)指出:人权一般可以指我们生来就有的权利,也可以指作为人类生活的权利。人权和基本的自由让我们充分发展和利用人类的品质、智慧、才能和良知,满足我们的精神需要与其他需要。这是人类对生命的基本要求,每个人的固有尊严和价值都应该得到尊重和保护。

虽然《公民权利与政治权利国际公约》(*International Covenant on Civil and Political Rights*)和《经济、社会及文化权利国际公约》(*International Covenant on Economic, Social and Cultural Rights*)进一步阐述并扩展了人权内涵,但是人权的主要来源仍然是《联合国人权宣言》(*United Nations Universal Declaration of Human Rights, UN-UDHR*)。此外,还有其他许多与人权相关的公约,例如《消除一切形式种族歧视公约》(*Convntion on the Elimination of All Forms of Racial Discrimination*, 1965),《消除对妇女一切形式歧视公约》(*Conven on the Elimination of All Forms of Discrimination Against Women*, 1979),《儿童权利公约》(*Convention on the Rights of the Child*, 1989),《保护所有移徙工人及其家庭成员权利国际公约》(*Convention on the Protection of the Rights of All Migrant Workers and Members of Their Families*, 1990)和《土著人民权利宣言》(*Declaration on the Rights of Indigenous Peoples*, 2007)。这些人权公约和宣言涵盖了特定领域、边缘化群体与弱势群体。

人权分为三类:公民权利和政治权利;经济、社会和文化权利;集体权利。三类人权也被分别称为第一层权利、第二层权利和第三层权利。有人认为第一层到第三层权利反映了从高到低的重要性,也有人认为第三层权利其实就代表了人权(Ife,2001; Uvin,2004)。这样的标签和解释会误导和降低人权的重要性,所以我宁愿摒弃这些标签,而把它们看成是对个体和社区同等重要的三种人权。人权的第一种类型——公民权利和政治权利(《联合国人权宣言》,第 2—21 页),是“消极权利”,包括《联合国人权宣言》规定的每个人的所有权利和自由,不受种族、肤色、性别、语言、宗教等歧视的权利,生命的权利,自由和安全的权利,禁止奴役、酷刑和任意逮捕的权利,拘留或放逐的权利,公平审判和法律面前平等的权利,运动自由的权利,寻求庇护的权利,国籍的权利,财产的权利,思想、意见和表达自由的权利,结社自由的权利,宗教自由的权利,参与他们自己的政府和公民生活的权利。第一层权利是对个体的权利，在确保每个个体享有这些权利同时，又预防个体违反和滥用这些权利，因此第一类人权是“消极权利”。

人权的第二种类型——经济、社会和文化权利(《联合国人权宣言》，第22—27页)，是“积极权利”，包括充足的食物和衣物的权利，住房的权利，教育的权利，就业的权利，工资充足的权利，卫生保健充足的权利，社会保障的权利，在老年时得到尊严的权利及休息和工作休闲的权利。第二层权利虽然不被普遍接受，但却表明了政府在实现这些权利过程中的积极推动和责任。因此，第二类人权是“积极权利”。第二层权利的主要目标是社会公正、自由和参与社会、经济、文化生活(United Nations，1992；Ife，2001)。艾夫(Ife，2001，26)的分析表明：“个体或群体为了实现作为人类的全部潜能需要接受各种形式的社会规定或服务。”

人权的第三种类型是“集体权利”，出自《联合国人权宣言》初稿的第28条：“人人都有权享有社会和国际秩序所规定的权利和自由。”艾夫(2001，27)指出，第三种类型的人权——如经济发展的权利，受益于世界贸易和经济增长的权利，生活在一个有凝聚力与和谐社会的权利，呼吸未受污染的空气的权利，使用干净的水源和体验“自然”的权利，“属于社区、人民群体、社会、国家但不属于个人——即使个体可以从中获益”。在当代，特别是在气候变化问题的背景下，尽管集体权利不被普遍接受，实现和保护所需的社会法律措施也尚未得到发展，但它也逐渐被视为人权。

人权具有四个独特而具有争议性的特征——普遍性、不可分隔性、不可剥夺性和不可废除性。人权的普遍性表明它们适用于所有人类，不论其社会经济和政治背景、宗教、文化、来源地或地理位置。人权的第二个特征是不可分隔性。它表明人权与其他权利不是相互分离，而是相互联系且相互保持一致的。这也表明所有权利的重要性都是相同的，所以不能对它们按重要性排列(艾夫，2001)。第三个特征，人权的不可剥夺性，表明人权不能被他人剥夺且持续终生。第四个特征表明人权不能主动放弃和获取额外特权，所以人权是不可废除的。

人权的批判与障碍

人权与价值观和准则虽然对很多人有天生的吸引力，并且也与社区发展实践有关，但它的一些条例却受到批判和质疑，甚至学者们的各种回应已经发展成为对人权的抨击（Uvin，2004）。人权的争议性对政策和政治操纵的吸引力已经超过了人权的内在本质和人权的实用性。“甚至是自称人权的第一拥护者的西方政府对其国家利益的重视度也超过了其对人权的实现度”（Ghai，2001）。社区发展从业人员意识到，这些批判和他们对这些批判的反应是非常重要的。对人权的主要抨击来自于它们的普遍适用性，批判和争论的核心是西方政治、文化、宗教价值观的人权，因此，对于不同的文化而言，人权并不是普遍有效和合适的。一些非洲和亚洲国家不赞同人权的普遍性是因为人权源于西方主流意识形态的个人主义，因此他们认为人权不符合自己的文化，并且认为人权满足人们的基本需求比政治权利更重要（Ghai，2001；Mapp，2008）。瑞文（Uvin）的分析列出了掌管“西方中心主义”的六种途径。第一，自从大部分国家签署《联合国人权宣言》和《经济、社会及文化权利国际公约》后，就必须遵守，并且确保其普遍性（法律途径）。第二，要考虑到人权不是以欧洲为中心的，要适应当地的文化背景（相对宽厚的途径）。第三，肯定人权源自哪里并不重要，只要它的本质是好的、客观的和重要的。第四，许多研究者试图寻找相似的人权在不同文化、宗教和价值观成功施行的证据来证明人权的普遍性（经验主义的途径）。第五，哲学家们认为人类本性需要人权并会自动发展人权。最后，渐进主义者认为，人们会逐步发现人权的重要性，从而发展人权来实现人权（Uvin，2004，第 20—37 页）。对人权的普遍性，艾夫和菲斯克（2006）认为：“普遍性并不意味着‘千篇一律’，而是强调每个人的基本价值，即不需要达到某种地位或符合理想公民的某种模式。”联合国认为，人权是最基本的权利，并且各国可以选择适合自己文化的人权（Mapp，2008）。

国际上对人权的不可分隔性的特征没有达成共识，因为一些政府并未达成一致，并且有些政府认为社会、经济权利比公民权利、政治权利更重要（Ghai，2001；Mapp，2008）。然而，大多数人权工作、活动和宣传集中在人权的第一种类型和公民权利、政治权利。对公民权利和政治权利的忽视不仅便于政府宣传“良好人权”进而指责其他无“良好人权”的政府从而申请对其制裁，也有利于制定权利的法律界把重点放在第一类权利上。尽管公民权利和政治权利如此集中，但仍然受限于公共领域。在妇女、儿童、残疾人和老年人等领域需要做的还很多，因为他们的权利得不到保障。艾夫(Lfe，2001)认为："公民权利和政治权利是社会公正的必要前提，但是它们不会自己产生社会公平或社会公正。"

对人权的批判，瑞文(2004，第31页)总结为：人权的标准是规范目标而不是描述事实，用统一的方式为它们排除争议是不可能的。人权是关于梦想的，关于一个更好的世界的愿景，关于政治的诉求，而且这些将是有争议的，并且在一定程度上是难以证实的。它们不是一个普遍的事实，而是构成一种语言以使索赔、设想和争取社会变革。

这些总结性的言论开始表明人权作为价值观和准则对于社区发展实践的重要性。这些价值观和准则合法嵌入权利中，并且主张为社区发展工作者开辟新的途径和策略。

基于人权的社区发展实践策略

在社区发展实践中，人权的价值观和准则可能遵循几种方式。为了实现社会变革、社会公平和正义，由于社区发展实践中的所有人权都相互联系，所以以共存的方式实现公民权利和政治权利、经济、社会和文化权利、集体权利是必需的(Ghai，2001)。自觉运用人权的价值观和准则有助于将关注个人和社区需求的焦点转向个人和社区的权利，而个人权利和社区权利的价值取向和与应用相关的准则不仅有助于专注于索赔和调用国家和其他团体机构、经济机构的义务和责任解决人们和社区的需求，也有助于从慈善、慈善事业和国家慈善机构转变为服务权利持有人而不是权利受益人的结构。

这些价值观和准则的应用有助于用新观点分析社区问题和需求。由经济、社会和文化权益委员会(the Committee of Economic，Social and Cultural Rights)编写的文件表明：

人权的真正潜力在于它能改变人们看待自己的方式，即使这个方式与政府和他人的方式相对。权利框架为再分析和重命名"问题"提供了一种机制，就像污水或营养不良是"异类"一样，并且这本身是没有必要的，也是不该被容忍的……权利清楚地表明，违反既不是必然的也不是自然的，而是来自于深思熟虑的决定和政策。通过要求解释和有责任，人权揭露在违反和挑战创造和忍受贫困的条件背后隐藏的最重要的结构(《经济、社会、文化权益委员会》,1998)。

澳大利亚人权理事会(The Human Rights Council of Australia)也表明,"通过人权看贫困——作为一个否定人权——使不同纬度的贫困得到充分理解,并且也鼓励提出一个更全面的政策来应对贫困导致的社会结构"。(Frankovites 和 Patrick,第 7 页)

从需求和慈善机构转变为权利要求有助于责任的集中,也是保护和促进人权的关键(HRCA,2001)。针对最贫穷和贫困人群,人权的价值观和准则致力于社会结构、权利场所、法规、授权和结构变化(Uvin,第 131 页)。

最重要的是,由于社区发展和发展项目是在一些人权和社区权利受到侵害的地区中实施,例如,发展引起的流离失所取代了人们的康复支持,所以人权还有助于在社区发展实践过程中遵循公正和公平。从总体来看,人权的价值观和准则的重点直接从需求转变到权利和要求、职责调用以便于用新的问题分析方式并确保责任和过程合理。

人权的价值观和准则的讨论主要集中在来源、人权的三种类型、主要特征、人权的论证和批判以及人权如何应用于社区发展实践。人权具有道德性,且它的道德内涵是指调用我们的道德心和责任心解决饥饿、贫困、健康、教育、住房、自然资源(水、土地、清新的空气等)等民生问题,以及允许思想和表达自由等问题。社区发展实践的所有行动必须确保社区成员的人权在实践中得到保障,而不以任何名义受到侵犯。

自立

自立的含义

人权的实现和保障,尤其是食物、衣物和住所,通过获得教育、医疗和就业促进一部分个人和社区的自立,反过来自立也促进人权的实现。自立是一种价值观、准则、理念和生活方式。为了探索自立的含义,我调查了 10 多本社区发展书目的索引,但发现没有一本书把自立标示在列表中。我在想在消费主义和全球化文化中,在社区发展实践环节中自立是否已经过时?为什么会有这么多的社区发展书籍忽略如此重要的价值观和准则?自立在当代社会不适用吗?自立价值观和准则的含义和人是一样复杂，具有争议，并且和独立、持续性等相关。

在一些字典里，自立的含义是指才能或能依赖于自己的权利、资源、判断而解决问题的能力和管理自己的能力，也意味着自主和独立。

自立既是目标也是结果，这意味着日常生活不依赖于其他人。自立并不仅限于个人，而是可以扩展到家庭、社区和社会，它不限于经济意义中的生产和消费，还包括社会、政治和文化。自立可以与个人主义、责任和义务相联系，但这却不是我想表达的意思。自立并不是指个人主义和以自我为中心，也不是指相互依存。这两者虽然是不同的但也不是对立的，而是能够和谐共存的。自立是指像小额信贷体系一样能够借贷和还贷的能力吗？靠房产和证券抵押、刷信用卡和高利率借贷而兴盛的社会是自立的社会吗？美国次贷危机①及其对家庭的影响就是一个很好的例子，因此，自立的价值观和准则是复杂的。自立指以个人、家庭和社区来引领生活和建设社区而不必依靠他人实现共存。依赖的结果是不可持续的，而自立则可以为可持续提供希望。(Rees，2006)

联合国难民事务高级专员(The UN High Commissioner for Refugees)出版的《自立手册》(*Handbook for Self-reliance*)给自立的定义是：自立是个体为满足保护、食物、水、住房、个人安全、健康和教育等基本需求的社会能力和经济能力。自立作为一种方法，指个体生计的发展和增强，也指减少个体的脆弱性和对人道主义与外来援助的长期依赖。

自立也基于这样的假设，即所有的事物都是平等的，没有人和社区必须乞求、怜悯或依赖他人；相反，每个人都应该过着自立和自尊的生活。因此，自立对每个人都是天生的，而依赖是通过各种各样的机制(殖民、国家建设和政治化建设、国家干预和既得利益)习得的。在社区发展实践中，应用和实现自立的价值观和准则可以增强个人和社区的自主权

---

① 次级抵押贷款比同等的贷款利益和还款有较高的比率。当贷款人提出抵押利率和条件时，他们在"风险定价"过程中会考虑许多因素，这使得次贷利率无法推广。因为次贷的利率更高，但高多少则依赖于借贷人的信用评分、首付大小和最近的违约类型等因素。从抵押贷款人的角度看，后期的抵押贷款或租金支付都不如信用卡付款。次级抵押贷款也更有可能提前还款罚金、分期付款或者两者兼而有之。提前还款罚金是评估借款人早期抵押贷款的一项费用，或者是因为借款人出售房屋或再融资的高利率贷款。分期付款的贷款要求借款人在一定时期内，通常是5年付清全部贷款。当款项到期时，如果借款人不能支付全部金额，他就不得不再融资或出售房子，而这确切发生过(昆士兰大学〔The University of Queensland〕，2009)。

以及提高他们的尊严。在难民背景下，联合国难民事务高级专员2005年认为：自立可以帮助人们争取自己的权利，并且可以提供一个平等、公平、赋权与参与的基础。自立可以促进合作、信任和社区之间的社会与经济互动，增强共存，也可以防止人类遭受痛苦和社会动荡，还可以激励和吸引政府、非政府组织和捐助者提供支持并加强合作关系，甚至还可以减少依赖补偿救济品和补贴服务的需求从而降低预算约束的影响。

这些论点在任何情况下都是社区发展实践的基础，现今关于自立的所有讨论都是高度相关的。自立的社区是指能够根据社区需求而不是社区经济生产和消费所有商品、分担其他社区的剩余产品的社区。在这个意义上，自立意味着个人和社区的日常生活都不依赖他人。自立的个人和社区享有自尊和尊严，虽然这并不妨碍它们相互依存。因此，社区发展的总目标是使社区自立，从而发展满足需求和有效解决问题的能力。

自立的批判

尽管个人和社区是有前途的结果，但自立的价值观和准则还是从几个角度受到批判。

第一，对于一些人，自立显得过于理想、不实际和虚伪。显得理想是因为如果不从一开始练习自立，那么在实践中自立会很困难，并且还有些人有意或无意地倾向于依赖他人。在不平衡的自由贸易协定和实践盛行的全球化世界中，重点关注自立是有问题的。如果民族和国家不自立，如果民族和国家不是通过合作的方式就是通过其他方法从暗箱操纵转变为战争的方式获取资源，我们如何能期待个人和社区变得自立？从这个意义上讲，自立显得虚伪、不一致、矛盾和不切实际。一个人也不可能通过剥夺和依赖他人而变得自立。

第二，自立只是部分被接受，因为它的应用往往局限于偏远地区或乡村社区自给自足的经济活动。布洛肯夏（Brokensha）和霍奇（Hodge）（1969，第189页）调查了在印度和其他国家为创造本地就业机会而兴起的家庭手工业，他们的研究认为：这样的尝试忽略了强大的市场力量和其他经济要素，把村庄和外界过于紧密地联系在一起。因为这样的政策通常代表在国民经济中误导式的家长制度和反对、拒绝承认农村人的权利，而理性的做法则是鼓励人们更多地参与国民经济，努力拓宽直接与外界联系的渠道。

乡村社区通过市场的力量和全球化进程与外界联系，但它们越来越依赖市场，并且倾向于排除大部分来自这些过程的利益。因此，自立不应局限于经济活动和农村社区。自立是一个综合的概念，不仅需要广泛地应用于社会、文化、政治和经济领域，还需要应用于地方、区域、国家和国际层次。

第三，由于自立的结果是可见的，但某些过程是不可见的，所以自立的能力、精神状态、态度和倾向等方面是无法确定的。最后，实现自立虽然是好的，但是要求长期被剥夺自立的人在不提供示范的情况下去实现自立是不可能实现的，至少在最初，有必要给他们提供某些支持。

自立的障碍

实现自立有几个障碍。第一，对自立的不同理解和看法会阻碍其实现。例如，把自立和个人主义相联系的人和不喜欢个人主义的缺点的人会避免自立。第二，不知悔改地消耗有限资源会形成放纵的特征，某一角落或某些国家熟练地操纵放纵从而在不平等的基础上与所有社区成员共享，但随后不知悔改地消耗有限资源会使人和社区的自立变得非常困难。这也说明，资源必须共享来实现自立，需要替代剥夺社区的基本人权，但也要意识到世界的相互依存性。第三，这些饥饿、生病、压制、压迫、征服以及被剥夺基本人权、需求和长期无作为的个人和社区将继续依赖并且在短期内不能依靠自己独立。第四，一些人和社区在不经意间已经依赖了多年，这使得他们寻求外部机构施舍，然后接受这些机构的施舍从而作为一种生活方式。改变这种习得性依赖对于社区发展从业人员是一个巨大的挑战。第五，从短期看，一些社区，特别是基层社区，目前的权力结构是依赖人民来保留其封建客户关系，至少在社区发展工作的初始阶段，这可能是一个巨大的障碍。第六，缺乏训练有素的人员指导准备和指导，以及基层缺乏促进自立实现的人员也是一个巨大的阻碍。

自立的策略

虽然自立尚未实现，但证明自立是切实可行的是非常重要的。自立可以被认为是一个渐进的过程，也可以把社区的自立看作从低到高的一个连续，即自立意味着人们和社区不需要依赖他人而生存。在社区发展实践中，非依赖性的过程必须从人生来开始。如果我们接受这个假设，即每个人都有一个内在的自立和自尊动机，那么我们的社区发展实践应该学习与生俱来的自立能力，而不是依赖。并且必要时，个人和社会可以凭借适当的支持来减少依赖从而实现自立。这个适当的支持，乌普霍夫(Uphoff，1986)称它是“辅助自立”。乌普霍夫认为，辅助自立策略包括使用外部资源，如咨询、资金、培训以及利用物资援助加强基本能力，发起、管理、修缮和维持穷人获得利益的活动。只要不代替人们的努力产生收入、管理自然资源、提高生活质量或是创造基础设施，持续援助可以由外部提供。

以人或社区为基础的组织形成是实现自立的重要前提(Nyoni，1987)。作为社区发展过程的一部分，这些组织应该知道自己的权力和主张以及实现自立的方式，并且应该着重应用本地知识、人力、物力资源推动能力建设和发展社区活动。如前所述，自立虽然有关权力和资源，但这些权力和资源还是需要采用能力建设的办法才能实现。

这种能力是指生产和消费社会、文化、政治和经济产品来提高个人、家庭和社区的生活质量。如果社区发展过程是由外部因素导致，那么在恰当时机时，社区发展系统地分阶段确保社区自立是非常重要的。

由于这里主要讨论的是自立的价值观和准则及其在社会发展实践中的情况，所以这些策略笼统而不详细，但本节不仅讨论了自立的概念和批判，还探讨了它的一些障碍和一些可行的策略。

自主

自主的含义

自主是一个重要的价值观和准则，也是国际法、政治学、心理学、社会工作和社区发展等多学科分析的主题。国际法院(The International Court of Justice)已经在West－Saharan的案例中确定自主是人们自由表达意愿的需求(国际土著事务工作组，2009)。自主不仅仅由政府特有，还由人民所持有。在国际法中自主被运用于各个方面，《联合国宪章》(*the Charter of the United Nations*)、《公民权利与政治权利国际公约》(*the International Covenants on Civil and Political Rights*)和《经济、社会及文化权利国际公约》都载入了自主,并且都在第一章的第1段规定:人人享有自主权,即公民可以自由决定自己的政治地位,自由追求自己的经济、社会和文化的发展。

《联合国人权宣言》第21(3)条规定:人民的意愿不仅是政府权利的基础,还应该在定期和普选中用匿名选举或自由选举的方式表现出来。

在联合国的研究中,帕克(Parker)(2000)指出了两个趋势:(1)独立文化、主权国家拥有自主权;(2)自治的意愿和能力赋予了自主的权利。现存政府把自主运用于主张独立,从而形成自主的新政府。自主虽然是国际法、政治和心理学的研究对象,但本章和本节并不从这一范围进行讨论。

自主的价值观和准则还可运用于个人、团体和土著居民层面(Clements,2004),这与社区发展实践有关。杜尔拉克(Durlak,1992)指出,在个人层面上,"自主指在一定程度上个人为自己的目标、成就和挫折承担的责任,也指自信、自我宣传、创造性、独立性等"。团体层面上自主指社区共同决定如何解决问题或实现社区的合法诉求。最后,由于许多主权国家压制和边缘化土著人民,条款明确地表明,土著人民应该获得自主权,如《联合国土著人民权利宣言》第三章规定:土著人民拥有自主权,即土著人民可以自由决定其政治地位、自由追求经济、社会和文化的发展。

国际土著事务工作组(2009)指出,自主是有权参加政府决策,并从政治、社会和文化上影响未来发展的民主过程。

心理学对是什么促使了个人的自主进行了研究(Deci和Ryan,2002,2008;Lepper et al.,1973)。从心理学的角度来看,自主是意志不受外界干扰影响下对行为的自由选择。人们可以在多种内部和外部因素的基础上做出选择、决定,但德西(Deci)和瑞恩(Ryin)(2002)确定了三个促使人们自主的内在因素,即(1)能力需求(即能力实现的需求、控制环境的需求及对结果可靠性预测能力的需求),(2)自主需求(即积极参与决定自己行为的需求和体验不受外界干扰的自主选择的需求),(3)关系需求(即照顾他人、与他人联系的需求,以及在参与活动和社会中体验满足的需求)。

在社会工作中,自主指个人、群体和社区在社会工作者的帮助下,从事物和机遇中做出利己的选择(Compton 和 Galaway,1999,第 110—111 页)。从社区发展的角度看,肯尼(Kenny)(2007,第 26 页)对自主的讨论如下:人们应该掌握知识信息、社会关系、决策以及自我资源,社区应该有自己的行为方式,社区发展工作者的工作是与社区共同确定目标、解决问题和制定策略,并与社区成员一起决定接受或是拒绝这些目标、问题和策略。在最后的分析中,它必须以社区的观点和利益为准。

在社区发展实践中,自主的这些概念在国际法、政治、心理学和社会工作以及在个人、团体和土著民族三个层次中的发展可以得到创造性的运用。自主是一种人权,在民主管理的微观活动中激励和确保人们的自主对实践是非常重要的。

自主的批判

自主虽然是一个值得称赞的价值观和准则,但是因为历史、健康和文化因素,一些居民和社区不能为自己做决定。很多时候,居民和社区没有真正的自主权。例如,社区有时在压力下被迫合作或做出决定。当自主对个人或社区有害时就不是简单的接受或允许,因为自主包括做出选择和决定,如果没有选择,自主就没有什么意义了,但如果没有充足的时间思考问题,自主的意义也不大。当人们认为自己不能影响周围环境时,自主是有限制的。斯皮格(Spicker,1990)认为自主忽略合法性和可取性,在法律中存在争议,并且一般人也很难遵循复杂的法庭程序。史密斯(Webley-Smith,2007,第 204 页)认为在全球化时代,实现自主比宣传自主的收获更多,所以需要更多的需求才能实现自主。

自主的障碍

剥夺坚持不懈、去权和习得性无助会使人们的自主变得困难,从而使得地方掌权人物和既得利益者以人民的名义支配决策过程,毫无商量地做出决定。事实上协商很容易被操纵来支持已做出的决定。由于自主具有政治、权力和资源的影响,所以涉及决策。我们虽然希望人们和社区自己决定什么想要和什么不想要,但是政治、权力和资源三个要素会阻碍社区自主，因为掌权人物通常会与人们和社区在适当的时候分享权力和资源。有时政府组织、非政府组织、国际非政府组织和捐助机构的资金或项目需要一种无人民需求和自主的情景，因为在某些情况下，法律、体制结构和文化习俗不允许人民自主。当项目实施者和社区工作者不重视当地人民和他们的意见时，人们和社区的自主会受到严重影响。新西兰的社区发展工作者克莱门茨(Clements)(2004，第 73 页)在著作中指出，一个群体都受到压迫时，被压迫的人称为受压迫者，而人分化成“富人”和“穷人”，那么这个群体实现自主是非常困难的，因为解决一个层次的压迫的同时会造成多层次的压迫。当信息和沟通缺乏时也会影响自主能力。瑞文(2004，第 170 页)认为援助条件是一种由局外人的行动影响穷人的干预形式，同时援助条件也会侵犯人们的自主权，因为不恰当的条件会阻碍人们自主的过程。由于自主被认为是三层人权之一，但重要性不及公民权和政治权，所以自主权的运用也不及公民权和政治权。

自主的策略

实现自主的前提是认识和重视人民群众、社区，以及他们所拥有的一切。自主的一个核心要素是决策和决策思想。因此，社区工作者的重要策略是促进人们对自己和社区的思考。自立的人和社区比不自立的人和社区更容易为自己做出决定。由于依赖，不自立的人和社区毫无选择地遵从别人规定的条件，但自立的社区有自我决断的能力而不必遵从别人规定的条件。人们和社区的自主意识需要提高，对此，大众教育可以发挥重要作用。卡德纳(Cadena，1984，第 334 页，引自克莱门茨，2004)认为，大众教育需要“提高人们自我实现的能力、影响和支配日常生活的能力、均衡商品和服务的分配能力、捍卫自己利益的能力、确定适宜自己的社会类型的能力、减少社会霸权及得到更多尊重的能力”。

在社区发展实践中，最主要的是实现自主而不仅仅是喊口号。自主可以让人们和社区为自己的决定负责。如果外部机构为社区决策，社区对这一决策承担的责任会明显减少，这也是社区发展项目失败的原因之一。因为在社区发展实践中，决策涉及国家政策和权利，“谁决定”就成了一个令人困扰的问题。如果少数社区掌权人决定社区做什么和不做什么，社区居民就会无视这一决定，社区的所有成员也不会成为决策的受益者，并且由于自主的既得利益，社区有时甚至不能使所有人都得益。因此，自主的前提是决策过程民主，且群众可以自由参与所有决策。

通过清除环境阻碍、改善自身缺点，自主可以得到提升，从而增加自身机遇(Compton 和 Galaway,1999)。克莱门茨(2004，第 73 页)根据自己作为社区发展工作者的亲身经历认为群体取得自主权进步的原因是：普通人会与他人、社区进行互动；确定和建立当前建设性的社区团体；聆听和尊重所有的参与者；在往来关系中，使自己向社区成员转变；以及承认和尊重所有参与个体。广义地说，社区组织过程和发展过程可以作为一种策略让人们自我决断。

总之，自主对社会发展实践有着巨大贡献。尽管有批判和障碍，但通过系统的运用策略，人们和社区能够自我决断。

参与

参与的含义

自主与参与密切相关。人们需要自主地参与社区发展活动，所以自主是参与的重要因素。参与是一种价值观、准则、方法和策略，因此，自主与参与意味着社区发展的整个过程或结果。参与也涉及人权。人们有权参与影响其生活、社区和环境的事务的权利，从这一意义上讲，参与既是权利也是责任。

社区发展中，“自下而上的发展”“以人为本的发展”“参与式发展”和“社区驱动式发展”等各种熟悉的名词的实质就是参与。参与的概念具有社会、政治、经济、发展及文化内涵，即人民群众，尤其是草根阶层、边缘化人群和弱势群体应该排除别人决策，或是排除某些机构或高层权力机构的压力而参与到影响自己生活的社会、政治、经济事务的计划和决策中。这是人本主义和人权的基本期望，也是保护边缘化群体和弱势群体不受政权结构迫害的人道期望，还是一个提升边缘化群体和弱势群体的幸福感而赋权的过程。因此，参与的理论和精神在社区发展实践中和建立民主制度中得到广泛应用，并且没有人们的参与，就不可能实现社区的可持续发展。

《牛津字典》中,“参与”作名词时指在活动中的参与行动,作动词时指参加或参与活动中(Hornby,1993)。然而,在现实世界中,参与的含义并不简单,因为它涉及了价值观、权利以及其他复杂原因。

《布莱克威尔社会政策词典》(*The Blackwell Dictionary of Social Policy*)对参与的解释为:在服务计划和贸易交付中,参与为用户注册、公民组织提供了表达自己的关注的机会,从而促进政策形成的机会。在福利服务中,参与是公共政策制定过程转向“授权”和接纳“公民身份”的一部分,旨在加强“问责制度”、增多安全回应和敏感条款。而参与本身就是难以琢磨且具有争议的。在实践层面,评论家们认为参与在明文规定的“权利”并结合了用户体验的基础上反映了消费者模型,而不是通过关注利益和供应商来反映消费者模型。这一点需要更激进的方法,不仅基于了解公民在决策过程中如何发挥更积极的作用,而且还基于他们想要发言权及对服务专业实践带来什么影响。(Maltby,2002)

第四版《社会工作词典》(*the Social Work Dictionary*)没有对“参与”的解释,但在参与管理中有所提及,即一些社会机构管理人员使用的决策策略涉及所有可能会受到所需的组织变革的影响。这个策略包括在组织人员、客户、赞助商和其他有兴趣的团体中建立自愿共识和承诺来实现组织目标。(Barker,1999)

《布莱克威尔社会工作百科全书》(*Blackwell Encyclopaedia of Social Work*)从服务用户的角度探讨了参与的概念:用户参与不仅意味着在社会领域的积极参与,还指个体、团体在组织、机构、决定中一系列的影响自己和别人的参与。在一定程度上,参与是至关重要的判断,因为人们可以通过施加影响带来变化。(Beresford 和 Croft,2000)

同时理查德森(Richardson,1983,第 9 页)从社会政策和政治观点讨论了参与的概念,并加入了集体维度:参与需要的不仅仅是承担一些行动的个人责任,这意味着在活动中分享、与他人一起活动。

参与的集体维度就是与其他人一起进行活动,理查德森的概念似乎过于笼统,但参与的集体维度可以阐述为“自下而上的影响”(Verba 等,1978)因为它强调参与中的基层人员的参与。

联合国的参与概念非常广泛,它把参与定义为创造机会使社区和社会的成员为发展进程做出的积极贡献和影响,以及平等分享发展成果

(联合国,1981,第 5 页)。

此外,联合国经济及社会理事会(the UN Economic and Social Council,1929)(LVIII)规定:参与要求人们自愿地、民主性地参与“①促进发展而努力,②共享公平的利益来源,③目标制订、政策制定及计划、实施经济、社会发展项目”(Midgley,1986)。

参与的性质分析指出了参与的不同变体,例如,真的、假的、虚伪的、自发的、诱导的、强制的、间接的、直接的、完整的、局部的、消费型的和民主型的参与(Pawar,2005;类似的其他类型,见康沃尔,2008)。人们的常识认为真正的、完整的和民主的参与应该得到鼓励和实践,而不是其他变体。但联合国社会发展研究所(the UN Research Institute for Social Development,1980)认为,真正的参与(1)不是由上强加的,而是来自基层,(2)专注于分配,是获取更多发展成果的一种方式,(3)涉及提高参与者自身的能力意识做出选择并影响结果(引自 Midgley,1986,第 26 页)。这三个标准可以区分真正的参与和假的参与。帕特曼(Pateman)(1970,第 70—71 页)把参与定义为“决策团体的每位成员都有权决定决策的结果的过程”。民主化参与虽然没有系统地出现在人们的生活中,但它保证了人们的话语权、人权和公民权,因为它存在于有影响力的残疾人、精神疾病的康复者、老人和其他福利接受者中(Beresford 和 Croft,2000)。

这些定义分析和描述的共同点是,有必要提供机会让所有人,包括边缘化群体和弱势群体都需要参与到影响他们生活的计划和实践中。因此,与一些无权利含义的参与相反,它既有权利内涵又有政治内涵。

参与的批判

如果实现和推广得当,没有人会否认个人和社会参与的善良本质,但是参与的一些变体也许会让人认为参与的弊大于利。康沃尔(Cornwall,2008)认为:“‘参与’一词,已经成了陷入困境的竞争对象。”预防参与的负面结果是非常重要的。贝雷斯福特(Beresford)和克罗夫特(Croft)(2000,第 357 页)指出,一些参与式行动“可能会阻碍人们的参与而不是增加,可以用来排挤和拉拢人,以及可以用来延迟决策和合法预定议程和决定”。同样,德凯特(De Kadt,1982,第 574 页)认为,社区参与概念“不仅没有正确地普及，而且还存在口惠现象”。此外，米奇利(1986)指出，参与可能被视为家长式作风，如出席会议的指标和投选的人数仅代表开始阶段，但不表明全民参与。再者，由于许多处于不利地位和边缘化的社区和人们忙于满足自己的基本需求，他们不可能持续参与社会活动，并且参与通常不会自然发生，它需要有利的条件。资本主义国家参与支持的真实性受到了质疑。伯纳(Berner)和菲利普斯(Phillips)(2005)认为，参与——一个激进的概念，虽然被增选为主流理论，但它的潜力也被削弱了。最后，基层的参与能否取得真正的进步是值得商榷的。

参与的障碍

参与虽然是社区发展实践的核心价值观和准则之一，但是确保社区所有人的参与是一个具有挑战性的任务。参与模式表明，只有少数比例的人会在社区中积极参与。人们为什么不参与到关注自己、社区和环境的事件中呢？因为环境和个人紧密相联，参与可能在其中受到阻碍。环境中的主要因素——非参与性和非民主体制结构，为人们参与社区活动制造了巨大的障碍。独裁或各级主要领导也会阻碍人们的参与。例如，封建领导人和阶级领导用各种方式阻碍普通人的参与。奥克利(Oakley，1995，第 4 页)明确规定：在第三世界的农村人中，不能仅是宣布或希望参与；在许多情况下，它必须通过确定权利，多维地、反参与地主导农村人民的生活。支配和从属的世界是不会因为我们“发现”了参与，就在一夜之间消失。

非参与的另一个重要原因是歧视性的文化习俗，即妇女或直接或间接地被阻碍在家庭内和家庭外的事物中。歧视性的社会阶层禁止所有不同群体的参与。由非政府组织和政府组织实施的非参与式文化方案使改变人们的非参与的习惯变得很困难。在个人层面上，长期剥夺和压迫的环境可能会使人们的参与性超出预料，但这并不能说明这些人不能参加活动。他们可以使用系统策略来参与，但这是一个长期的过程，并且使用系统策略本身也可以看作是一种障碍。社区归属感的缺乏、参与的消极经验会明显降低人们的参与性(Cornwall，2008)。

参与的策略

参与不仅要求人们批判性地思考自己的处境和导致这一处境的原因，还要求人们探索解决自身需求和问题的方法，并且采取个人和集体的建议，坚持实现这些决定和消费，分享工作成果。因此，根据著名的短语“是，由，为”，即社区发展中，应该是人民参与、由人民参与和为人民参与（联合国开发计划署，1992）。米奇利（1986，引自联合国，1981；Pearse和 Stiefel，1979，1981）指出真正的参与要求：①意义深远的社会结构改革，②大规模地重新分配权力，③改变国内政治制度和国际经济秩序以便穷人参与，④重视自主和自立。

尽管这四个要求可能是必要的，但它们单独可能不会导致人们的参与。在实践层面，许多处于不利地位、边缘化的弱势群体需要得到进入权和支持条款。贝雷斯福德和克罗夫特（2000）都认为只有自信而没有支持，优势群体都可能会参与，但没有进入权，参与会变得艰巨而无效果（第356页）。对他们而言，进入权包括进入国家和地方的政治结构及进入影响人们生活的其他组织、机构；支持包括提高人们的期望和信心，增加他们的技能，提供能满足群体需求的儿童保健、信息、宣传、交通等实际的支持，以及确保少数民族和受歧视的群体能够平等地参与（第356—363页）。

通过了解各种各样的社区生活，参与是确保社区多样化的代表，这是非常重要的（Ledwith，2005，第35页）。随着参与的透明度和特异性的提高（Cornwall，2008），在设计和计划中使用恰当的参与方法是非常重要的，并且如果有必要，可以为了新举措用对话、讨论和协商等方式获得政府组织和非政府组织的支持。

总之，根据参与的类型，可能会获得积极的结果。参与本身既是手段也是结果，这在积极的结果中也是事实。参与既是策略也是由尊严和价值、自立和尊重及授权支撑的价值观。借鉴相关的文献（Hollnsteiner，1977，1982；Majeres，1977；UN，1975，1981；White，1982），米奇利（1986）列出了参与的几个结果，即增强人际关系、培养自信心、改善物质条件及减少无力感和疏远感。这样的结果会明显促进社区发展实践。

结论

价值观或准则的争议往往来自道德、伦理、法律、社会、文化或专业方面，本章提出的社区发展实践的四项价值观和准则也不例外，是存在争论、批判和质疑的。然而，在我看来，在任何情况下，社区发展实践都需要遵循人权、自立、自主和参与的价值观和准则，因为它们是相互联系的。面对各种各样的价值观和准则，我认为这四项价值观和准则作为核心的原因是因为它们把握了其他价值观和准则的本质并把它们系统地联系在了一起。这些价值观和准则在应用到社区发展实践方面不但有争议而且具有挑战性。每项价值观和准则在概念方面、批判方面，并且在实践中应用的阻碍和策略都已经得到了讨论，我希望社区发展的学生和从业人员发现这些分析的有效性。社区发展实践的动力系统和挑战主要来自坚持或违反这些核心价值观和准则动力系统，下一章将讨论社区发展实践的动力系统和挑战。

第四章　社区发展实践动力系统

作为一个社区发展的从业者和观察者，我见证了社区发展实践的一系列动力系统。在本章，这种动力系统作为从业者的批判方面被提出。根据个人的看法和经验，虽然社区发展实践有许多方面（见第二章），并且包括了许多复杂性和挑战性的动力系统，但是借鉴现有的数据和我自己的分析，我将这些动力系统归为了四个方面，因为这四个方面在任何一个社区发展中都很常见。在自治管理社区发展项目、计划或活动的可持续性中，局外人进入社区或局内人开展社区发展工作并被社区接纳都不是容易的，意识提高，能力建设（如领导力发展、制度建设、发展社区式团体或人民团体等），以及加强现存的基层制度都有社区发展价值观和准则的应用。四个领域中每一个领域的实现都涉及动力系统，并且可以对动力系统进行分析。

动力系统可以表明，除了专业训练社会工作者和社区发展工作者外，一些其他专业，如社区工作者、律师、建筑师、工程师、管理人员和非专业人员如地方社区领导，对社区发展的影响显著。因此，虽然训练有素的专业社会工作者的工作很重要，但本章讨论的不仅仅是他们的社区发展实践，因为他们只是印度等南亚地区中社区发展领域的许多类型之一。通过扩大分析范围，不管是谁做出了贡献，都可以看到该地区广泛的社区发展实践。

社区发展价值观和准则的应用

正如前一章所讨论的，价值观和准则——人权、自立、自主和参与——的应用是社区发展的基础和关键之一，并且在社区发展活动开始之前、活动过程之中以及对社区发展结果的评估中，价值观和准则都需要得到正确的理解和认可。从本质上讲,价值观和准则在社区发展中的应用包括坚持或实践人权,鼓励人们自立、思考、为自己做决定以及参与整个过程。如前所述,人权体现了所有的价值观和准则及社会公正、社会发展等社会目标,所以领导或从事社区发展的人需要了解这些价值观和准则,并且把它们应用到社区中。但所有从事社区发展的人是否都将价值观和准则应用到其工作中了?这是一个开放性的问题,很难判定。然而,如果有些工作者没有把价值观和准则运用于实践中,那为什么有些人能应用而有些不能呢?许多社区发展活动可能会实现一些人权,但重要的是这种人权的实现应该通过人权和自立、自主、参与的实践来实现。

在宏观层面,价值观和准则已被纳入了世界银行、联合国、国际非政府组织、英国国际发展部等国际组织和一些政府机构以及不遵循自身社区发展途径的非政府组织。这些组织机构的政策文件表明,它们遵循自下而上、参与性和以人为本的社区发展方法应用这些价值观和准则。然而,在微观或社区水平,这些价值观和准则是应用在理论中还是运用在实践中是不明确的。通过仔细研究书面政策和领域实践中的价值观和准则,我们发现两者之间的巨大差异。现场实际情况表明这些价值观和准则在社区中公然地被社区居民(虽然不是所有人)或有时由外部社区发展机构所违反。应用价值观和准则的困难源自几个水平互相联系的动力系统。

例如,在宏观层面上,实现人权并保护人权是共识。然而,当下人权作为反对控制和制裁——一种惩罚用来授予或拒绝与国家贸易、援助国家,特别是亚洲国家,人权的有效性普遍受到多样化文化的质疑,这表明人权的含义和应用被视为具体文化。此外,违反人权的指控是不利于原告的。这种共同的趋势削弱了人权在当地社区的实现。如果人权真正实现,那么我们就不用再看百万人民天天饿肚子的情形。在我们能力范围内的目标是到 2015 年消除极度贫困,但迄今为止取得的进展评估表明,我们离这一目标还很远,并且许多人猜测我们将不能实现这一目标,特别是在当前全球金融和经济危机的影响下。如果在社区中不消除极端的贫穷,那么人权将很难实现。只有通过应用自立、自主和参与的途径,才能消除极端贫穷,也才可能在可持续基础上发起各种社区发展活动。在宏观层面,价值观和准则的实施或许需要的是一个有利途径而不是制裁。

瑞文(2004,第59页)非常赞同制裁或政治条件上的四种类型的困难:(1)制约性是不道德的(这应该是准则没被使用的问题);(2)制约性从未完全实施(即使它是道德的,也不可能被真正使用);(3)制约性没有目标结果(即使它被使用,也不奏效);(4)制约性会破坏取得的成果(不仅不奏效,而且还会造成更多伤害)(Schimmelfennig,2007)。

资料卡 4.1　对缅甸的制裁

自1998年以来,军方由于否认民主和人权而受到越来越多的谴责,并且还要求加强外交和经济制裁以削弱其政权。大多数西方政府已经暂停了非人道主义援助、实施武器禁运,并取消从缅甸进口的关税优惠以及贸易优惠融资和投资等。华盛顿进一步禁止了新投资的美国企业,封锁了所有进出口业务和金融服务,使其成了一个严密的反对任何国家的美国单方面制裁政权。西方政府虽然未能在联合国就反对缅甸的强制措施达成协议,但他们封锁了所有的国际金融机构的支持,最小的技术援助除外,并限制联合国专门机构和国际组织的人道主义计划资金。

值得注意的是,由于2011年文官政府的进步和2012年议会的补选,许多国家已经逐步取消了对缅甸的制裁。

资料来源:佩德森(Pedersen,2008,第3页)

在缅甸问题上,尽管实施了十多年的制裁,但其人权状况并没有得到改善。事实上,制裁在宏观层面上降低了地方社区实现人权的可能性。因此,这种外部"胡萝卜加大棒"诱导式的干预方法很可能影响人们和社区的自立与自主,从而影响他们在自身发展中的参与性。佩德森(2008)基于自己的研究认为国际社会对缅甸的制裁没有提供任何解决的方案,而佩德森提出了一种批判性评论的替代模式,即强调国家长期的社会经济发展。认识到这一困境,国际社会把制约转变成了积极扶持政策,即致力于创造民主结构和流程、组织选举、开放媒体、完善和落实法律和司法公正。大约有百分之十的援助似乎是针对这一积极扶持政策(Uvin,2004,第83—86页),与限制性政策相比,积极支持方法似乎更好。2011年,文官政府开始改革,并在2012年,举行了递补选举,民主改革似乎也在进行中，但社区会在微观层次上有所改变吗？

不论政治结构、民主或其他权利如何，当前社会、经济和政治安排在很大程度上都有利于当地精英和封建领袖。目前的政府机构经常趋向于请示或服从这些领导的要求。虽然一些非政府组织已经做了一些有益的工作，但它们并没有面向所有的社区。然而，任何改变目前现状的变化都可能受到低层社区的极端抵抗，如暴力和死亡，从而造成了对人权的进一步侵犯。穷人和边缘化的人由于长期受压制和剥削而无法看清自己的现状，如冷漠、漠不关心、无奈和无力感，因此，改变这种状况可能需要很长的时间。要处理基层社区的复杂问题和动力系统，只讨论公民和政治权利虽然有必要，但却不足以带来改变。

第一，正如在第三章提出的，在改变公民权和政治权、经济、社会和文化权利以及集体权利中的人权的层次衔接是重要的。在社区层面，这些权利都是同等重要的，肯定它们中的某一个而反对其他是毫无意义的。人们有必要体验自由——思想自由、表达自由、演讲自由、协会自由、参与自由和愿望自由——并且在法律下得到平等保护，也有必要获得好的教育、健康、住房、就业以及拥有充足和洁净水源、空气和良好居住环境，这些不仅相互关联，并且对社区发展建设意义重大。因此，对于专注于公民权和政治权利的意义，说服当地社区比说服国际社区更容易。

第二，在基层层面和相关高层面上，教育和培训社区发展价值观和准则的教育和培训需要提供这样一种方式，即他们不但提高对人权、自立、自主和参与的意识，而且还要把这种意识转化为行动。特别是各级政府官员、相关非政府组织人员、地方政治领导人、社区领导人和青年都需要这种培训，并且培训还需要高度重视妇女参与这些教育项目。应采用适当的方法来传播这些信息，因为不同人有不同的接收或拒绝新信息的方式，因此，由于该领域文化的多样性，教育和培训应注意文化的敏感性。

第三，长期在被剥夺权利的人民和社区之中的工作经验表明，机构或社区工作者无论是局内人还是局外人，在任何社区发展活动中，人民最初都倾向于问“我可以从中得到什么？这对我有何意义？”如果他们自己的观察和思考说明他们可能什么也不能获得或者对他们毫无意义，那么他们将不会再参加下一次的会议。讨论这些被剥夺或被边缘化群体的人权、自立、自主和参与可能对他们没有多大意义，也不能引起他们的注意，因为他们最关心的问题是“如何才能填饱肚子？如何养活孩子？明天有何工作？”机构或社区应该关注和解决他们目前关心的问题，同时关注自身如何才能变得自立、做出决定和参与影响他们的日常事务，这是一个平衡的任务，并且没有现成的解决方案，因为每个背景都是不尽相同的。然而，自立的价值观和准则从一开始就应该遵循。最初，这可能很困难，甚至会阻止人们的参与。另一方面，通过长期妥协这一价值观和准则来提供服务，对人们和社区会造成更大的伤害。使他们能够意识到自己身处社会经济和政治结构中心的原因，使他们认识到肩负改变处境的责任，可以通过重新审视处境来改变处境，这是一个长期过程。把他们的需求重命名为权利，把他们的需求服务作为权利需求，并且不寻求慈善机构或帮助，这些都呼吁根据人们自身的优势和本地知识、文化、技能、新兴领袖和其他资源而赋权人民。国家有责任满足人民的基本需求、赋权于人民和社区，这反过来又使人们以自立的方式参与社区生活。

第四，不民主的决定被社区会议采纳，这并不少见，因为有时优势群体支配决定。在一些关键性的问题上，决定会以社区的名义做出，即使很少有人拥护和支持这一决定。自主必须是一个真正的民主过程，是不同群体一起做决定的民主过程，也是参与实施决定的民主过程。这表明人们和社区既有权利也有责任，同时也表明承担这些责任，他们需要得到足够的支持并提供访问资源和机构的途径。在社区发展的每一个阶段，人们需要决定自身可以为社区带来什么和自身能从社区获得什么，这两者是同等重要的。社区发展需要牺牲，而人们做出牺牲的决心是第一步。人们需要创造性地为社区做出贡献以确保每个人都享有干净和安全的水、没有污染的空气和自然的权利。

第五，坚持和实行社区发展的价值观和准则要求强有力的承诺，而这一承诺必然会导致有利的和不利的两种动力系统。有利的动力系统会鼓舞社区发展的从业人员，但意识到不利的动力系统并着手解决它们是非常重要的。第一，基层领导人和权力结构可能会阻碍这些价值观和准则的应用或者依他们的喜好操纵这些价值观和准则的应用。第二，一些有根深蒂固的文化歧视的人可能不会赞同这些价值观和准则。第三，由于动力系统的复杂性，社区发展工作无论取得什么进展都可能会停止或是恢复到原来的状况。第四，由于情况超过了任何人的控制，从事于这一工作的资源可能不会及时获得。第五，重要工作人员在任何压力或原因下都可以停止工作，哪怕是重要工作人员。第六，急于寻求结果的人可能会失望，并会减少对活动的支持。该领域的动力系统往往是令人沮丧的。处理这些动力系统，要保持镇定、耐心、坚定的价值观和准则以及要拥有一个社区发展的长远目标。幸运的是，这些动力系统往往是相对短期和短暂的。从这些动力系统和经验中学习，以及了解社区发展不仅是一个长期过程，其结果还是可持续的，是非常重要的。

资料卡 4.2　在 Ralegan Siddhi 中的人权、自立、自主和参与

Ralegan Siddhi 是印度的一个偏远山村，曾经遭受了极度贫困、失业、债务、干旱、酗酒等相关问题。人们感到无助和没有希望。所谓的村务委员会（村委会）民主选举造成了主要矛盾和内部不统一，这表明了许多人权没有得到实现。

村庄领导人安娜·哈扎尔先生（Anna Hazare）不仅改变了村庄，而且使村庄从贫困走向了繁荣。人们被动员起来参与文化发展、政治发展，这包括协商村务委员会成员提名，规范标准（法律）和惩罚，通过流域开发管理自然资源，通过农业、牛奶及乳品业发展经济，以义务劳动、健康卫生的形式做出牺牲，消除歧视性实践，禁止酒精和烟草消费。这些参与式改革使得社会经济和政治全面发展，并且这个发展可以在教育、卫生、收入、自给自足、文化习俗、消除歧视、妇女参与和可持续自然资源管理等领域得到论证和检测。除了政府的发展计划，这个村庄的发展没有寻求任何援助。虽然领导者和村民没有明确提到人权，但这个村的发展集中体现了公民权利和政治权利、经济、社会、文化权利和集体权利，并且在很大程度上实现了自立、自主和参与的可持续性（Hazare，2003；Lokur）。

注释：非选举的村务委员会成员和在村里引进一些惩罚性的做法可能存在争论，也可能会被认为是对人权的反抗。但是在我看来，它们所造成的危害比政治制约性的后果要小。

资料来源：Hazare（2003）；Lokur（undated）

进入社区、开展社区发展工作和社区的接纳

如一句古老的格言“好的开始是工作成功的一半”，在任何社区发展努力中，社区发展中一个好的进入或一个良好的开端都会为社区发展奠定坚实的基础。在社区发展实践中，这是基础阶段，如果没有成功或有效地完成这一阶段，那么很难在社区发展中取得任何成果。在讨论这个关键阶段之前，应该先区分进入社区和开展社区发展工作。进入社区指“局外人”的参与，即局外人可能是发展工作者、社区工作者、社会工作者、非政府组织或其代表、国际非政府组织、企业人员，或任何其他利益关系人进入社区从事社区发展工作。开展社区发展工作指“局内人”开展社区发展工作，即为同一社区发展承担一定责任的人和开展社区发展工作的人。局外人如何进入社区并开展社区发展工作？局内人如何开展社区发展工作？不论是局外人还是局内人，他们如何在社区中获得接纳和社区发展议程的接纳？解决和理解这些问题是非常重要的，因为许多问题和动力系统围绕着社区发展的开始部分，因此社区成员在社区发展有任何进程之前必须妥善处理、解决这些问题和动力系统。完成基础部分的时间取决于社区、问题的解决和社区工作者，但是如果基础部分没有成功或有效地完成，社区发展工作可能会动摇。

一般来说，局外人、训练有素的专业人员等会根据目标社区的信息采用不同的方法进入社区。如果可以获得，这些方法可能包括阅读社区简介，通过观察、调查、开会、讨论、快速评估等研究方法建立社区档案（了解社区见第一章、第二章）或者进行需求分析。此外，没有任何背景信息的工作者可能选择在社区中沉浸，并从社区中学习。如何把工作者引入社区，工作者如何与人交流，如何融入群体和介绍人中，这些都会显著影响工作者进入社区。如果社区工作者在社区发展项目中取代了以前的工作者，人们的反应和感受会根据对先前工作者的经验和项目而有所不同。外部的社区工作者会受到人们带着希望、个体和团体带着期望地观察、测试和判断。人们对工作者的看法和总结可能会阻碍（至少在最初阶段）也可能会促进自己的行为。了解社区的轮廓和侧面是重要

的，但是还需要进一步了解人们和他们的文化，信仰，政治和权力结构，利益归属和其他动力系统，因为社区工作者需要在社区投入大量的时间并获得人们更深入的见解。

社区发展工作者或社区创始人不需要经历社区知识获取和社区测试的过程。假设工作者了解人们和社区，然而对这两者都有先入为主的概念，并且如果这个先入为主的概念是不利的，则必须清除处理。不论是“局外人”还是“局内人”，为了社区的发展获得社区和人们的接纳，从而有效地与他们合作都是非常重要的。以下几个原因可能会使得工作者不被接受。第一，人们的预期和工作者的社区发展议程不符。第二，如果工作者频繁地与处于支配地位的成员或群体互动，并且这些处于支配地位的成员和群体倾向于弱化和边缘化贫困人民，那么贫困人民会质疑工作者。第三，如果工作者被认为是对现有权力结构的威胁，那么权力大的群体可能会对任何社区发展工作制造阻碍。第四，如果工作者缺乏诚信和技能，人们会很难支持工作者的工作。第五，虚假或不切实际的承诺和希望可能会使社区失望和不信任。第六，如果工作者从事促进自我认同并且不信任他人的工作而不是牺牲、了解他人、给予人们信任，人们可能会逐渐疏远并开始批判工作者。

哈扎尔村(2003，第 18 页)的发展经验表明：在农村发展计划的开始，没有人能与村民或村里权威获得足够的合作，这与自己的家庭成员的情况一样。村民怀疑组织者有隐藏动机。一些人认为社会工作者是为了自己的利益而工作，除非他们了解并且信任他/她，否则不会与他/她合作。

成功进入和获得接纳的有效途径之一是把自己的社区发展计划放在一边，关注人们最迫切、最需要的需求，因为这些需求接近文化或社区的核心。这通常会使社区成员和工作者一起做些事情来满足这些需求。在每一个社区，问题和需求的重点可能是不同的，但无论如何，它为进一步的社区发展工作打开了入口。

资料卡 4.3　在 Ralegan Siddhi 开展社区发展

安娜·哈扎尔先生从印度军队退役后回到了他的村庄,这个村庄存在几个社会问题(见先前的案例研究)。除此之外,他注意到寺庙残破的状况是村民为了给酒的浓度加燃料而拿走了寺庙的木料。

在 1975～1976 年间,安娜·哈扎尔先生用自己的 20 000 英镑公积金(养老金)开始修复和重建寺庙,以此展示自己的无私和吸引人们对社区发展活动的兴趣。这座寺庙代表了社区的文化中心,增强了人们对上帝和自我精神的信仰。安娜·哈扎尔先生认为:大多数人都是自私的。当人们看到自己可以从中受益时,他们就愿意合作!当每个人都将从整修寺庙中获益,他们就逐一地开始来帮忙。无论让他们做什么他们都愿意,因为他们现在有信心。在六七个月内,大量的人出现并加入这一工作。一些人提供了经济上的帮助,而大多数人则提供了体力上帮助。一年半后,寺庙整修花了 200 000 卢比完成。这是社区义务劳动的开始,为社区创造了一个值得关注的问题。

这个社区发展从萌芽到成功地完成了社区发展项目,建立了一个自立的村庄和效仿的模型。

资料卡 4.4　进入斯里兰卡村庄 Sarvodaya's Gramadana 工作者

Sarvodaya 是斯里兰卡众所周知的非政府组织,致力于赋权和减轻贫困。它的工作主要通过其主要成员 Gramadana 工作者来完成,Gramadana 工作者只有在村民的请求和邀请下才进入村庄。假设这种请求表明了村民的动机和意识水平。在特殊情况下,他们可以接触到村庄,但村民还是需要邀请 Sarvodaya。由于这样一个邀请,Gramadana 工作者通过组织对发展和领导角色感兴趣的人来开始他们的工作(亚洲及太平洋经济社会委员会,1996b,93 页)。

资料来源:ESCAP(1996b,第 93 页)

资料卡 4.5　通过社会工作和研究中心/印度拉贾斯坦邦的贝尔富特大学进入

邦克罗伊(Bunker Roy)先生在著名教育机构接受教育并且在外交服务事业培训。受比哈尔饥荒的影响，罗伊先生，作为一个局外人，在 1972 年印度拉贾斯坦邦的 Tilonia 成立了社会工作和研究中心(the Social Work and Research Centre)，现在被称为贝尔富特大学(the Barefoot College)，并与最不利、边缘化和贫困村庄的人民一起工作。这个研究中心最初的工作是为农村电气化公司(the Rural Electrification Corporation)对 Silora Block 的 110 个村庄的地下水进行测量，这个工作花了两年时间才完成。这所大学没有思想取向。罗伊(1997)认为：学校想摆脱“社会工作传统”，这在印度获得了城市、中产阶级、学术界的支持，但用专业地下水测量的方式作为切入点是最好的方法。

当罗伊的中心开始在村级水平开展工作时，面临了几个问题，如：“它是支持政府的吗？它是农村致富的计划吗？谁赞助这个计划？谁提供经济支持？它支持哪个政党？”在最初几年里，工作的重点是解决这些问题并适当告知村民，而这一过程也影响了中心的工作人员。根据罗伊的第一手经验，他叙述了动力系统的作用，同时进入村庄并得到了村民的接纳。

根据答案的信服度及工作人员在该地区的政党、意识形态和政府中的项目均衡度，农民会做出相应的反应。具有讽刺意味的是，在剥削中存在安全感，而最贫困农民相信压榨他们最多的人的话。任何项目开始时都需要时间来解决，但同时，还必须赢得人们对项目代理将在几年内使其实现的信心。

项目的第一个可见目标必须对村里的既得利益者是无损害的。因此，服务是提供给包括富人在内的全部村民，并且项目代理人必须使穷人和富人平安相处。代理必须纵容富人的愿望和要求，从而通过协议与穷人建立联系。大学必须通过这次练习来获取图像和获得想要与之合作的村庄的访问，大学必须回应“农村人口的需求”，这实际上是少数人的需求。村庄几年的准备大大有利于大学的行动。

也许这次经历让罗伊认同甘地所言：“最初他们忽视你，然后嘲笑你，随之打你，最后你就赢了。”

资料来源：Milnes(2007)；Roy(1997)

这三个简短的案例研究虽然是不同的，但它们都表明了动力系统和进入社区、开展社区发展工作和获得接受的不易。不管社区工作者是局内人还是局外人，他们都面临着类似的接纳和合作问题，这往往出现在初始阶段，必须克服。他们最初似乎都出现疑问并打算离开，需要适当的处理。哈扎尔先生是 Ralegan Siddhi 村庄的局内人，罗伊先生是印度拉贾斯坦邦村庄的局外人，Gramadana 工作者代表的是斯里兰卡众所周知的非政府组织，他们的社区和背景明显不同。哈扎尔先生利用了人的信仰和文化，罗伊先生的进入来自社区的请求和邀请，Gramadana 工作者试图与既得利益者和穷人平衡接洽，最后接近穷人。获得接纳的时间和花在动力系统性质的时间是明显不同的.但其中最常见的是他们努力建立信任和获得社区与人民的信心。不用说，信任和信心的建立是一个长期的过程，这需要承诺及言行一致。社区工作者需要说出他们的承诺并且实现承诺。当人们和社区开始信任的时候，他们就可以自信地合作并参与到自己的发展。在这些情况下，简要叙述的经验不是普通工作者的经验。这些工作者几十年来以极大的奉献精神工作了几十年，并且他们的社区发展工作已经成了典范。因此，专业人员和非专业人员都需要从这些经验中学习和获得灵感，并且需要为进入该领域的贫困社区做好充分准备，而大部分贫困社区不仅没有社区发展工作者，而且还急需社区发展。根据不同社区的不同需求和背景，通过对话、结合基础服务传送和发展工作、引进健康和教育举措，或者通过社区基础设施供给与社区成员一起开展社区发展工作，从而最终走向以人为本、全面的社区发展。

意识提升和能力建设

成功进入，开办适当的社区发展活动和获得接受，可以很自然地吸引社区发展工作者进入意识提升和能力建设的策略中，因为他们在社区发展工作中共同构成了一股决定性力量。意识提升和能力建设这两种活动都应该共同致力于人们的权利。因为意识提升的过程和结果存在许多赋权因素，尽管这可能和赋权有所区别，但是只有长期的意识提升才可以用来讨论。人们的信任和信心在一定时期内建立，并且引导提升人们的意识的希望已经超出了社区发展活动的初衷，减少了对贯穿于个人和社区发展都很重要的一系列问题。提高意识不仅限于传递新的信息或教育社区人民。在提高意识的过程中，“你什么都不知道而我什么都知道”的印象通常是在不经意间创造的，人们应该有意识地避免产生这种印象，因为它损害了人的尊严并贬低了他们。相反，“你知道某些我不知道的事情，我愿意向你学习”会让人们更积极地看待自己并加强自身的优势。文化上合适的、尊重的和强大的方法都可以提高人们的意识。事实上，意识状态本身在某种意义上包含了人想做的所有事情。意识是一个非常有力的工具，该工具应该恰当地和及时地展示、指导或创造具体机会。否则，意识可能会导致沮丧和失望，甚至在某些情况下减少进一步的合作。

亚洲及太平洋经济社会委员会(1996a，第 19 页)认为，意识提高是一种策略，人们在沮丧或受压迫的情况下更容易意识到情况的本质。意识有很多方面，包括：①他们的确切情况是什么；②是什么引起了这种情况；③他们如何应对这种情况；④这种情况的结果是什么；⑤可以做什么来改变这种情况。

这些以及类似的问题使得弗莱雷(1972)呼吁提高批判意识或“意识觉醒”。如果意识没有转化为行动，提高意识的意识是没有用的。这应该有助于培养人们对自己的信仰、思考和行动的能力，以及把绝望转化为希望，把依赖转变为独立的能力。如何提高这种意识？它不能通过单向的沟通或填鸭式教育或指责别人来实现，而是通过和人们平等对话，探索和解释自己对世界的理解与对话，进行批判式反思以及确保行动的双向沟通来实现(Freire，1972，第 75—118 页)。

资料卡 4.6　提高孟加拉国村组织的意识

孟加拉国农村发展委员会(The Bangladesh Rural Advancement Committee)是一个私营部门发展组织，它的工作主要是通过建立乡村组织来扶贫和赋权于穷人。发展乡村组织成员的主要策略是社会意识教育课程(the Social Awareness Education Course)。亚太经济与社会委员会(1996b，第 4 页)规定：由孟加拉国农村发展委员会的培训师组织的一个月的课程培训，目的是帮助村组织成员意识到自己的潜能和发现日常问题的解决方法。意识提升课程通过每周一次的村组织会议以非正式的形式进行，特别是举行以问题为基础的两月一次的会议讨论当地各种社会和经济问题。

资料来源：ESCAP(1996b，第4页)

资料卡 4.7　在 Rategan Siddhi 通过道德洗礼提高意识

整修寺庙作为会议和闲暇时聊天的平台，人们开始在团体内非正式地交流共同关心的问题和讨论影响村庄的问题。这个非正式的过程为建立友谊、合作和交流开辟了一条道路。村里的领导哈扎尔先生遵循甘地的自我实践方法而不是说教。

在非正式的交谈中，哈扎尔先生不仅引用斯瓦米·维伟卡南达(Swami Vivekanand)、莫罕达斯·甘地、巴韦等伟人的话作为开始，还引用了桑特亚达夫巴巴(Sant Yadar Baba)的想法，因为他的记忆仍然存在于人们的头脑中。在每日清晨，哈扎尔先生还通过从寺庙的公共广播系统播放巴哈真(赞美诗)和宗教演说等来启发人们，因此，一般人态度的变化是由道德洗礼带来的(Mishra，1996)。这种意识使人们参与到自己和社区的发展中(Mishra，1996)。

注释：意识提升策略在哈扎尔的著作中没有明确讨论。上述情况的发展以观察和间接文献为基础。

资料来源：Mishra(1996)

资料卡 4.8　社区卫生的意识提升

亚洲地区，特别是南亚地区，在公开区域排泄是主要的环境和健康问题之一。为了结束这种做法，促进者通过让人们在社区的公开排泄区域行走，并且给他们提出重要问题而不提供任何解决办法来提升人们的意识。卡尔(Kar，2005)用以下例子作为提高人们在公开区域排泄的危害意识的方法和结果，并以此来改变人们的行为。

取一杯清水，随机问一人是否要喝。如果他说是，然后就问其他人是否要喝水，直到所有人都回答是。接着，从头上拔一根头发并问他你手里的是什么，并问他们能否看见。然后当着所有人的面在地面上触碰一些粪便后，把头发浸在这杯水里，然后问他们在这杯水里能看见什么。随后让身边的任一人喝下这杯水，他们会立即拒绝。然后把杯子递给其他人并问他们是否要喝，结果没有人会想喝这杯水。问他们为什么会拒绝。他们会回答这杯水有粪便。紧接着就问他们苍蝇有多少只脚。告诉他们，苍蝇有六只脚并且都是锯齿形的。然后又问他们苍蝇是否比你的头发更能拾粪便。答案应该是"是的"。随后再问他们当苍蝇落在他们或他们孩子的食物和盘子里时会发生什么：它们从公开排泄的地方带来的排泄物会传播吗？最后问他们，在他们的食物里吃到的是什么？结果就是村里的每个人吃的都是对方的粪便。让他们试着计算每天摄入的大便量，问他们因为公开排便吞下其他人的大便是怎样的感觉。在这一点上不要提供任何建议，而只是在总结社区分析结尾时，在现场提醒他们远离这种思想。

资料来源：Kar(2005)

资料卡4.6—4.8中呈现的三个简短的案例研究表明了意识提高的不同方法。在孟加拉国农村发展委员会的案例中，一个已为大家接受的私人开发组织开发出了一个月的课程并且培训组织的成员作为促进者去教授提高村庄组织团体的意识课程。这些培训的投入在后来的会议中得到进一步的讨论和加强。在Ralegan Siddhi案例中，领导者的牺牲和自我示范，伴随着道德洗礼来提高人们的环保意识并动员人们，特别是青年人。在第三个案例中，在开放区域排泄的影响直接向人们证明了提高自己意识的关键性。这些例子的背景都是不同的，并且各自提高意识的方法也是不同的，但其共同点是所采用的方法对人们提高意识、改变行为和做出行动是有效的，并且实现了各自扶贫，达到了村庄发展和社区条件下环境卫生提升的目标。一般而言，提高意识的方法可能包括正式和非正式的与人们讨论和对话，依据需要和问题形成一系列青年人、老年人、妇女、极其贫困者、失业者和地方社区领袖群体，在社区中确认有能力的促进者或志愿者，举行"训练教员"专题讨论会或会议，提供公开社区发展模型项目并吸引人们参与这个项目，划出社区的最大资源（当地文化和宗教方面能快速指出人们提到的论点）。提高意识中的动力系统一般与其他的社区背景中的动力系统是不同的。同质性和异质性的群体、意识提高与社区成员的期望之间的不匹配、来自群体的人们(或志愿者)人数不足、寻求直接结果、受既得利益者的干预、一些来自社区成员的反对以及员工、领导或其他必要基础生存支持的缺乏可能有助于在实践中挑战动力系统。

能力建设

如前所述，意识提高和能力建设经常是一起。没有能力建设的意识提升和没有意识提升的能力建设都会阻挠人们和社区发展工作者，并且也不利于社区发展取得重大进展。在信心、情况批判分析、希望及实现梦想等许多方面，人们的意识提升在某种程度上应该建立在人们的能力上，进一步激励他们在特定需求方面加强自己的能力。像其他发展短语一样，“能力建设”是在发展领域中使用过度的短语。能力建设从基层到国际、个人到集体和政府组织到非政府组织一系列背景中被使用或被提及。因此，能力建设的意义和范围既可以高度集中也可以高度扩散。本书中，能力建设的意义和范围仅限于基层社区发展背景。能力建设是社区发展的手段、过程和目标。根据联合国开发计划署(1997，第 3 页)，能力建设是“个人、组织、机构和社会发展能力(单独和集体)履行职能、解决问题和建立并实现目标的过程”。同时联合国开发计划署也强调能力的发展，侯赛因(Hussein，2006，第 374 页)对其稍加修改并强调了能力的提高——能力建设是“能力机构、个人或团体寻求能力的提升来有效履行自身的职责”。能力建设与社区发展的价值观和准则一样，是以一个可持续的方式发展或提高个人、团体、组织和机构的能力来实现人权，特别是弱势和边缘群体的人权。

在社区的可持续发展基础上，个人、团体、组织、机构和基础设施的能力建设对确保社会、文化、经济和政治发展是必要的。为此，特定群体或部门在地方基层社区需要确定能力建设。通常，这些群体和部门包括个人和团体，特别是边缘化和弱势群体、职能领导、促进者或有感染力的人、志愿者、社区组织或人民团体、现有的或新的青年群体、非政府组织或地方机构和基础设施。根据不同的问题、需要和目标设定，能力建设需要知识和技能发展。提出我们所谈论的知识和技能是什么的问题和我们传授的是谁的知识和技能的问题很重要。通常一个“干净的石板”被假设为人们和社区的一部分，能力建设的接受者被所谓的新知识、信息和技能轰炸，这可能是最不适合基层社区能力建设的方法。基层社区的居民有知识和技能并且强烈要求实施发展计划。认识和了解地方的知识、地方的技能、丰富的地方文化（即自立的价值观和准则）并试图在现有基础上进一步建立能力是非常重要的。罗伊（1997）根据贝尔富特大学的经验认为，“仅仅因为有些人不能阅读或写字，是不足以证明他/她没有受到过教育的”（Milnes，2007）。伊德（Eade，2007，第663页）也认为“大多数发展援助很少以建设‘穷人’的能力来改变他们的社会……产业发展的趋势是忽视、曲解、替代、取代或破坏人们已经拥有的能力。（Girgis，2007）”罗伊进一步表述：偏远地区的发展和变化的最大威胁是城市地区的所谓的受过教育的人。这种人通常是保守的、不灵活的、自负的、傲慢的和不接受新思想的，他们拒绝用手工作并且认为没有人会在一般文章上发表自己的观点，他们有发展和如何解决问题的先入为主的观念；他们用知识作为开发和权力的工具；他们以赞助的形式传播信息和补贴方案。贝尔富特大学从未面临任何与贫困的农民工交流和工作的问题，但就是所谓的受过良好教育的人固执地蓄意破坏引进创新和进步的想法。

罗伊的上述论点是基于以下证据

资料卡 4.9　本地知识和技能的能力建设

贝尔富特大学通过经验而不是资格树立了榜样。例如，该中心的健康计划是由一位已经获得吉申格尔学校（Kishangarh school）艺术学科学位的村级卫生工作者施行。Silora Block 唯一的镇吉申格尔是一个小乡村中心，但这位卫生工作者在预防医疗和村庄参与方面的相关知识比那些毕业于一流大学的医生更多。在贝尔富特大学，医生必须在他的手下工作。同样，涉及 1 500 名辍学儿童在 30 个村庄的 30 所夜校运行是由一位没有学位的牧师运行，并且在他手下受过教育的教师已经获得了学士学位。农业推广计划是由一名来自村庄的青年执行，他虽然没有农业证书，但却在农业生产上取得了惊人的成果。传统媒体部分是传达信息最重要的手段，是由曾经养过一次羊的农民运行的，他在这个艺术学校中没有接受培训而只是把忘记的经验回忆起来而已。这同样适用于农村的定位方案，只需由来自村庄的一个个体运行。村里的一位年轻的文盲已经建成了 60 000 平方英尺①的新校园。

资料来源：Roy(1997)

人的能力可以根据自己现有的知识和技能得到发展，也可能需要更多的知识和技能，并且额外的知识和技能也可能与现有的知识和技能同时存在。在个体和群体水平，能力建设可能致力于发展信任和相信自己、渴求知识和技能、参与任何确定的项目或任务。这种个人和群体水平的能力建设可能会使社区组织/人民团体的形成、目标设置、任务绩效计划和实施取得成功。通过确定自愿领导者和有感染力的人/促进者，他们的交流、协调和施行能力可以得到更好的发展。培养参与型群体规范发展的技能、遵循规范发展的进程和执行任务实现设定的目标也是很重要的。地方非政府组织和类似组织的能力需要得到发展，也需要符合社区发展的价值观和准则以及响应人们的人权、问题和需要并与人民和其他组织合作。同样重要的是让人们意识到自己容易专注于管理任务的控制、评估和生产的资金建议以满足捐助者或外部代理的要求。同样，地方机构的能力也需要得到发展来确保良好的治理和协调、合作，并且为了促进人民的自主和参与需要用非官僚技能来武装自己。这些机构的能力发展需要透明、公开和诚实，因此，它们能够获得人民和社区的持久信任和尊重。在大多数农村社区，基础设施很差或根本不存在。因此，学校、道路、卫生中心、桥梁、水、卫生设施等社会和物资基础设施需要通过从事和扩大其能力来发展。人们发展自己能力的动机水平、可获得的机会或缺乏使用这些的能力以及资源限制和权力不平等可能会在能力发展活动中来带困难。此外，由谁来带动能力发展的议程，谁提供能力发展活动的资源，非政府组织扮演什么角色和谁来控制非政府组

① 1 平方英尺≈0.09290304 平方米。

织，这些都是非常重要的问题，并且这些问题还涉及更深层次的动力系统（Eade，2007；Girgis，2007；Smillie，2001）。

总之，意识提升和能力建设作为手段和过程，在必要的时候以及在亚太地区的社会、文化、经济、政治、教育和基层社区的卫生发展中可以一起用于政治行动主义。虽然在这方面做出了一定的努力，但在可持续基础上，这一区域的许多方面还需要做出更多的努力。

社区的可持续发展：连续性和自我治理/管理

意识提升和能力建设为社区可持续发展奠定了一个良好基础，这就是社区发展实践探讨的第四方面。在当前情景中，社区可持续发展是至关重要的，也是每个人希望实现的重要目标。可持续发展有两个含义。第一，基于有限的自然资源，人口压力、污染、开发和滥用资源及气候变化问题，所有的自然和环境资源，例如水、空气、土地、矿产、化石燃料、能源和生物多样性，都需要用可持续发展方式经营，即以人与自然和谐相处的方式来确保这些资源的平均分配，特别是确保对穷人和最弱势群体的分配，从而保证全体人民和后代的福祉。第二，“社区可持续发展”在一定意义上指社区和人们不依靠外部支持或在较少的外部支持下计划、开展和延续以需求为基础的社区发展活动。这两种含义都是非常重要的，并且有必要用于实践。

这是一个重要和关键阶段，因为可持续发展已成为发展的核心问题，而不可持续发展的产业活动和与不可持续发展相关的人类行为必须进行修改以确保可持续发展。无论有没有外部援助，许多社区开发项目最初都投入了极大的热情但是却不能持续，尤其是当资金停止、项目时间结束或他们无法实现既定目标时。外部援助社区发展往往是有时间限制的，援助是在不可持续基础上提供的，并且由于一些超出实际需求的因素，援助终有一天会结束。世界银行（2005，第 14 页）指出：由银行的中央商务区/社区主导型发展项目支持的基础设施和其他活动已经很难维持银行的参与，因为政府和社区缺乏必要的资源来确保它们的运行和维护。更广泛地说，银行项目往往不能为可持续的活动提供长期一致的支持。

援助提供者和开发企业无论以任何原因或正当理由提供的援助，都愿意看到他们在社区的活动超出资金时还能继续，但这是不可能的，因为这种情况通常不会存在。他们还想把他们的工作扩展到迄今为止都还未被触及的领域。社区可持续发展是自立、自主和参与的价值观和准则所固有的，虽然这是亚洲地区中社区发展工作的性质、范围和广度中的一个困难的实践领域，但却是最实用和最可取的目标。

社区可持续发展要求参与计划、实施社区发展项目、开展关注气候变化和关注生物多样性的活动，这可能包括节约和保护社区自然资源，如土地、水、林业和自然能源，以及发展分享和平等地获得这些资源的机制。在这些活动中，也包括了最贫困的人和处于边缘化的人。许多农村社区对回收利用自然资源有自己固有的方法，并且这些方法需要有意识地加以利用。从经济可持续生产活动、教育、卫生、住房、文化和精神上加强自然资源管理和良好生活质量间的关系也是非常重要的。例如，水和卫生问题，污染、疾病传播是密切相关的，而其结果会影响人们的健康。节约土地和水资源可以实现更好的农业生产。除了维系生命的食品和饲料生产，农业活动还可以为人们创造就业和收入。在亚洲地区，农业是农村社区的核心内容并与自然资源的管理紧密相连，而在社区发展中这些都需要得到重视。

社区可持续发展也需要利用现有的能力和扩展个人、团体、领导、组织和机构间联系的能力来发展参与式自我治理和管理的机制，避免外部依赖和干扰。自我治理和管理的主要媒介是社区组织/人民团体、地方非政府组织、其他团体和当地机构。通过这些群体间的联系，在卫生、教育、就业、住房、文化、自然资源管理和经济生产领域一系列的社区发展活动中的自我治理和管理需要发展灵活的结构和过程。在中国和印度引进了分散管理系统的基层民主制度——中国的村民委员会和印度的潘查亚特制度。基层社区的居民通过社区组织/人民团体、非政府组织和其他团体，与这些地方机构协调和合作、规划和实施农村/社区发展项目和活动，而不是开发相同的控制系统。虽然这些机构理论上有民主结构，也是人们的参与途径，但是这些机构的治理系统不仅需要从根本上改变和转变，从而变得透明、诚实、公开、响应、对人民和自己负责，还需要包含普通人以及对人民的心声做出反应。可持续社区发展实践应该将重点放在把这些基层机构和它们的书面承诺转化为适当的实践上面，这可能需要友好的对话、建立信任、协调、合作、交流和理解(Clarke 和 Stewart，1998)，有时就人民和社区而言，政治行动使这些机构沿着预定的路线工作。在当前的条件和机构的运作模式下，这似乎是社区发展实践不合理的要求。然而，由于这些机构有丰富的资源、合法性和责任感，它们的资源必须在以需求为基础的社区发展活动中得到充分的利用以实现人民的人权以及达到这些当地机构设定的目标。使地方机构负责社区可持续发展，不是为了破坏或忽视非政府组织和其他民间社会组织开展的重要社区发展活动。毫无疑问，这些也有助于基层社区发展，尽管其质量、数量、一致性和积极的工作时间有很大差异。不论他们做的什么工作都是重要的，但是如果他们与地方机构做的一样，既有关于协调和合作，同时又保持相互独立，那么这样的合作可以提高双方的实践，也可以显著促进当地机构向社区可持续发展。它们可以调动和激励人们参与地方基层机构，使这些机构为社区发展工作而不过分的政治化。总的来说，社区发展可持续不只是一个理想。以下简要的案例表明它是可行的，并且人民、社区和领导者都认为社区可持续发展是值得在别处借鉴的。

资料卡 4.10　在 Ralegan Siddhi 的社区可持续发展

安娜·哈扎尔是一个决心从事农村发展的普通人，一方面，最初牺牲了他自己的资源以整修寺庙，而整修的结果调动了人们和青年的义务劳动，另一方面，在次区（政府的行政办公基地在村与村之间）和地区水平的政府机构理解和传播了村庄发展的政府计划。通过吸引当地人，一些以社区为基础的组织得以形成[例如，桑特亚达夫巴巴教育组织（The Sant Yadav Baba Education Society）、亚达夫巴巴牛奶生产者协会（Yadav Baba Milk Producers' Association）、几个妇女团体、信用社和几个委员会]。村里会议讨论和解决了所有重要问题并且以协商一致为基础把任务分配给了成员和群体。通过结合村民的自愿劳动和政府计划，一些集水区被修建起来保护水源、土壤和植被（见第三章），这种参与式自然资源管理显著提高了农业生产。之前水对于 150 英亩①的土地是不够的，但现在超过 1 500 英亩的土地能获得充足的水源来种植两种作物，产量增加到六至八倍。早前 85％的人们没有充足的粮食，而现在产量已经增长了 85％，结束了从外面购买粮食的局面。牛奶产量从每天 300 升增加到 3 000 升，人均收入从 200 英镑增加到 2 000。非农业合作银行的建立没有任何金融机构的帮助。

① 1 英亩＝4 046.864 798 平方米。

早前一所学校提供4年的教育，而现在的教育可达12年。许多女孩能够接受教育，甚至有的女孩还成了教师。通过动员村里的自愿劳动力和支持，几所学校的教室和宿舍已经建成。通过提供健康教育和通过开展健康活动(打扫房子、净化水源、清洗衣物、爱护环境和个人卫生)，村民的健康状况得到明显的改善。“在过去20年里，两个或三个医生因为缺乏病人放弃了他们的业务”，没有任何政府资助资金而是通过社区参与，家庭用水管道供水系统已经形成。粮食银行的运作是为了帮助那些需要粮食的人。村民们通过逐步灌输纪律意识、庆祝村庄生日、尊敬有成就的人和新来的人、举行低成本的社区婚姻、消除盲目信仰的做法和戒除不良嗜好(酒精、烟草等)，促进了文化的发展。而印度政府的计划没有外国援助也获得了成功。有的捐赠者的支票甚至被退回，开展的所有社区发展活动由社区人民自己管理和经营并得到持续发展，但是这个村的成功发展应该归功于安娜·哈扎尔先生的坚定领导，因为他已经成功地促成了村民为自己和社区的发展而实现了自己的人权、自立、自主和参与。

资料来源：Hazare(2003)；the author's observations and interview

资料卡4.11　贝尔富特大学对社区可持续发展的创新贡献

1972年，邦克罗伊先生在印度拉贾斯坦州的Tilonia创办了非政府组织贝尔富特大学，虽然邦克罗伊先生是一个局外人，但他一生都致力于为社区可持续发展建立组织和发展创新能力建设的方法。通过从弱势群体发展基层领导人，大学解决了饮用水问题、女孩教育问题、卫生和卫生系统问题、农村失业问题、收入产生问题、电力以及社会意识和农村社区生态系统的保护问题。大学和其参与者共同开发了10项行动守则，强调在农村社区、非歧视、性别平等、民主的政治过程、非党派的政治议程、自愿并有能力学习、遵纪守法和社会公正、集体的传统知识和智慧、保护自然资源、维持社区的适用技术和练习宣传中的共识。

通过利用当地的知识和技能及与最弱势群体的人们的参与建立起了一个80 000平方英尺的贝尔富特大学。这所夜校的运行，增加了获得饮用水的途径，有了收获雨水的引进措施，培养了制造和生产太阳能灯和安装太阳能家用照明系统的太阳能工程师，通过健康口心改善了人们的健康，介绍了由村民自己实施和管理的荒地开发实践，通过利用本地的建筑师为无家可归者建立了房屋，为当地的就业和创收创造了机会，有效地利用了传统媒体的方法提高了一系列的问题意识，促成了信息运动的权利和形成了参与式妇女团体。

贝尔富特大学的夜校是所有其他计划的基础。民主选举、参与式为基础的乡村教育委员会和儿童议会(Children's Parliament)以自立的方式共同合作来运行夜校。

学院接受来自印度最遥远的贫困村庄的最低阶层的男士、妇女和儿童，虽然他们都是文盲和半文盲，但贝尔富特大学根据他们自己的步调培养他们成为“赤脚”水利和太阳能工程师、建筑师、教师、传道者、病理学家、助产士、IT 工作者、会计或市场营销经理。这些村民一旦接受完训练，就在自己的社区工作，因此他们很少依赖“外部”技能(Milnes，2007)。

学院的太阳能项目是由社区组织实施的，这个社区组织也被称为能源与环境委员会(Village Energy and Environment Committees)，负责决定每月支付、学员、收取贷款、维护和监督太阳能工程师工作。

农村能源与环境委员会成功地管理了过去五年的工程，在这期间，村民们每月捐款维修共计 32 372 美元，这是人们愿意每天少赚 1 美元支付的[阿什登可再生能源奖(The Ashden Awards for Sustainable Energy)，2003]。

大学的许多方案已经实施了很长一段时间，并且一些方案正在全国范围内(印度的 14 个州)和国际上(阿富汗、埃塞俄比亚、不丹、塞内加尔和塞拉利昂)得到模仿。学院收到的资金来自于社区、政府机构和国际机构。对罗伊先生来说，真正的成就不是结果，而是过程——“事实上社区通过共享自己的知识和技能，自己做到了这些”。

资料来源：Barefoot College(2009)；Roy(1997)

资料卡 4.10 和资料卡 4.11 中呈现的两个案例研究都鼓舞人们实现可持续社区发展。虽然它们的环境、领导和背景不同，但它们都重视当地居民、当地知识和当地技能，特别是它们都包括了最贫困的人，并且实行非歧视和促进两性平等。通过开发使用人的能力，它们已经形成了参与式社区组织，吸引了人民参与一些社区发展计划。它们也强调了自然资源管理的问题。虽然人们对可持续社区发展的成功也有着巨大的贡献，但两个成功的例子都是领导推动的。然而，哈扎尔是村庄的局内人，他非常强调自立并拒绝接受外部资金，而罗伊是一个局外人，虽然人们一直奉献，但他还是动用了外部资金来支持一些项目。两者都通过合作的方法访问政府资源，同时两者也用了很长一段时间来实现可持续变化。在合理时期内，期待快速得到结果的人，特别是捐赠者，可能会变得没有耐心，并且想知道是否需要长时间等待才能看到社区的可持续发展。然而，这些案例表明，社区可持续发展是一个长期的过程并且要求一致的承诺和耐心。在这两个案例中，一些相似的思想似乎是受甘地思想的影响而形成的。

尽管许多社区发展的计划/项目最初都具有良好的意图，但正如上面提到的，它们不会一直持续到最后。为什么许多社区发展项目不可持续？使它们难以持续的动力是什么？这里有几个看似相同的原因，如下。它们违背了社区发展的价值观/准则。社区发展有时是以计划/项目和捐赠者为准则，而不是以人为准则。该过程可能是自上而下的方法。此外，社区可能已经习惯了资金提供文化。社区发展的创始人和实施者的承诺偏离了需求。在社区组织/人民团体、非政府组织和地方机构中的自我问题的协作和合作可能使操作的动力系统复杂化。党派政治、不必要的政治化和既得利益可能颠覆社区发展的过程。殖民化和全球化的因素也可能不利于促进社区发展动力系统。尽管有这样的动力系统，上述案例也表明，社区可持续发展是一个切实可行的目标并且值得追求。

结论

本章的主要目的是简单地研究社区发展的各种实践动力系统。依赖于如何审视社区发展，根据人们对社区发展的看法，它的动力系统可以是多种多样的。然而，对于目前的分析表明，动力系统的四个领域已经确认：价值观和准则的应用、进入社区、意识提升和能力建设以及社区可持续发展。它们似乎或多或少地遵循实践中的一个相似序列，即使这些序列有些重叠。每一个领域的动力系统我们不仅在概念术语上进行了简要讨论还在一些重要的实践方面，围绕着它们的问题进行了简单地讨论。为了确定某个观点或证实这些讨论，从不同区域的动力系统分析插入简单的案例效果可能会更好。然而，许多呈现的案例都来自印度。虽然各地区也可能有许多好的例子，但由于作者对那些例子没有直接的经验而没有引用那些例子。这些动力系统的讨论可能不全面，期望读者可以提出相关的其他问题，因为依据实践背景的不同，每个人的社区发展经验和理解会有所不同。尽管有这些局限性，但我相信本章已经抓住了社区发展实践动力系统的本质，并且对从事社会和社区发展工作的工作者而言，该分析是有用的。

第二编　社会政策及国际社会与社区发展教育

本书在第一章和第二章中介绍了运用社会发展方法来实现迫切需要的基层发展，在第三章和第四章中探讨了根据社会与社区发展的价值、原则和进程来推进社区发展实践，我们认为，应发展以下两个重要的方面，即社会政策及国际社会与社区发展或国际社会工作，提升社区工作者的知识、能力和技能。本书的第二编由两个章节组成，主要探讨以上两个方面的内容。本编的第一章，即本书的第五章，着眼于为社会与社区发展工作者提供社会政策教育，而本编的第二章，即本书的第六章，则探讨社会工作者的国际社会与社区发展教育。在某种程度上，这两个章节是密不可分的。了解社会政策与社会发展实践的高度相关性，获得国际社会与社区的支持对基层社会的发展也至关重要。

应该在何种程度、以何种方式将社会政策教育呈现给社会和社区发展的学生，以及如何帮助他们将知识整合到社会工作理论和实践中，这一系列的问题尚未明晰，且不同社会工作学校对此的态度也具有差异。基于此问题，本编的第一章讨论了社会与社区发展工作者学习社会政策的重要性，这不仅是为了学习社会政策，还为了社会工作者更好地促进社会政策的制定。本章还从目标、主体内容以及教学评价方法几个方面对社会政策课程内容进行了分析。更重要的是，它确定了一系列可能影响社会政策课程发展的因素，意识到其对于发展高品质的社会政策课程的重要性。为此，本章结合社会工作学校的课程内容，提出了一个均衡发展的课程模型。

本编的第二章侧重于社会工作者的国际社会与社区发展教育的作用。基层社区的发展，需要基层与国际社会共同采取行动。印度和其他亚洲地区的社会、经济、政治和科技的发展表明：随着中印两国在国际商贸事务以及国际社会与社区发展中扮演着越来越重要的角色，印度和其他亚洲地区的国际行动还将进一步增加。也由于中印两国在亚非地区的活跃性，许多评论家将21世纪称为亚洲世纪。鉴于以上发展情况以及社会工作者对国际社会工作的兴趣，本章对国际社会与社区发展的社会工作者的培训准备提出一些看法。本章还特别探讨了国际社会工作的含义，为社会工作者参与国际社会工作的培训课程提供了理论框架和指导方针，同时，还指出了社会工作者应以饱满的热情、勇于献身的精神和独特的视角去应对国际社会与社区发展过程中面临的机遇与挑战。我们希望本编能为参与社会与社区发展的学生和教育者提供一些有用的指引。

第五章　社会与社区发展工作者的社会政策教育

本章的重点正如标题所示，且已在第一编的几个章节中提及，探讨了社会与社区发展工作者对社会政策教育及其相关知识的需求以及如何最好地发展和传授这些知识，使其有效地促进社会与社区发展实践。当然，社会和社区发展工作者也包括受过专业训练的社会工作者，我希望他们更主动地参与到社会发展实践中，尤其是基层社区的发展。

我讲授社会政策相关科目已有 30 余载。20 世纪 90 年代早期，我教授了刑事司法的相关科目，其构成了社会政策领域的一个重要部分。我反思了犯罪和发展的问题，意识到发展性和矫正性政策的缺乏，很自然地将关注重点放在社会政策的全面发展上，而不仅仅是进行补救和反应。我意识到社会政策同社会与社区发展工作密切相关，并对此深深着迷。我在澳大利亚教社会政策学科将近 20 年。最初我教的社会政策学科被称为社会政策与社会理论(Social Policy and Social Theory)。在教学过程中，我感兴趣的任务之一是重写这个主题，因为许多学生不理解该学科的课程内容，特别是理论部分。基于这一重要反馈，我很好奇社会政策学科应向学生们传递什么内容以及应利用哪些资源教授该学科。为了平息好奇心，我进行了一项关于社会政策学科概述和课程内容分析的全国性调查。根据调查分析结果，我将社会工作与社会政策学科分为了两个部分，并且将其教授于社会工作的学生。之后，我修订了该门学科，使其更切合于社会工作与社会发展实践。站在社会政策实践的角度，我又将修订的科目重新命名为社会工作与社会政策实践。为了印度和亚洲其他一些地区广大的社会与社区发展学生、工作者和教育者受益更多，我在此章中分享了社会政策的相关教学经验。

本章的第一部分阐述了社会政策教育及其相关知识对社会与社区发展工作者的重要性。换言之，我强调了这样一个简单的问题：为什么社会与社区发展工作者需要学习社会政策？第二部分着重介绍社会政策学科的内容与教学方法；第三部分确定了一系列影响社会政策课程发展的因素；而本章的最后一个部分则提出了一个发展社会政策课程的模型，用于培训社会与社区发展工作者。

社会政策教育对社会与社区发展工作者的重要性

什么是社会政策？

社会政策是近年来兴起的一个研究领域，尚未成为一门独立的学科。从本质上讲，社会政策是一门跨学科科目，其内容包含了不同的社会学科，涵盖范围广泛，涉及日常的、现实的、复杂的、有争议的问题以及个人和政治问题，这些都将直接或间接地影响着每一个人。社会政策着眼于提高人民的幸福与生活质量，而不仅仅是社会福利水平（Dean，2012；Fawcett et al.，2010）。因此，社会政策几乎是社会与社区发展实践的核心内容。社会政策学科的拥护者理查德·蒂特马斯（Richard Titmuss，1974）指出，社会政策涉及慈善、再分配以及经济和非经济目标。类似于许多其他的定义，社会政策（与经济政策一样）都是关于“是什么和可能是什么”的问题，因此，它涉及社会变革的发展顺序（第30页）。伦敦经济学院社会政策部（2012）如是规定：社会政策是一门分析社会需求反应的跨学科应用型科目。它主要包括经济、社会与政治等方面，为人类的生存和发展提供必要的手段。这些基本的人类需求包括：保障食品和住房，提供可持续的、安全的环境，提高医疗健康水平，照顾和支持特殊人群以及加强对个体的教育与培训，以使他们能够充分地融入社会。

鉴于篇幅有限，这里就不再赘述其他关于社会政策的定义。在开始了解社会政策的过程中，我们会发现一系列不同的定义。社会政策的定义千变万化，最重要的是要从理论和实践角度了解其本质。

掌握社会政策的目的和意义对社会与社区发展实践意义非凡。接下来，将主要从以下几个方面进一步阐释其重要性，包括宪法规定、用于社会政策的支出、社会问题的覆盖面、社会发展规模与社会政策之间的联系、社会工作理论与实践的构成（包括社会工作的一切方法）以及社会与社区发展工作者在社会政策实施过程中发挥的潜在作用，由此进一步促进社会政策的变革和完善。

宪法规定

相关的宪法规定保障着社会与社区发展工作者的实践公平性。例如，印度宪法第 38 条规定了国家政策的指导原则，即“维护社会秩序以促进人民幸福感”，规定如下：我国致力于保障和维护司法、社会、政治与经济等社会秩序问题，努力促进人民福祉，改善国民生计；努力缩小收入差距，消除社会歧视与机会不均等现象，为居住在不同地区或从事不同职业的个人和群体创造公平的条件和机会。

接下来的第 39 条、第 41 条和第 45 条宪法着眼于充实民生生活，分配社区资源，防止财富集中，保障人民工作、教育和接受公共援助的权利，保障儿童的权利尤其是接受义务教育的权利。只有发展完善的社会政策，并有效地实施，才能保证相关宪法规定的实现。社会与社区工作者在宪法和相关规定的实施过程中发挥着关键作用。

用于社会政策的支出

人们往往认为社会政策并不是经济政策，或者说与经济政策关系不大。实际上，所有的社会政策都是经济政策。国家收入的大部分支出都用于社会政策也表明其重要性。由于它在政府预算中占有很大比例，因此，我们必须更加重视其发展。就印度而言，在 2012—2013 年，用于社会服务和农村发展的支出接近中央政府支出总额的 20%，占中央与地方政府支出的 25%左右。联邦预算与经济调查(印度政府[GOI]，2013，第 271－272 页)的数据显示，作为国家总支出的一部分，中央政府在社会服务和农村发展(计划与非计划)上的支出从 2007－2008 年的 14.77%增加到 2012－2013 年的 17.39%(预算评估[BE])。用于社会服务的一般行政费用(包括中央与地方)从 2007－2008 年的 22.4%增加到 2010－2011 年的 24.7%，并于 2012－2013 年增加到 25.1%(BE)。单就卫生保健而言，印度政府在 2010 年用于这块的支出占国内生产总值的 4.1%，并且国家可能还需要进一步加大该方面的投入。

社会问题的覆盖面

关注相关的社会政策是存在于印度和其他亚洲地区的一个普遍的社会问题。南亚地区是世界的贫困中心，仅印度就有超过4.4亿民众处于贫困标准之下。尽管印度经济得到了良好的增长(5%－9%)，并且贫困率也在下降，但伴随的经济发展不平衡对其构成了极大的挑战。妇女、儿童、老年人、社会和经济上处于不利地位的人群、基层和其他弱势群体都需要健全的社会政策保障他们的权利。当代发展和自然灾害造成大量的人流离失所。南亚的高比例青年人口趋势，将会带来巨大的挑战与机遇。农村与城市的差距悬殊，因此，社区和谐与社会融合非常必要。总体而言，印度在2011年的整体人类发展指数(0.547)并不高，在全世界187个国家中排名134位。

社会发展规模与社会政策的联系

社会政策对社会与社区发展工作者至关重要，因为与其工作息息相关的社会发展策略、水平与维度(参见资料卡1.4和图表2.1)都与社会政策紧密相连。国际、国家、区域、州、地方以及乡村的社会政策的制定，文化、政治、经济、生态、健康、教育、住房、弱势群体和公民以及相关机构的发展，都直接关联到社会与社区发展实践者。

社会工作理论与实践的整合

社会政策是社会工作培训的重要部分。事实上，社会政策的教学是课程认证机构的要求之一，该机构的设立旨在更好地实施课程认证标准(例如:澳大利亚和美国)。社会工作教育评论委员会和社会工作教育评论委员会(大学授权委员会，1965，1980)以及印度社会工作教育网络咨询学院(Nadkarni 和 Desai，2012)都将社会政策作为社会工作课程的核心组成部分。许多社会工作教育者也强调了满足社会工作者参与社会政策实践的需要(Figueira－McDonough，1993；Gal and Weiss－Gal，2013；Ife，1997a，1997b；Popple and Leighninger，2001；Weiss et al.，2002)。

促进社会政策的实施和创新

社会与社区工作者常以不同方式参与社会政策的实施。为确保社会政策的有效实施,我们必须清楚社会政策相关宪法涉及的主体及其实施的方式(Gilbert 和 Terrell,2012)。这有助于提高基层社区对相关政策和规定的认识,帮助符合条件的人从政策中受益。社会与社区发展工作者的工作性质有助于他们了解问题所在,知道采取何种方式有效落实政策,什么样的方式又是徒劳的。他们清楚社会政策实施过程中的需求、差异以及可能存在的不足,并能及时采取有效的补救措施。在经济理性主义盛行的今天,我们必须保证效率和效果,不能忽视宝贵的实践经验,且决策过程必须结合实践经验。因此,社会政策的制定并非由议会决定。社会政策涵盖范围广阔,既包括个体、家庭、群体、社区与组织,又包括从基层到更高水平的社会、经济与政治机构。社会政策在此范围内不断变化和发展。所以,发展和实施基于需求的社会政策是一项充满挑战却意义非凡的任务。社会与社区发展工作者实践社会政策的智慧来源于日常生活与实践,基于其专业与实践智慧,他们本能地参与社会政策发展、实施与评估过程,并占据了更有利的位置。他们致力于实现社会发展目标、社会公平、无私服务和反歧视的职业价值观,其决定了他们在制定和完善社会政策过程中的重要地位。这种自下而上的方式有利于在社会政策的制定与实施过程中实现新的突破。上述观点也使我们确信社会与社区工作者能从社会政策中获取相关知识,并将其运用于社区实践中。

社会政策的内容与教学方法

社会政策的教学内容及授课方式因课程或者社会工作部门的不同存在显著的差别。该科目的名称也是五花八门,例如,常见的有社会福利管理、社会管理、社会工作与社会福利以及社会服务管理。一位经验丰富的社会政策教育者指出,在学习的开始阶段,可以从多个方面向学生介绍该科目,比如服务内容、面向的对象、所依托的理论、重大主题以及相关的历史与政治背景,每一种方法都各有利弊(Spicker,1995)。伊夫(1997b)指出,社会政策被界定为属于社会工作课程的范畴,其授课方式是造成该领域社会工作者效率低下的原因之一。伊夫将社会政策和社会工作的理论与实践科目(它们都属于社会工作方法学科)进行了区别处理并进行了恰当的研究,论证了整合这两个科目的合理性。通过反复的核查和改善社会政策课程可以有效促进该科目的发展。

尽管施佩希特(Spedht)和考特尼(Cortney)(1994)曾指出大多数社会工作学校未向学生提供足够的知识或专业方法以参与社会政策实践,但正如前面所提到的,社会工作教育者出版了有关社会政策的前沿刊物,表明了社会工作者对社会政策的投入与社会实践息息相关,且意义重大(Bryson, 1992; Dalton et al., 1996; Ife, 1997b; Pathak, 2012; Rees, 1991; Weeks, 1994; Weeks 和 Wilson, 1995; Wilson et al., 1996)。澳大利亚的许多社会工作学校已经将这些出版物用作教科书。尽管取得了这些鼓舞人心的发展,但通过查阅文献资料不难发现,社会政策课程中有关社会工作培训的研究少之又少。早期的研究主要集中探讨不同学科的名称,包括社会政策(Cox et al., 1997c; Pawar, 2000b),研究者试图弄清社会工作课程中社会发展的内容。该研究的局限之一是忽视了该学科大纲的细节部分。调查现有的社会政策课程以及批判性地发展和修订该课程显得愈发重要。基于此目的,我提出了以下问题(参见资料卡 5.1)作为评价指南。

资料卡 5.1　评价社会政策课程的问题

- 社会政策学科的目标是什么?
- 社会政策学科的教学内容是什么?
- 社会政策学科包含了哪些主题?
- 社会政策课程的常见主题有哪些?
- 社会政策课程是否均衡了理论与实践的发展?
- 是否对这门课程进行了定期修订?
- 课程的内容是否很好地结合了现实的问题与需求?
- 该课程是否包括或涉及政府出台的新政策和方案?
- 该课程是否有效地整合了社会工作理论与实践中的核心课程?
- 该课程使用的阅读材料与课本有哪些?
- 该课程使用的教学方法有哪些?
- 该课程采用了哪些评估方法?

分析社会政策课程，我并没有完全掌握该课程的以上内容，尤其是印度和其他亚洲地区社会工作学校研发并采用的社会政策学科大纲，接下来我将把澳大利亚社会工作学校使用的社会政策学科大纲作为一个例子进行研讨分析。社会与社区发展工作者和教育者会发现，从学习和教学的需求出发进行相似的分析将大有裨益。我向澳大利亚的 22 所社会工作学校申请了解社会政策的学科大纲，其中 15 所学校（68%）回应了我的请求并将其邮发给了我。其中 6 所学校发给了我 2 份课程大纲，其余学校发来的都是 1 份课程大纲，总共 21 份课程大纲。我将从以下 5 个方面进行分析：目标，主题内容，阅读材料，教学方法以及评价方法。选择性地分析了课程大纲的内容，获得了不同的结果，由于变量和结构的不同，大纲总数也各有不同。

社会政策学科的目标

制订明确的目标对任何一门社会政策学科/课程都非常重要。要知道，仅仅列出其中涵盖的主题是远远不够的。清晰的课程目标不仅有助于社会与社区发展的学习者与教师关注该学科的重点，而且可以让他们预见问题以及可能出现的结果。尽管很难确定社会政策学科的目标数量，但目标体系应该全面涵盖该学科的重点以及学期/学年的课程目标。毋庸置疑，学科目标必须清晰、简单、明确。在学科大纲调查中，课程目标的数量在 2 条至 8 条变动（参见表 5.1）。总而言之，共分析了 91 个目标，确定了该学科的常见主题以及社会政策研究的领域。其中包含了 15 个不同的领域，尽管可能有部分重叠（参见表 5.2）。换言之，社会政策学科总共有 15 个不同的目标。

表 5.1　大纲呈现的目标数量

目标数量	2	3	4	5	6	7	8
大纲中出现的频次	1	3	4	2	3	4	1

其中，将近一半的目标旨在讨论社会理论、价值与目标；政治、政治制度、国家和政府；影响社会政策发展的因素；政策分析能力；健康问题、残疾保障问题、土著居民问题、儿童以及住房等特定问题领域。大纲中

的5条目标旨在理解社会政策的概念、历史发展以及社会政策与经济政策之间的联系。只有4份大纲呈现了社会政策与社会工作实践相结合的具体目标。2份大纲介绍了社会政策的实施、全球化的影响、社会政策的差异比较以及社会变革进程。为什么不同大纲条目中的目标存在着如此显著的差异？其原因是社会政策学科涵盖范围广泛，包含了无限的主题；且本科课程的学习时间有限；不同学科的社会政策主题可能影响目标的制定。同等重要的因素还包括社会政策教育者对学生的学习需求和目标的看法，以及如何评价优秀学生，这些都有助于理解社会政策学科。

表5.2　社会政策的学科目标

目标	大纲中出现的频次
习得社会政策的概念	5
了解社会政策的历史发展进程	5
讨论与社会政策相关的政治、政治制度、国家和政府	9
理解该学科的理论术语/社会理论	9
研究社会价值与目标	7
探索影响社会政策进程的因素	8
发展政策分析能力	8
了解社会政策的实施情况	1
讨论与评估社会政策的影响	3
讨论具体的问题，存在的争论	9
研究全球化对该学科的影响	2
探索社会政策与经济政策之间的联系	5
研究社会政策与社会工作实践的关系	4
分析比较相关政策	2
遵循社会变革历程	1

社会政策学科的主题内容

社会政策学科包含的主题源于该学科的目标。尽管一些常见的主题源于问题分析，但学科大纲中每一个主题的序列和覆盖范围都不一样，且被列入了不同的范畴(参见表5.3)。大多数的社会政策学科都有一个引导性主题，进而深入研究社会政策的概念(例如：社会政策的本质、定义和重要性、社会政策和社会工作及其所处的政策背景)。其中有14份大纲包含了社会理论的主题，其是社会政策制定的重要基础。这些理论都源于政治意识形态、经济、哲学和女权主义思想。然而，每份大纲的理论与覆盖比例都不尽相同。提出投入多少精力学习该学科的社会理论是非常重要的观点。有关该主题应投入多少时间？针对相关问题，我们必须做出明智可行的决定，因为这些问题涉及跨学科主题，甚至可以成为一个完整的主题。

政策制定作为特殊的研究领域包含在13份大纲条目中。社会和社区发展工作者了解政策制定的方法、程序，根据其地位和影响力找到适当的切入点，参与社会政策的制定过程。总体而言，社会政策的主题包括基本概念和政策制定的基本程序；国家机构、政府和官僚机构的作用；政策制定的重要参与者；以及在此过程中社会工作者所处的位置。

社会政策学科包含一些常见主题，比如：健康问题、伤残问题、住房问题、妇女和儿童、贫困和失业等主题。毫无疑问，这些都是社会政策学科中的重点关注问题，因此必须对其重点关注。虽然近一半的社会政策大纲未包括以上主题，但包含了土著居民政策和贫困问题。其余12份大纲概述了一系列的主题(参见表5.4)。除此之外，以下问题只在大纲里出现过一次：社会阶级，新工党/撒切尔主义，私有化和企业化，个性化服务，慈善，艾滋病，城市与区域规划，交通政策与刑事司法政策。总而言之，社会政策学科讨论了26个主题。

将近半数的大纲包含了社会政策分析的主题，大部分已被讨论过。其中7份大纲包括了福利国家和社会政策的历史发展。一些大纲条目是根据1907年的联合收割机裁定(the Harvester Judgement of 1907)、1945年发行的白皮书(the 1945 White Paper)、1983协议(1983 Accord)以及1994年的国家工作文件和失业救济金计划(1994 Working Nation

Document and Work for the Dole schemes)制定的，还有 7 份有关经济主题的大纲，包括经济学派及其理论、经济体系、基本的经济学概念及经济福利。当前的改革主题涉及私有化、全球化、公共部门改革、非政府福利部门的改革以及新管理主义 5 个大纲条目。尽管其余的主题(如：政策的差异比较，政策的实施、评价与实践以及基层非政府组织的工作)也很重要，但在大纲中出现的次数却寥寥无几(不多于 4 次，参见表 5.3)。此分析进一步表明：在过去的相关调查中，根据不同的方式，社会政策学科被总结于 10 份大纲中。有人回顾整学期的学科内容，还有人提出了具有前瞻性的问题，指出剩余的大纲条目没有包括具体的总结性主题。社会政策源于过去，强调现在，着眼未来，一个有趣的问题是：如何概括社会政策学科？

表 5.3　社会政策学科的主题内容

话题/主题	大纲中出现的频次
话题导入/概念理解	15
历史背景和社会政策	7
理论基础	14
当前改革(私有化、管理主义等)	5
比较政策	3
经济状况	7
主题问题	12
政策分析	8
政策制定过程	13
政策的施行	4
政策的评估	2
政策的实践	4
基层非政府组织的工作与讨论	1
结论/评价	10

表 5.4 社会政策学科的主题问题

问题	出现频次
土著居民政策	8
贫穷	7
社会保障系统/安全网络,就业与失业,健康,住房	5
种族与种族歧视,多元文化主义,性别歧视/女权主义,教育	3
老年保障,儿童福利,残疾,家庭与社区,财富与税收的再分配	2

社会政策学科的阅读材料

通过解读社会政策学科大纲,发现学生可以通过 5 种方式直接获取阅读材料(详见表 5.5)。推荐书目中呈现了所有大纲条目的内容。主题演讲书目中提供了 13 份学科大纲,其中 9 份大纲的结语介绍了综合参考书目。这些参考书目包括书籍、杂志、期刊以及网址。参考书目一般是 24—306 本,其中推荐期刊一般为 3—20 本。大多数学科没有规定后期阅读的参考书目和相关网址。

从表 5.5 可以看出,只有 9 份学科大纲指定了社会政策的教科书。教科书的数量一般是 1—6 本。总共有 18 本不同的教科书用于教学社会政策,其受众欢迎的程度各不相同。由于这些教科书可能不符合印度和其他亚洲国家的国情,因此,我没有列出相关的书名。

表 5.5 学科大纲指定的阅读资料

教科书		推荐参考书目		规定阅读书目		主题相关书目		网址		一般参考书目	
有	没有	有	没有	有	没有	有	没有	有	没有	有	没有
9	6	15	0	4	11	13	2	2	13	9	6

社会政策学科的教学方法

表 5.6 呈现了社会工作教育者在教授社会政治学科的过程中采用

的方法。其中演讲、个别指导、学生演讲报告、讲习班/研讨会和客座讲座是最为常见的教学方式。研究表明，学生主导的教学方法，如：模拟游戏、基于问题或聚焦方案(SF)的学习、个案研究、小组自由讨论、实地考察、研讨会/讲习班和练习等方式比教师主导的的教学方法(演讲、教师主导的个别指导等；参见 Burns，2002；Jacobsen et al.，1999；Kauchak 和 Eggen，1998)更有效。总而言之，演讲是一种被动的单向交流方式，其能在短时间内提供大量信息，但由于无趣、易遗忘等因素经常造成教学效果差强人意。因此，我们需要采纳促使学生主动参与学习的方法。这些方法需要详尽的计划、适时的指导和调节以及学生有效的参与学习过程，否则，就可能事倍功半。尽管学生进行有效学习非常重要，但班级大小、演讲主题的内容、可利用的资源(如教学时间、教学工具、课本等)等现实因素也是影响教学方法选择的重要原因。基于这样的考虑，多数教师仍采用教师主导的教学方法。鼓舞人心的是，一些社会政策学科的教学已经融合了教师中心和学生中心的教学方法，尽管目前还是在小范围内进行。为了进行后续的研究，我提出了以下几个问题。何种教学方法对提高学生的学习效率更有效？为什么大多数社会工作教育者不采用以学生为中心的教学方法？应该采取何种教学方法提高社会政策教学的效率？

表 5.6　大纲中使用的教学方法

教学方法	演讲和个别指导	演讲	学生演示	模拟游戏	实地考察	问题解决方案	研讨会	客座讲座	个案研究	练习册
出现频次	11	5	8	2	1	1	8	7	1	2

社会政策学科的评价方法

表 5.7 呈现了与社会政策学科相关的 5 种评价方法的多种组合方式。课后作业一般是 1－3 道。有 9 份大纲条目给出了 1 道课后作业；8 份大纲条目有 2 道课后作业；还有一份大纲条目有 3 道课后作业。课后作业所占的比重一般是 30％－100％。其中，有四门学科的课后作业所占比重为 100％，其余的学科并没有这样明显的趋势。课后作业有助

于学生分析问题、收集信息、进行论据分析、形成逻辑体系并写下反思与评价，反复检验有争论性的结论(Burns，2002)。除此之外，评价反馈有助于进一步提升学习效果，作业帮助学生独立思考和分析问题，促进学生有效的学习。不足的是，尽管学生认真地完成了课后作业，但可能会忽略该学科的其他问题。

在这些评价方式中，闭卷考试所占的比重是40%－60%。3份学科大纲中闭卷考试所占的比重分别为40%、50%和60%。4份学科大纲规定了课后测试，所占比重分别为30%、40%和50%。笔试促使学生主动阅读和理解学科主题并为答题做好准备。然而，由于许多学生基于考试压力进行复习，因此，笔试容易导致学生机械学习、易遗忘。在某种程度上，笔试是对记忆力的测试而非对学习效果的检验。因此，很多学生宁愿多做作业而不愿闭卷考试也就不足为奇了，甚至有部分学生宁愿根本就没有闭卷考试。伯恩斯(Burns，2002)指出，尽管闭卷考试的方式仍被使用，但许多专业课程现在已经不采用闭卷考试作为考核方式。

表5.7　社会政策学科的评价方法

评价方法	课后作业	作业及考试	教程演示	家庭考试	参与个别指导、学术研讨/辩论
出现频次	11	5	9	4	9

有4份学科大纲表明教程演示的方式所占比重为20%，还有1份大纲表明此方法的比重仅占5%，其余的都没有采用这种方式。在9份学科大纲中，有3份大纲展示了教程演示/学术研讨/辩论所占的比重为20%。尽管很难评估学生采用演示及讨论的方式是否有助于深入学习、发现问题、思考问题、总结与理解问题，但合理使用这些教学方法，将进一步激发学生的学习动机，提高其学习效率。

数据表明，课外作业作为一种评价方法，其使用频次更高，所占比重更大。不同评价方式所占的不同比重激励学生阅读、参与教学并理解课程的内容，其最终目的是提高教育者和学生的学习效率。社会与社区发展教育者需要深入研究和解决以下问题，从而促使双方在今后的社会政策教学中达成一致并实现标准化。

- 哪些评价方法适用于社会政策学科的教学？
- 不同评价方法所占的比重应为多少？
- 解决以上两个问题的基本原理和指导方针是什么？

发展社会政策课程的模型

以上有关社会政策学科的大纲分析涉及课程中的一些常见主题，但目标、主题、内容、深度与广度以及重点存在极大的不同。针对社会政策课程的差异，我们采用了反思法确定影响该课程发展的因素，并为社会政策课程的发展提供了一个灵活的框架。反思法包括提出关键性问题、反思教学经验以及观察社会工作教育者并获得反馈。在此，我们列举了如下的3个需要反思的问题：

1. 可能影响社会政策学科发展的因素是什么？
2. 为什么不同学科大纲的主题有如此显著的差异？
3. 有没有可能为社会与社区发展的学生学习社会政策构建一个灵活的框架？

下面我们将重点讨论以上几个问题。

影响社会政策学科发展的因素

基于作者的教学经验、观察法与反思法，以及影响社会政策学科发展的其他因素已经得到深入的研究与分析。下面的1－8点为共同因素、9－17点为积极因素，其余的是限制因素。以下所列并非详尽的影响因素，还有更多的因素有待确定和完善。

共同因素

1. 教育者的学科背景以及兴趣。
2. 个体的意识形态、思维和想象。
3. 学院/系的传统。
4. 课程的整体目标。
5. 相同课程的不同学科主题。

6. 科目的跨学科性质。
7. 学科的广度及主题的数量。
8. 课程的修订。

积极因素

9. 社会工作专业的任务与目标。
10. 学科目标与目的地清晰认识。
11. 学生的学习需求与反馈。
12. 咨询兴趣小组/同行咨询。
13. 结合与学习者生活经验相关的基层与地区问题。
14. 课程的周期性、系统性修订。
15. 社会政策与社会工作实践的结合。
16. 社会政策与社会工作理论和实践的结合。
17. 合理利用教学方法与评价方法。

限制因素

18. 盲目采用其他教育者的学科发展观点。
19. 个人思维与想象的限制。
20. 在特定压力(时间、紧迫性)下进行的学科发展。
21. 采用试误法进行学习。
22. 避免向同行咨询。
23. 现实因素的影响,比如可用于学习该科目的时间。
24. 对课程无规律、无系统的修订。
25. 缺乏发展该学科的指导方针和标准。
26. 缺乏可用的教科书与相关资源。
27. 将社会政策学科与社会工作学科的教学相分离。
28. 采用不恰当或是低效的教学方法和评价方法。

分析了影响课程发展的因素,就更容易理解第二个问题:为什么不同学科大纲的主题有如此显著的差异?

各大纲主题不同的原因

我们认为社会政策学科的主题差异取决于以上确定的共同因素、积极因素和限制因素对课程的影响方式及程度。共同因素可能存在潜在的积极影响和消极影响，这都取决于学科背景。当然，教育者的背景、兴趣、意识形态和工作环境都会影响社会政策课程主题的选择。学科的内容范围很广泛，课程主题也各有差异。如果该学科没有具体的认证标准或课程指导原则，课程主题就可能存在显著差异。对第三个问题的思考会使我们对第二个问题的后续讨论更加明晰：是否可能为社会与社区发展的学生学习社会政策构建一个灵活的框架？

发展社会政策课程的模型

基于以上因素的影响，我们认为，为了发展社会与社区工作者的培训课程，构建一个灵活的课程模型是可能的。该模型基于这样的原则，即当影响社会政策课程发展的共同因素存在着建设性因子，积极因素起了更大的作用而限制因素的影响不大的时候，社会政策课程就会得到有效的发展。反之，当影响该门课程发展的共同因素存在破坏性因子，积极因素所起的作用很小而限制因素的影响又极大的时候，社会政策课程的发展就会低效甚至无效。课程主题的变化取决于这些因素的发展情况。

我们将这个模型呈现在图 5.1。该模型表明了共同因素、积极因素与限制因素三者的联系，以及它们如何共同影响社会政策学科课程发展的全面性和有效性。共同因素对社会政策课程的影响可能是有利的，也可能是不利的。例如，拥有适当的学科背景、对该学科具有强烈的兴趣和动机并且能够创造性地发展构思的教育者，极有可能推动课程的发展。相反，拥有不相称的学科背景并且对学科的兴趣不大、动机不强、偏执于某种思想的教育者，就会对课程的发展产生不利影响。在发展社会政策课程的过程中，想要完全地避免限制性因素的影响而只发挥积极因素的作用几乎是不可能的，但这确实是一种理想的方式。因此，积极因素与限制因素彼此相关。在图 5.1 中，轴线的左右侧分别由限制因素和积极因素主导。该轴的中心将两者划分开来，实际上这两种因素是不能分离的。如上所指，二者是一个连续体。例如，中点下方的方框由积极因素和限制因素构成，初步认为积极因素与限制因素对课程的影响是同等的。根据积极因素与限制因素对课程的影响程度，这个方框在此轴上的位置也会随之改变，即向轴线的左侧或右侧移动，以此可以大体判断出课程的质量。换言之，如果影响课程的大多是积极因素，方框就会向右侧移动，表明课程受限制因素的影响相对较小。相反，如果影响课程的大多是消极因素，方框就会向左侧移动，表明了课程的低效甚至无效。因此，积极因素与限制因素共同影响课程发展的全面性及有效性。

社会政策教育者可以通过以下三个程序来实施该模型，全面有效地发展社会政策课程，继而培训社会与社区发展工作者。首先，正如前面所提及的，共同因素对课程的影响可能是积极的，也可能是消极的。因此，我们需要确定有利的、具有建设性意义的共同因素，并根据这些因素构建这门课程。例如，社会工作教育者的兴趣、思维、想象力及对课程的认知都需要得到积极的培养，才能使社会政策课程实现良好的发展。否则，这些因素就有可能转化成限制因素。此外，该学科与课程的明确目标也具有同等的影响作用。

其次，社会政策教育者需要提高积极因素对学科发展的作用。我在模型中提及了9个积极因素。例如，社会政策教育者应着重强调积极因素的影响，定期修订学科大纲，满足学生的学习需求并做出评价与反馈。新的教材、阅读材料和相关的出版物要与学科背景相符，提高学习者的学习兴趣和效率。课程的实施应该是有计划性的，采用以学习者为中心的教学方法与评价方式促进课程的发展，提高学习效率。

最后，也是非常重要的一点，即削弱限制因素对课程的影响。尽管课程设计者不能避免限制因素，但必须意识到这些因素的不利影响并有意识地削弱其影响力。例如，应避免盲目采用常见的课程发展方案。要学会反思个人的狭隘观念、思维和想象力是否会影响学科的发展。如此，通过了解当代的学科发展以及学生的学习需求来拓宽眼界是极其必要的。其中，时间的紧迫和资源的缺乏都会极大地影响学科发展。通过利用充足的时间、优先安排学术任务和积极调动可利用资源等方式可以削弱限制因素的影响(援助标志、学科/教学发展基金等)。良好的沟通也许能克服对试误法的依赖。我们并非将社会政策学科独立于社会工作学科，而是有意识地整合社会政策学科与社会工作的理论和实践。我们应采用以学习者为中心的教学方法和评价方法，避免不恰当和低效的教学评价方式,使学习者积极参与学习过程,提高学习效率。

可以说,社会政策学科的内容、深度、广度和序列都是不尽完美的。许多因素影响着它的制定,并且始终会受到限制因素与积极因素的共同影响。只有以不懈的努力保证积极因素的持续影响力,才能使社会政策课程得到更好的发展,培养出更多优秀的社会与社区发展工作者。

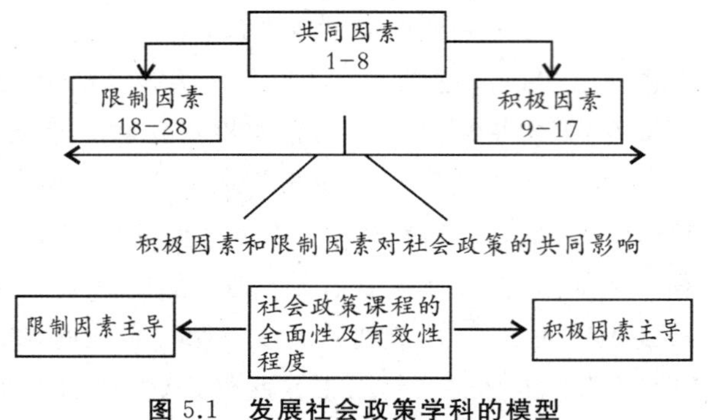

图 5.1 发展社会政策学科的模型

社会政策教育的总结及未来展望

如前所示,本章简要讨论了社会政策的概念以及社会政策教育对相关工作者与教育者的重要意义。它介绍了一个案例,分析了社会政策课程,并基于此分析和反思,提出了一个发展社会政策课程的模型。正如前面所提到的,这个案例基于澳大利亚背景,这也是本章的局限,但其目的是提出一种研究和分析社会政策课程的方法。

社会政策教育对社会与社区发展工作者极为重要,要求专业的投入和准备。对社会政策课程的分析揭示了该学科具有不同的目标,为了实现这些目标,该学科内容涉及了许多相关主题,引进了大量阅读资料并且结合了不同的教学方法与评价方法。该学科有共同的主题,也有不同的、变化的主题。基于对该学科的分析和反思,确定了一系列影响社会政策课程发展的因素,并提出了一个发展社会政策课程的模型,以培训社会与社区发展工作者。

为了实现以印度为背景的社会政策教育工作的后续发展,还需要注意与本章相关的两个内容。它们分别是由印度社会工作网络教育咨询会(National Consultation on National Network of Schools of Social

Work for Quality Enhancement of Social Work Education in India)报告的社会工作教育者的思想和关注点(Nadkarni 和 Desai,2012)和第十二个五年计划(2012—2017)第 3 卷社会篇中深入发展学术改革的设想(国家发改委,印度政府,2013,第 108 页)。该网络咨询会明确指出社会福利管理是社会工作培训的一门核心科目,它规范了课程,同时,结合了基层的发展背景,使其达到统一的标准。该网络咨询会还计划说服大学捐款委员会任命第三审查委员会审查印度的社会工作教育问题。第十二个五年计划(国家发改委,印度政府,2013,第 108 页)的相关内容包括定期修改课程,确保课程内容符合时代的发展需求,与时俱进。为了帮助相关机构改革课程,那些具有专业知识的指导者应该开展以特定主题为模型的课程,创造可重复使用的数字化资源(如打包讲座内容和开放教科书)。这些最好是由主题网络系统完成,如塔塔社会科学研究所开办的社会工作教育网。

这些都是发展前景良好的项目,也为审查社会政策课程提供了契机。为了实现第十二个五年计划的目标,需要相关网络系统和大学社会工作部门采取更积极的行动。许多大学课程是由社会工作研究委员会设置并验证的,该委员会由来自不同大学的成员组成(不同大学的课程有所差异),并且,一旦通过验证,课程指导者就不能再对其进行修改,即使他们认为某些修改是必要的。社会工作课程是最早开设的,后来又开设了社会政策课程,这门课程的开设可能受到官僚主义的影响。与一般机构不同,社会工作研究委员会及其他大学的相似机构需要扮演更主动的角色,并定期修订课程。鉴于此,未来的研究应着眼于对以上模型的应用与完善。在发展新的课程和修订现有的课程之前,必须对当前课程进行详尽的研究和审议。除此之外,了解具有专业背景的社会政策教育者的思想也许会为未来的发展带来新思路。许多新职员经常被要求通过远程教育的方式阅读资料、发展学科课程。没有明确的方向和信息资源,一些职员可能会发现很难完成这项任务,或者只能满足最低的要求。然而,我们必须强调任何学科内容的发展对学习和教授的过程都是至关重要。在发展该课程的过程中还应提供广泛的指导。“社会工作与社会政策实践”可能比“社会福利管理”更贴切该学科的内容,因为“社会福利管理”已经不符合当今的发展现状。我们可以采取以下几个步骤进行改善:准备纸质材料与数字资料,包括中央政府与相关地方政府出台的新政策和计划,保证学科的发展以及社会政策的落实,促使学生主动参与解决相关的政策问题而不是采取消极被动的态度。印度的民主结构,中央和地方出台的政策,各基层单位的政策落实,为社会与社区发展实践者积极参与议程的设定和政策的制定、修改、实施、评价的过程提供了沃土,其政策制定过程几乎完善,毫无漏洞(Kailash,2013; Kannan 和 Breman, 2013;Pawar,2012;Srivastava, 2004)。为了有意义地参与政策制定过程,本章对社会政策课程进行了分析并提出了一个发展该课程的模型,目的是为那些对发展新学科和修订当前学科感兴趣的社会与社区发展实践者与教育者提供一些方向,也希望本章的撰写达到了这样的目的。

第六章　社会工作者的国际化社会与社区发展培训

在本章中，我交叉使用了“国际社会与社区发展”和“国际社会工作”两个术语。刚开始接触社会工作的时候，我并不知道有一门叫作国际社会发展/国际社区发展或社会工作的学科，尽管我之前读过一本名为《国际社会工作》(*International Social Work*)的杂志。虽然缺乏了解，但我已经对“国际社会工作”这一术语兴趣甚浓。然而，真正接触这个学科的时间可以追溯到我被任命为区域社会发展中心(Regional Social Development Centre)社会工作与社会政策部门的国际社会工作讲师，该中心位于澳大利亚墨尔本的拉筹伯大学(La Trobe University)。那时，戴维·考克斯教授(David Cox)是该中心的主任，也是国际社会工作的领衔学者之一。尽管我没有被正式录取为国际社会工作学科的硕士，但是我自愿参加了许多考克斯教授关于国际社会工作的讲座。自那以来，我在将近20年的时间里一直教授国际社会工作与发展这门学科。国际社会发展是一个快速发展、不断变化的学科领域。我常常觉得该学科的知识量远远不够，需要定期更新知识。作为国际社会发展联合会亚太分支(the Asia－Pacific branch of the International Consortium for Social Development)的主席，我也有机会在亚太地区进行一些国际项目，且我和我的国际同事以及相关组织合作举办了几场国际会议。我也获得了一个难得的机会，与考克斯教授合著了一本名为《国际社会工作：问题、策略与计划》(*International Social Work*：*Issues*，*Strategies and Programs*)的书籍，这本书在2006年由塞奇出版社(SAGE Publications)首发，并于2013年在南亚的新德里(New Delhi)由塞奇出版社再次发行。它被许多国家当作课本用于社会工作以及社会与社区发展的教学。国际社会与社区发展作为一个学术性科目和实践领域，受到越来越多的发达国家与发展中国家的青睐，并且，此领域的相关书籍也已出版（如 Healy，2008；Healy 和 Link，2012；Hugman，2010；Lyons，1999；Lyons et al.，2006，2012），很多社会工作者也参与到国际社会与社区发展实践工作中。

亚洲地区需要进行国际社会工作（International Social Work，ISW）教育吗？对于这样的问题，社会工作教育者与实践者的反应有所不同，一些人认为有必要，而另一些人却认为没必要，这取决于本国的背景与发展理念。很多西方发达国家认为国际社会工作教育和教学是一门独立的学科或是存在于其他学科之中的独立单元，这样的观点已经司空见惯（Johnson，1996），但很多亚洲国家却并非如此。这并不意味着亚洲国家不需要进行国际社会工作教育或是说它们对此没有兴趣。一位友善的同事曾向我提过他很想在他所在学校/院系教授国际社会工作课程，但他不知道从何着手，也不知道怎样才能更好地发展这门课程。印度的社会工作教育者阿方斯和阿德苏（Alphonse 和 Adsule，2007）在《国际社会工作：问题、策略与计划》（Cox 和 Pawar，2006）一书中提到，这本书"对于本专业追求奖学金的年轻人以及那些致力于解决当前不同国家社会发展面临的棘手问题的人而言是很受欢迎的"（第 36 页）。这些言论和证据表明，在印度和其他亚洲地区进行国际社会工作的教学与实践的需求极大。

我的个人经验以及国际社会工作在印度与全球的发展情况表明，该学科与印度和其他亚洲地区的社会工作以及社会与社区发展息息相关。许多印度的专业工作者，包括社工在内，都以不同的方式推动着国际社会工作的发展，他们或者是出于个人的兴趣或工作需要，又或者是恰巧有机会在国际领域接触到这样的工作。在进行系统的、有目的的培训准备之后，印度也将为社会工作领域做出更多的贡献。由于印度的经济还处于起步阶段，21 世纪又被称为亚洲世纪，国际社会对印度和中国寄予了更大的期望，它们必然在国际事务中扮演更活跃的角色。此外，印度正在逐年减少国际援助并开始转向捐赠者的角色（Andreas 和 Vadlamannati，2012；Banerjiv，2012；Chanana，2010；Ramachandran，2010）。例如，英国国际发展署（DFID）决定在 2015 年停止对印度的国外援助（Banerjiv，2012），而印度计划来年提供 110 亿美元的国际援助（Andreas

和 Vadlamannati,2012)。印度还承诺向阿富汗提供 20 亿美元的援助,用于加强其能力,构建政策体制。阿亚尔(Ayyar,2010,第 45－46 页)将印度的海外发展合作项目分为三个模块。第一部分是对邻国的项目援助(如不丹、尼泊尔、阿富汗等);第二部分是对拥有科伦坡计划(Colombo Plan)、印度技术与经济合作项目(Indian Technical and Economic Cooperation,ITEC)、非洲特殊联邦援助计划(Special Commonwealth Assistance for Africa Programme,SCAAP)的亚洲、东欧、非洲和拉丁美洲地区的 156 个国家的技术援助;第三部分是扩大发展中国家进出口银行(Export-Import Bank,EXIM Bank)的信用期(Letters of Credit,LOC),它们在引进印度的设备、技术、项目、物品和服务的过程中享有延期付款的权利。超过 70%的政府开发援助项目得到了支持。印度政府外交部还计划组建一个国际发展机构。

除了以上发展项目,印度的全球化和意识形态也在发展,如自由化、私有化和自由市场、管理主义、扩大商业与贸易产出以及削弱国家边界(Deacon,2007;Ferguson,2008;Yuen & Ho,2007),使世界成为相互依存的地球村。就算在全球化的过程中经常会遭遇恶性发展,但任何国家都不能脱离全球化的进程(Midgley,1995,第 2－7 页)。尽管我们进行了一些改进,但贫富差距悬殊、性别歧视、对基层建设的忽视尤其是对土著居民的忽视等问题仍是突出的。更棘手的是,诸如贫困、低人类发展指数、气候变化带来的后果、自然灾害导致的流离失所、国内外劳动迁移、难民、人口贩卖以及艾滋病等都是全球性的、国际化的社会问题。由于商业与贸易的全球化,我们可以建立全球社会保障系统,确保食品安全,降低入境标准(Deacon,1997,2007)。同样的,实现基层社会的全面发展也只是时间的问题(参见第二章)。全球与各地区需要共同采取行动避免全球化的负面影响(Alphonse et al.,2008; Artner,2004; Deacon,2007;Lyons et al.,2006; Shari,2000)。此外,根据我在亚洲地区的生活经验,我认为该地区能够进行国际社会与社区发展的教学与实践。同时,还可以将创新的、成功的经验分享和传播给具有相同追求的其他国家。这些成功的经验与该地区国际社会工作的发展息息相关,我们可以将这些经验运用于亚洲及其他国家的国际社会工作的教育与实践之中。

考虑到当前印度与亚洲其他国家的社会、经济、政治和科技的发展以及亚洲21世纪的发展规划，尤其是印度的发展(Hicks et al.,2010; Moni,2008)，印度还需做足准备促进国际社会与社区发展。在许多亚洲国家，这样的需求也在急剧增长。为了满足这一需要，首先要对社会工作者进行适当的培训和技能拓展。许多学校和教育者已经考虑到社会工作这个问题。部分学校已将国际社会工作课程纳入了学校教学计划(如塔塔社会科学研究所和印度英迪拉·甘地国立开放大学)。

鉴于各地区的发展以及社区发展工作者的需要，本章讨论了如何在全球化背景下的亚洲地区进行国际社会与社区发展的教学。为此，本章介绍了国际社会工作的概念，呈现了一个大体的课程框架，提出了一般性的指导原则，并理性地分析了在进行国际社会与社区发展的教学与实践的过程中可能存在的机遇及挑战。以上表明，很多地区具备了实践国际社会与社区发展的条件，但仍需正视贫困国家和欠发达地区的发展状况。

国际社会工作的概念(International Social Work, ISW)

第一章和第二章已经讨论了社会发展、基层与社区发展的概念，这些概念与本章内容息息相关。我们讨论了国际社会工作的概念，社会与社区发展学科属于社会工作计划的一部分，很多专业人员将"国际社会工作"作为一门学科和一个实践领域。因此，理解国际社会工作的含义显得格外重要。

相关的社会工作文献已经充分地讨论了国际社会工作的概念(Ahmadi,2003; Cox和Pawar,2006,2013; Healy,2001;Hokenstad et al.,1992; Hugman,2010;Johnson, 1996;Lyons,1999; Lyons et al.,2006; Moni,2008;Payne & Askeland,2008)，但关于国际社会工作的构成仍没有达成共识。当前的国际社会工作教科书对国际社会工作的概念进行了如下界定(Cox和Pawar,2013;Healy,2001;Hugman,2010)。希利(Healy,2001,第7页)将国际社会工作定义为"国际社会工作专业人员的专业实践以及行动能力。国际行动包括以下4个维度：①与国际行动相关的国内实践及主张；②职业交流；③国际实践；④国际政策的发展和宣传”。希利的定义强调国际背景下的专业实践以及社会工作专业人员和工作者在以上四个方面所表现出的国际行动能力。把国际工作分为这四个维度，从某种程度上说具有一定的局限性。希利的定义中存在一种有趣的观点，那就是进行国际社会工作实践不用前往其他国家，因为实践过程中包含的诸如国际劳动力迁徙、贩卖人口、难民安置以及跨国收养等问题都能在国内处理。考克斯和帕瓦尔(2013，第 29 页)对此进一步评论：我们发现希利对国际社会工作的定义缺少了对专业目标的描述，即一个符合所有国家发展的目标。现实情况是，所有极度贫困的国家几乎都没有开设社会工作这门学科(联合国中有 49 个贫困国家)，许多发展中国家也还处于萌芽阶段。我们并非渴望所有的国家都能实现社会工作的强劲发展。相反，它是我们构想的社会工作在贫困和欠发达国家中扮演的角色，正如我们在讨论国际社会工作时提到的，这并不是新帝国主义的一种形式，该行业率先出现在西方国家的一个专业分支里，并发展成了一门真正的国际性专业。

基于希利和其他人对国际社会工作所下的定义，并结合我们自己的理解，胡戈曼(Hugman，2010，第 18－20 页)认为国际社会工作包含以下五个要素：①在本国以外的国家进行实践，②与有跨国工作经验的人一起工作，③与国际组织合作，④在国与国之间进行交流与合作，⑤全球市场经济对人民幸福的影响。

考克斯和帕瓦尔(2013)对国际社会工作的定义与以上两种定义又有些许不同。他们认为，国际社会工作促进全球与基层的社会工作教育与实践，旨在形成一个能适当和有效反映社会工作能力的国际性综合职业，无论是在教育方面还是实践方面，各种全球性的挑战都会影响世界大部分人口的幸福感。

以上三种定义在某种程度上是互补的。考克斯和帕瓦尔的定义重点关注全球和基层的社会工作教育与实践，构建专业化、国际化的社会工作职业，更好地解决影响人类福祉的全球性和地方性挑战。批判性地审视以上定义和其他相似定义，我们可能会质疑这些概念是否适合亚洲地区，因为它们都是基于西方背景所下的定义，反映的是西方国家关注的重点。因此，有必要定义基于亚洲背景的国际社会工作的概念。例如，一位非洲培训生提到，当她参加一个英国的培训项目时，她所学的是如何做才能更好地发展自己的国家，而当她参加一个韩国的类似培训项目时，培训师却在分享他们是怎样发展韩国的。很明显，告知别人怎样去发展自己国家和分享自己国家的发展经验，二者具有明显差异。因此，印度和其他亚洲可以采用不同的方式进行国际社会与社区的发展和社会工作的发展。当前的首要目标是将国际社会工作付诸实践，通过进行和加强社会工作教育与实践，激发社会工作者的能力，致力于处理全球与基层问题，促进基层或乡村的社会发展。

从这个视角理解亚洲地区的国际社会工作非常重要，因为该地区的社会工作专业、教育与实践都呈现出多样化、不平衡、不一致和混合的局面。总的来说，亚洲地区许多国家的社会工作专业的发展仍不完善，许多城市的发展才起步并且具有区域差异，常常是从补救的角度出发，着重解决城市地区的社会问题（Cox et al.，1997a；Pawar，1999b；Pawar 和 Tsui，2012）。然而，在一些国家，比如中国和印度，社会工作学校的发展（Kwok，2008；Xiong 和 Wang，2007）都没有一致的标准。这些地区的很多国家，尤其是在内陆和最不发达的国家，获得优质的社会工作教育与实践的机会是微乎其微的。经过多年的努力和改进，基层乡村与社区在许多领域的发展仍相对薄弱，如教育、医疗、住房、经济、基础设施与政治意识，或者千禧年发展目标（the Millennium Development Goals）（UN-GA，2010）。因此，亚洲地区的国际社会工作必须构建社会工作专业能力，关注不同背景下的社会工作教育和实践以及进行基层社会发展（见第二章）。

国际社会工作/社会与社区发展的教学框架

国际社会工作教育与实践必须根据设定的框架，采取全面性的方法来适应不同地区的差异，否则就可能导致发展的不平衡性、偏颇性和误导性。

任何国家和地区都要根据自身的情况制订国际社会工作的教学与实践框架，但必须遵守国际社会工作学院联盟/国际社会工作者联合会（IASSW/IFSW）规定的道德准则，坚持基本的社会工作价值观与原则。考克斯和帕瓦尔（2013，第 35－66 页）采用了一种全面性的方法(参见图 6.1)推进国际社会工作的教育与实践,这种方法为该地区国际社会工作的教学和实践提供了一个基本的框架。它包括全球观、生态观、人权观和社会发展观。当全面综合这四种观点时,国际社会工作的教学与实践就会变得更有意义,因为这四种观点紧密相关,相辅相成。考克斯和帕瓦尔认为,单独考虑任何一种观点都会导致对国际社会工作的教育与实践指导不足。实质上:

- 全球观代表整体背景;
- 人权观是价值观基础;
- 生态观旨在人与自然的本质联系;
- 社会发展观是支撑工作的指导方向和行动指南(第 37 页)。

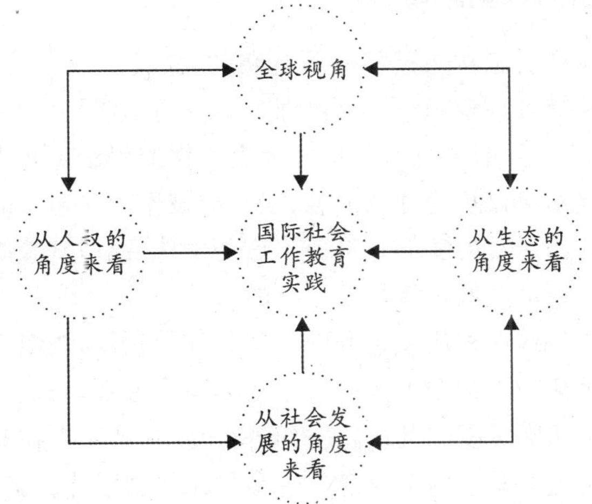

资料来源:Cox 和 Pawar (2013,第 36 页)

图 6.1 进行国际社会工作教育与实践的综合方法

这些观点灵活、适用范围广阔的框架,适用于任何国家和基层的发展。全球观旨在了解各层次的社会、经济和政治背景,并讨论了统一性、多样性和相互依存性、本土化、全球化以及世界公民等问题。人权观从本质上说是为社会工作实践提供了价值观基础和权利基础,人权与社会工作的核心价值观紧密相连。人权观和权利本位实践包括人权的三个方面:第一,公民权利与政治权利;第二,经济、社会与文化权利;第三,共同权利(和平权、发展权和保护环境免遭破坏的权利)。尽管亚洲地区的人权问题普遍存在争议(参见 Pawar,2010;Uvin,2004),但我们通常将人权视为生存和行动的指南。正如全球观与生态观是有机统一体，有助于人与自然和谐相处，但二者也存在差别。尤其是考虑到无限制的消耗和气候变化带来的后果，我们就必须将生态观纳入社会工作实践中。更重要的是，这种观点强调了可持续性。社会发展观涉及以人为本的价值观，干预策略促进各个层次的（基层的、地区的、国家与国际的）个体、家庭、社区与社会的全面发展（详情参见第一章和第二章）。综合方法包括了全球观、人权观、生态观和社会发展观，为亚洲地区的国际社会工作教育与实践提供一个理想的框架。

国际社会工作课程指南

发展国际社会工作课程是一项复杂的、极具挑战性的任务，为社会工作学校与教育者规定过于具体的课程内容是不明智的，因为各国的背景与利益需求不尽相同。因此，国际社会工作课程必须与当地的发展背景相符。虽然不建议规定课程内容，但它应该作为普遍性的指导原则促进国际社会工作课程的发展。具备了这些条件，我们试着制定一种普遍的指导原则来帮助那些刚接触该学科的人。

国际社会工作课程应该包含两个部分，即知识和技能实践部分。知识部分应该包括国际社会工作的概念及其本质内容。起初，理解国际社会工作的概念非常重要。其次，简要介绍国际社会工作在亚洲地区甚至全球的发展历史。某些国家可能没有参与任何国际社会工作，鉴于此种情况，它就可以很好地借鉴所处地区和邻国的发展经验。紧接着就可以介绍全球及基层的专业社会工作机构，其主要活动以及参与国际社会工作的方式。主要的机构/协会包括国际社会工作学院联盟（International Association of Schools of Social Work，IASSW），国际社会工作者联合会（International Federation of Social Workers，IFSW），国际社会发展联盟（International Consortium for Social Development，ICSD）和国际社会福利理事会（International Council on Social Welfare，ICSW），以及区域机构，如亚太社会工作教育协会（the Asia Pacific Association of Social Work Education，APASWE）和国际社会发展联盟亚太分支。总之，这些机构的信息都可以通过各自的网站查找，作为教学的有利资源。

除了这些专业组织，还包括如下的相关组织，如联合国及相关机构，包括亚太地区经济与社会委员会（the Economic and Social Commission for Asia and the Pacific，ESCAP）和联合国开发计划署（United Nations Development Programme，UNDP），地区机构如南亚区域合作协会（South Asian Association of Regional Cooperation，SAARC）和东南亚国家联盟（the Association of South East Asian Natons，ASEAN）（尽管这些机构并没有覆盖所有的亚洲国家），以及国际非政府组织（international non-government organizations，INGO），红十字协会（the Red Cross），无国界医生组织（Doctors Without Borders），等等。这些信息的确为参与亚洲与全球的国际社会工作提供了必要方向，但仍需基于完整的框架进行讨论和发展。相关主题主要包括以下内容：

· 地区的当代政治经济学；

· 重大问题，如贫困、失业、贩卖人口、雇佣童工、全面忽视基层发展、生态退化与可持续发展、冲突与和平、国内外劳动迁移、难民及流离失所的人民的安置问题，以及这些问题如何与全球和基层问题相关联；

· 重点讨论该地区发达国家、欠发达国家和不发达国家的发展轨迹；

· 比较分析发达国家、发展中国家和不发达国家，从“亚洲五虎”及经济飞速发展的中国和印度等国家吸取经验和教训；

· 分析该地区的成功发展项目以及如何将这些成功案例应用于不发达地区。

技能与实践部分包括如何在目标国家实践国际社会工作（考克斯和帕瓦尔，2013，第 15 章）；跨文化交流问题以及实践技能问题；语言问题；国际社会工作发展的基本策略，尤其是基层发展的策略；安全与自我保护问题；国际社会工作的发展途径及其组织机构；促进学生与工作人员的交流；倡导基于本土内容的社会工作培训项目；建立专业的组织机构并与国际组织相联系；以及基层、国家和国际层面的竞选和倡导活动。除此之外，尤为重要的一点，即在不同实践区域发展运用信息技术的技能。

国际社会工作的教育与实践中的机遇

本章假设印度和其他亚洲地区对国际社会工作的教育与实践具有强烈的兴趣，且拥有良好的发展机遇，但不同国家、不同学校对其感兴趣的程度不同。中印经济的飞速发展预示着亚洲地区国际社会工作的发展机遇将显著增加。例如，和日本一样，韩国也正在寻找在亚洲的发展中国家中启动新项目的机会①。随着经济的增长及全球化进程的推进，国际社会工作的发展也必将呈增长之势。

就国际社会工作的概念而言，亚洲地区需要将重点放在社会工作的教育与实践及其专业发展的实践能力构建上。社会工作的教育与实践及其专业发展的质量、数量和方向（西方国家的影响及补救方法和发展重点）在不同国家及学校都有显著的区别。例如，一些国家，如中国、韩国、日本和新加坡的社会工作学校及其专业发展相对完善。其他的一些国家，如印度，尽管也有相对完善的学校，但因为缺乏国家专业机构，其专业发展还相对薄弱（参见第七章）。而在中国与印度这样的大国中，招收本科和研究生水平的社会工作学校的数量都在激增，但不确定如此大幅度的增长是否与基础建设、教育和实践的最低预期相符。像阿富汗、不丹、柬埔寨、东帝汶、老挝、马尔代夫、尼泊尔、斯里兰卡这些国家，其社会工作的教育专业课程最近已经呈现了一种成熟的发展形式。有些国家的社会工作学校也比较完善，如印度、印度尼西亚和菲律宾，但它们大多数是以城市为中心，没有触及最贫困的农村和偏远地区；但如今，农村地区开始建立社会工作学校，并尝试推出了社会工作远程教育项目（参见第八章），尽管其标准仍具有开放性（Alphonse 等人，2008；Noble，2004）。此外，一些有名的、优质的社会工作学校在培训不同国家的社会工作专业人员、构建专职能力的过程中扮演着重要的角色。例如，塔塔社会科学研究所，孟买及印度对南亚国家及其他国家的小部分人员进行了定期的培训②。同样，中国香港的社会工作学校是中国进入社会工作

① 韩国的一个社会工作教育者，是学校的一个学院院长，向作者咨询了他们学校想在发展中国家启动社区发展项目的计划。

② 塔塔社会科学研究所的年度报告包含了毕业生名单及其中的海外人员。

教育行业的开端，同时还向中国学者提供社会工作的合格证书(Chui et al.,2010,第60页；Xiong和Wang，2007,第567页)。殖民历史作为影响社会工作学校的重要因素，会影响社会工作学校的文化，如：教科书、临床实践和发展方向。这是米基利(1981)对“职业帝国主义”下的定义。

对亚洲地区社会工作教育的描述表明社会工作教育与专业能力的发展空间巨大，但必须要有计划、有目的地进行，不能随性而为。在印度及其他亚洲地区，对国际社会工作感兴趣的学校和学者可以通过组建特别的利益团体或是同已与国际机构合作的地区团体联盟，如国际社会工作学院联盟(IASSW)、亚太社会工作教育协会(APASWE)和国际社会工作者联合会(IFSW)，且必须配备出色的人才对该地区的贫困区域进行社会工作的教育与实践。第一，这些专业机构应该更活跃、发挥更大的作用。第二，通过利用人才，涉及问题需求的社会工作培训项目才能在农村、偏远地区及欠发达地区得以发展。第三，专业机构应建立必要的基础设施，如图书馆、教室、现场指导机构或实践场所。第四，就目前的情况而言，必须努力实现课程内容的本土化，着重解决基层的需求和问题(参见第七章)，而非简单地照搬西方的课程内容(Beecher et al.,2010)。这需要从个人乃至社会与社区发展层面扩展社会工作教育和实践(Cox和Pawar,2013；Pawar和Cox,2010c；Yuen-Tsang和Wang,2002,第379页)。部分系统策略已经用于实现社会工作教育的本土化(参见第七章)，但鉴于本章的篇幅有限，这里不再对此进行详细讨论。第五，当培训社会工作专职人员时，需要建立专业机构提升社会工作课程的质量和标准，而不仅仅是进行监控(参见第七章)。对个别学者和学校而言，这一切似乎显得有些苛求，但只要共同参与、齐心协力，一步一步落实，一个国家接着一个国家推进，一切都是可能的。对于印度与亚洲其他国家的国际社会工作，这是最实用的议程，且几乎没有什么限制。通过社会工作教育发展专业能力，培训并建立专业机构，且我们需要更合理、有效地利用这一能力来解决一些重大的问题，提升人民的幸福感。不同的国家会有不同的问题和需求。在这里，我们将呈现一些常见的问题作为例子，说明印度和其他亚洲地区进行国际社会工作发展面临的机遇。

如引言所示，不同国家的经济发展势头不一致，大多数亚洲国家的一个最常见的问题是对基层社区或乡村发展的忽视。亚洲地区具备了实践基层社会发展的良好条件，其需要解决社区的重大问题，如文化、政治、经济、生态、教育、医疗、住房、权益集团以及居民和相应组织，全面发展乡村和基层社区（参见第一章和第二章）。印度与亚洲其他国家的国际社会工作需要参照我们提出的框架，重点关注基层社会的发展，由于当前的发展势头与不同基层社区的发展不同步，如果不共同努力、协同发展，基层地区就很难直接从国家和国际发展中获利。

印度也逐渐出现气候变化的相关问题，如自然灾害或人为灾害，人民流离失所，生态系统破坏（河流与湿地枯竭，地下水减少，水资源短缺；参见 Pawar，2013，2014）以及全球变暖影响农业生产和食品安全。这些都是与国际社会相关的问题，国际社会工作有助于各国、各地区及基层采取适当的策略，减缓气候变化。在自然灾害方面，国际社会工作涉及筹集资金、共享培训物资以及参与救灾、慰问和稳定工作，尽管还有更多的工作需要去做（Laksmono et al.，2008；Pawar，2008；Rowlands 和 Tan，2008；Tan et al.，2006）。适应和减缓气候变化是一个非常广泛的领域，为该地区国际社会工作的进行提供了很好的发展契机。该地区的其他重大问题涉及难民、国际和国内劳动力迁移（Hugo，2005）、贩卖人口、雇佣童工、收养问题、老年化以及战后的和平建设等，但社会工作者在这方面具有丰富的经验和知识。解决这些问题的本质就是落实国际社会工作实践。

这个地区已经拥有一些成功的、值得借鉴的社会发展项目和经验，可帮助该地区其他地方的发展。例如，南亚的许多街头儿童项目、格莱珉银行的小额信贷工作、孟加拉国卡马尔家的社区主导的卫生总署、哈扎尔的乡村/社区的全面发展以及印度邦克·罗伊的贝尔富特大学、菲律宾的清道夫合作社，这些成功的扶贫项目（Pawar，2010；UNESCAP，1996a，1996b；也见于 Hokenstad 和 Midgley，2004）和灾难处理策略非常重要，有助于了解社会发展工作并将其应用于该地区的不同地方，且对于印度和亚洲其他国家的国际社会工作发展是一项极具吸引力的重要任务。

为了及时抓住以上提到的机遇，组建国际合作研究项目、学校与非政府组织的国际联盟迫在眉睫，交换生、职工交流、访学等形式也需要得到重视。西方和亚洲地区的社会工作教育者与实践者在访问社会工作学校和机构，参与国际社会工作时，有必要共同合作，从国际社会工作项目中获益。

教学和实践国际社会工作面临的挑战

尽管国际社会工作具有极大的吸引力、挑战性，但拥有相关资源非常必要。相关资源涉及时间、金钱、材料和培训人员等，且需求也比以往更大。调动亚洲国家的资源是一项真正的挑战。有了这些资源，另一个至关重要的因素就是对国际社会工作保持持续的热情和参与工作的承诺。通常，国际社会工作中的活动都是临时发起的，这取决于个体的专业性以及特定时间里的可用资源。

在亚洲，组织和教授国际社会工作课程对于很多社会工作学校和教育者而言可能具有一定的挑战性，因为他们可能对这一切不熟悉。由于国际社会工作学科常常是由个别工作人员的兴趣推动的，如果社会工作学校不支持这样的举措，我们就会发现很难在众多的课程结构中找到国际社会工作学科的位置。根据目前学校的发展动态，即使课程结构中还有空间，不论是作为必修课还是选修课，社会工作学科都不太可能并入其中。作为国际社会工作教学框架的一部分，人权如果得不到国家的支持，它的引入可能就会具有挑战性。另一个重要的方面是确保对该学科的需求以及学生的学习积极性。

尽管国际社会工作的某些领域是在国内进行实践，那些想在别国进行实践的人，就会出现财政问题。对于许多亚洲国家，这是一个普遍的问题。实践证明，国际交流并不是建立在平等的基础上，因为发达国家的社会工作教育者和实践者可以通过交流项目前往发展中国家，而发展中国家的教育者和实践者却不能通过这样的交流项目前往发达国家，在这方面，发展中国家需要更多的支持（Moore 和 Pawar，2007）。

亚洲的一些社会工作学校和专业人员可能存在着这样一种观念，即国际社会工作中的专业人员主要来自西方发达国家，并帮助发展中国家的职工。如果存在这种先入为主的观念，持有该观点的人就很难想象自己可以参加邻国的国际社会工作中并为其做贡献。国际社会工作不一定源于西方国家，它同样可以出现在东方国家，但总的来说，目前国际社会工作的议程主要还是来源于西方国家。换言之，国际社会工作事务常常由西方国家的社会工作人员决定。当亚洲社会工作专业人员参与国际社会工作的教学与实践时，他们是否可以促进该地区国际社会工作的发展？正如之前讨论国际社会工作的概念时提到的，他们应该这样做。

如果不进行合作，也不多方面理解国际社会工作，我们就无法进行国际社会工作的教学与实践。尽管我们已进行了必要的准备，但进行合作项目的交流以及国际工作时仍需要相互包容，相互理解，接受新事物。获得基层的支持与认可对于实践国际社会工作的意义重大。如果工作的进行并非设想的那般顺利，那么这些就会构成极大的挑战（其他相似挑战参见 Midgley，1992b; Pawar et al.，2004）。

亚洲地区发展国际社会工作面临的终极挑战莫过于促进最落后的地区以及弱势群体和边缘群体的基层社会发展。亚洲拥有十二个内陆国，其中包括很大一部分贫困人口，如果考虑到最近的通货膨胀对物价的影响，通过多维贫困指数（OPHI，2010）进行测量，贫困人口的数量还会持续攀升。减少极端贫困人口和满足大量贫困人口的需求，是亚洲地区，尤其是南亚地区面临的主要挑战。如果国际社会工作不解决这些核心问题（Ahmadi，2003；Kwok，2008），何谈社会工作的意义。

以上讨论的问题及出现的类似挑战可能会带来十分严峻的形式，但这些问题并非不能克服。如果我们有意地关注这些问题，也许就会发现解决这些问题的系统策略。

结论

在印度和亚洲其他地区，国际社会工作的教学与实践的发展前途一片光明。为此，本章提出了一些适当的想法。这些都是基于大量的实证研究，在很大程度上，许多学校都确信国际社会工作的重要性和实用性，也对它的教学与实践表现出极大的兴趣。这些学校的突出特点是他们之间的巨大差异、面临的日常生存问题、应变能力和团结意识。正如本章所讨论的，就印度和亚洲其他地区的人口状况、工业发展现状、政府与非政府组织和其他机构的发展状况而言，这些地区当前的发展以及未来的规划都使它们成了最具吸引力和发展前途的地区。世界渴望亚洲的发展。因此，亚洲是时候发展国际社会工作，以实际行动加入这场华丽的冒险。对于亚洲，特别是印度地区国际社会工作的发展，还需要制订符合当地发展背景的概念与议程，而不是照搬西方的内容，我深信它们具备这样的能力。本章中的某些观点，特别是亚洲国际社会工作发展的理论基础与概念、国际社会工作教学与实践的框架、国际社会工作课程指导原则以及面临的机遇与挑战等，可以促使亚洲，特别是印度地区在国际社会工作的推动中加强社会与社区发展的能力。

第三编　社会发展与社区发展实践领域的社会工作

第三编主要介绍了社会工作行业。任何行业中，比如法律、工程或者医药，专业团队都起着重要作用，因为在专业团队中，个人可以得到基本培训、提升自我能力和素养，同时也能遵守行业道德。在任何情况下，人民和社区的利益都应该放在自身利益的前面。依据这种观点，第三编包含了七、八、九三个章节。第七章着眼于一些重大的专业性事件，并建议该行业在社会与社区发展实践上应投入更多的关注；第八章以远程教育模式为切入点，提供了社会与社区发展教育的案例；第九章讨论了社会工作的道德规范和美德伦理在社会和社区发展实践中的地位。

社会与社区发展实践方面的重要需求，尤其是基层需求和范围，以及在第一、二编中讨论的借助社会政策实践和国际上的努力，都要求社会工作行业人员用钻研的眼光检验自己并仔细考虑自身所面临的问题和挑战，思考如何有效地解决问题、面对挑战。印度不合格的社会工作学校越来越多，补救型和定向型社会工作教育、全球化压力、社会工作教育的本土化、专业团体的现状、社会工作劳动福利专业化以及一系列相关问题都需要重点考察，并找到新的发展策略和发展途径。目前讨论的这些策略，如发展以社会与社区为中心的社会工作、本土化课程和国家级专业团队，并不新颖，而现在需要的是行动力。第七章则介绍了该行业的相关问题和时间策略。

尽管新兴学校的教学质量参差不齐，但在成千上万的村镇中，社会与社区发展实践出现了越来越多的问题，这都表明了社会与社区发展需要大批训练有素的工作者。如果社会工作行业需要满足需求，那么社会工作专业人士通过远程教育来完成社会工作是一个不错的选择。虽然一些社会工作远程教育计划已经实施，但一些社会工作教育者仍对此持强烈的反对意见。如果该领域不能对自身的发展进程进行自我监控，则只会扩大现存的问题。因此，第八章就通过远程模式为社会与社区发展教育提供理由支撑，分析与之有关的优势、劣势、机遇与威胁，以及通过远程教育模式展示当前技术的发展和二十五年计划提案对社会与社区发展所做的准备和宣传。虽然这一战略的良好发展取决于社会工作行业、个人社会工作教育家和实践者，但该策略的潜在价值却是无限的。

本编的最后一章，即第九章，确定了社会工作职业道德规范的重要性。该章阐述了不同伦理理论对道德规范的影响，以及道德规范存在的不足及其对实践的影响。分析表明大多数社会工作道德规范由义务和结果决定，而这种决定性需要道德伦理、相关理论来平衡，同时这种决定性也需要发展社会工作者的素质来促进美德导向的社会和社区发展实践。社会与社区发展工作者某些素质的发展会帮助他们专注于实践，并在面对复杂、困难和未知情景时做出正确的决策，从而提高实践能力。这三章提出的观点要求社会工作行业在认识到这些建议的相关性和重要性的基础上完善自己，并且采取行动。

第七章　适应社会工作行业：问题与前景

我接受了印度社会工作教育和培训，这是由在美国培训过的社会工作教育者来教授的美国社会工作课程。虽然近二十年来，我一直是澳大利亚的社会工作教育家，但我的回忆不可避免地在印度和澳大利亚间波动。我在印度塔塔社会科学研究所学习、授课，并与许多印度社会工作学校的学生、职员互动。我不断提出一些令我困惑的尖锐问题，比如社会工作是什么？社会工作教育是什么？社会工作行业是什么？什么不是社会工作？为了实现社会与社区发展，尤其在基层，需要哪种社会工作教育、训练和专业？当代的社会工作教育和训练是否有助于实现基层的社会与社区发展？如果适合，为什么我们没有在当地社区上看到相应的发展？如果不适合，那么我们可以做些什么来使社会工作适应现状？

本章的标题表明我们需要改变社会工作行业的性质和重心，来促进社会与社区发展实践。为什么有这样的需要？我是唯一一位这样想的人吗？我和一些社会工作教育者、实践者的交流，以及对相关文献的阅读都表明了有许多的社会工作者与我的想法相似。就在走向 21 世纪之际，我深刻反思了印度社会工作的专业性，而且这些反思发表在了印度社会工作杂志(*Indian Journal of Social Work*)(Pawar，1999a)。在本章，我打算回顾那些想法。通过调查印度近百年的社会工作的专业性，并回顾自身在印度的经历和发现，我在本章将讨论一些阻碍印度社会工作行业、教育和实践发展的关键问题。基于这一分析，本章认为调整社会工作行业有助于社会与社区发展议程提出解决问题的策略。但值得注意的是，本章所讨论的社会工作行业、教育和实践上的问题以及得出的调查报告只是现状的一方面，而其他方面的问题在这里并未被提及。同时，评论和调查报告的目的不是概括和普及问题，而是为了进一步发展社会工作行业和社会工作的教育和实践，从而使得社会和社区发展实践得到更多的关注。

社会工作学校数量的增加

社会工作行业、教育和实践（profession，education and practice，PEP）在印度有 80 年的历史[①]。这个行业起始于 1936 年建立的第一所社会工作学校，即 Sir Dorabji School of social work ，后更名为塔塔社会科学研究所。之后，在 20 世纪 40 年代建立了 7 所社会工作学校，在 20 世纪 50 年代建立了 10 所社会工作学校，到 20 世纪 60 年代建立了 12 所以上的社会工作学校，到了 1978 年，已经建立了 34 所社会工作学校（UGC，1980）。在过去的 30 年里，学校的数量增加了约十倍。虽然未找到社会工作学校的精确数目，但最近一份报告指出印度大约有 300 所社会工作学校（Nadkarni 和 Desai，2012）。这些数据表明了社会工作学校数量的增加，如果假设在平均线上每所学校每年大约毕业 30 名学生，那现在每年可能有 9 000 名新社会工作毕业生（至于这是否是目前为止印度社会工作人事部门关于社会与社区发展需求的确切数字，则是另外一个问题了）。塔塔社会科学研究所的主任，帕苏拉曼（Parsuraman）教授指出：

印度有必要扩大和建立更多的社会工作机构，尤其是在农村。这是必须的，因为印度需要能在村务委员会、南亚自治小区和城镇的乡村地域工作的高素质的社会工作者。此外，各种发展计划都需要受过专业训练的社会工作者……（Nadkarni 和 Desai，2012）

由于认识到社会工作学校建立的“突然井喷”，印度成立了国家级的社会工作教育评审委员会[②]。委员会一般是根据社会工作学校综合情

---

① 我想澄清的是“在印度，社会工作行业、教育和实践”和“印度社会工作行业、教育和实践”意义的区别。前者指的是在印度的外来的和移植的社会工作，而后者指的是印度的或者本土化的社会工作行业、教育和实践模式。

② 第一届审查委员会于 1960 年 3 月由大学赠款委员会（UGC）和教育部门、印度政府共同任命（UGC，1965）。第二届审查委员会在 1975 年 8 月由大学赠款委员会任命（UGC，1980）。第三届审查委员会在 1997—1998 年成立，而委员会打算在近期开展活动。

况的整体地位、教育内容、现场工作、必备设施检查社会工作学校的发展情况，及提出提高社会工作培训的措施和维护标准。委员会分析了社会工作教育的问题，并提出了一些符合当前时期的建议和措施。同时，这些报道是社会工作文献的重要来源（UGC，1965，1980）。然而，在1980年第二次修订委员会报告后，直到2013年6月，印度再也没有正式的委员会报道社会工作教育的现状了。

印度提高社会工作教育质量学校社会工作联盟全国网络（National Network of Schools of Social Work for Quality Enhancement of Social Work Education in India，NNSSWQESWEI）着眼于社会工作学校的自由性，支持第三届大学赠款委员会成立国家级社会工作教育。委员会有可能使社会工作行业关注社会与社区发展实践，但由于美国社会工作的影响和专业权威，印度当下大部分社会工作教育渐渐忽视了这一点（Midgley，1981）。

专业权威

印度社会工作行业、教育和实践（PEP）的第一次分化是美国社会工作模式移植到印度中（Bodhi，2011；Desai，1991；Mandal，1989；Nagpaul，1993；Pawar，1999a；Singh 等人，2011）。我想进一步论证，印度对美国的模式不仅仅是移植，印度的社会工作教育在本质上还是现代化的牺牲品。包括印度在内的发展中国家为了自身的成长、发展、繁荣而实现现代化，而现代化意味着这些国家必须追随西方国家的发展进程，甚至追随美国人所做的任何事。这个现代化的浪潮已经席卷了印度社会工作行业、教育和实践。印度的现代化社会工作历史已清楚地说明了这一点。克利福·曼斯哈德（Clifford Manshardt）根据自己在印度的10年工作经验发起了第一个社会工作计划，并且他试图在美国社会工作教育者的帮助下适应和发展印度社会工作行业、教育和实践（Mandal，1989）。当绝大多数的塔塔社会科学研究所社会工作教育者一个个带着热情从美国受训归来，应用最初在塔塔社会科学研究所社会工作学院学习的知识、方法和技能时，这些适应性的努力就被现代化浪潮所取代了（Desai，1991）。毫无疑问，这个学院的早期成果是美国社会工作模式的产物。这种模式的传播就像一种传染性疾病，哪里有社会工作学校建立，哪里就有这些社会工作教育者。因为塔塔社会科学研究所是最初的社会工作学校，且是该行业的领头羊，它的社会工作模式，本质上是就是对美国社会工作模式的复制。因此，几乎没有社会工作学校支持印度社会工作行业、教育与实践的发展。

某些对社会工作缺乏认识的社会工作者可能会做出许多损害该行业的事，比如，无视社会工作学校贫困的事实，机械重复 20 世纪 50 年代早期的传统社会工作课程。事实上，20 世纪 50 年代在印度有一位教授传统社会工作课程的教授，在 20 世纪 90 年代访问美国后指出，虽然美国社会工作教育课程从 20 世纪 50 年代至今已经有了显著变化，但印度社会工作课程却没有任何变化。虽然该教授的观点存在以偏概全，但该观点还是反映了修订课程的必要性，因为陈旧的课程不符合当代社会、经济、政治领域的实际情况和主要问题。另外，美国教材在社会工作课程的阅读清单上有主要优势，由于几乎没有本土的教材，许多社会工作教育者常常被迫使用美国教材。令人惊讶的是，甚至在教授印度社会问题时，一些人仍采用美国教材（Nagpaul，1993）。因此，我认为时至今日，虽然大多数社会工作教育者一直遵循美国模式，但也存在例外。

这种持续和取向的结果促成了印度社会工作教育中个案工作实践和社会工作补救的优势。这优势可以帮助社会工作教育行业避免受重大问题和需求的影响，如贫困、失业及农村和基层发展，而贫困、失业和基层欠发达的现状，需要多管齐下和政策保障。社会工作本身并不是解决这些问题的根本办法，但是，社会工作行业、教育与实践（PEP）在处理这些问题上确实有着独特的作用。那它发挥作用了吗？现在它在处理这些问题了吗？除了一些很好的、单方面的努力，诸如通过街头游戏提高认识、发展自助团体和行动研究项目，由于美国影响力的优势作用，社会工作行业、教育与实践似乎受到美国的影响，已经不再处理这些情况了。作为一名社会工作学生，我清楚地记得我确实学过贫困、失业、卖淫、住房供给等印度社会问题，但我不能回忆起这些问题和社会工作方法课程间的联系，我学习它们就像这是两个无关的事情。在印度，过分强调个案或美国补救模式都会阻碍社会工作。这种取向无疑阻碍了印度社会工作行业、教育与实践形式的发展，而这形式的发展需要关注社会与社区发展。

全球化

如果社会工作学的课程和职业不能适应当前的变化和自我更新，那么随着自由化和市场经济的浪潮，社会工作学校的课程和职业的关系将会更疏远。个人自由高于国家霸权的趋势正在兴起。西方福利国家正在遭受冲击，而构成福利国家的因素将被重建，并且这种改变将影响到印度及类似的发展中国家。当跨国公司掌握了控制权后，一些小政府可能成为傀儡政府，甚至强国不再是强国。印度历史表明：东印度公司使得国家成了殖民地。而现当前的趋势表明，少数的跨国公司有可能统治全球。这些发展对平等、公平、人权和社会正义有很大的影响，这与社会工作行业的核心很接近。虽然，部分问题在各研讨会、会议和专题谈话节目上被提及，但尚未成为社会工作常规训练的一部分。正如之前所说，除非采取合适措施，否则这样的忽视将进一步削弱社会工作训练间的相关性。

思想的真空

社会工作教育和训练是在思想真空中提出的。无论是无私奉献的思想意识、甘地建设性工作，还是西方的自由主义、个人主义、资本主义和民主主义的意识形态，都没有完全地贯彻于社会工作训练。这种训练不包含任何的意识形态，反而充满了诸如职业、中介、方法、技能和雇佣等实质性问题(Druker，1993)。这是影响许多社会工作学校、教育和实践者的另一个原因。

总的来说，社会工作学校不能实现其宗旨。平等、正义、民主、自由、分享和客观态度等原则如仪式般被教授。无论是单独的社会工作教育者(这可能有些例外)，还是作为公共机构的社会工作学校，即使在他们自己的环境里的一个小方面上都没有显示出任何能论证这些原则的迹象。双重标准常常是显而易见的。一些学校由于没有贯彻民主原则，延续了封建的趋势而受到困扰。行业差异和冲突很少带来民主的、富有成效的决议。个别目光短浅的，类似占据一把椅子或者一个工作的意图，践踏了行业和公共利益。这已经是这个国家在社会工作行业发展上最重要的障碍了。

对社会工作学生而言，各主义鼓吹着相反的做法，确实令人很沮丧。总的来说，这败坏了社会工作的风气，影响了实习生和整个行业。许多学生对从事社会工作事业满怀希望而进入学校学习，但他们步入实践时却动摇了。

我不确定社会工作学校是否会使学生消沉，但可以确定学校确实缺乏良好的社会工作模式。在许多学校，社会工作常常通过阅读的形式而非实践的形式教授，几乎没有学校采取实践教学。如果真是如此，在这个已经陷入贫困很久的国家里，社会工作行业将不再是一座安全岛。因此，缺乏明确的、合理的意识形态将影响学校、学生、教学、动力、实践甚至整个行业。

不适宜的联合

在社会工作范围内，劳工福利和人事管理的流动被视为是印度对社会工作行业的贡献(Desai，1991；Gore，1997)。然而，20 世纪 50 年代，社会工作中就出现了劳工福利和人事管理专业化。我自己的观察表明，社会工作项目中或社会工作校园中提供的这种专业化已经对社会工作行业造成了巨大伤害。这形成了不良的竞争，并影响了社会工作学生的积极性。照我看来，有劳工福利专业化的社会工作计划实际上造成了两种与意识形态利益相反的人事结构。享有劳工福利和人事安排的毕业生，最后为剥削者工作，虽然按道理来说他们应该为劳工工作，但他们一般被看成是管理者而不是劳工。另一方面，社会工作的学生为剥削者工作。如前所述，虽然这种专业化一开始具有良好意图，但如今它通过消耗大量的资源和制造竞争为社会工作行业带来的贡献则大大违背了该行业的初衷。这种不适宜的联合的持续，已经大大地束缚了这个行业，而且这种束缚将一直持续下去。最近的国家网络报告也对这一问题有所提及(Nadkarni 和 Desai，2012)。

缺少一个有活力且具有辨识度的国家级专业团体

印度不存在具有特别授权的、发展适度且有活力的国家级专业社会工作团体，但存在许多专业的社会工作协会，如印度社会工作联盟、印度社会工作学校联盟（Association of Schools of Social Work in India，ASSWI）、印度专业社会工作协会（The Indian Society of Professional Social Work，ISPSW，即以前的印度精神病治疗社会工作协会）、印度全国专业社会工作者协会（National Association of Professional Social Workers in India，NAPSWI）和印度社会工作者培训协会。这些协会似乎是国家级的。当然也有一些州级和地区级的协会，如孟买专业社会工作者协会（Bombay Association of Trained Social Workers，BATSW）、马哈拉施特拉邦社会工作教育者协会（Maharashtra Association of Social Work Educators，MATSWE）、卡纳塔克邦专业社会工作者协会（Karnataka Association of Professional Social Workers，KAPSW）和金奈专业社会工作者论坛（Professional Social Workers Forum，Chennai，PSWFC）。这些协会的活动层次逐年不同。德赛（Desai，1994）曾指出，这些协会有的已经不存在了，纳格保尔（Nagpaul，1988）对此的解释指出，这是由于领导层的老年化、专业人员和团体缺乏热情、社会工作专业人员特别是那些受雇于商业和工业公司的社会工作者缺乏考核和保障、管理层的个人冲突、财政资源的不可利用及社会形象低迷这些都使得专业团体并不像它理论上那么好（也见 Nanavatty，1997a）。事实上，印度哪个国家级团体可以如国际社会工作者联合会（IFSW）那样代表这个行业，或者哪个团体能够为社会工作者培训提供专业认证？2013 年 2 月 23 日至 25 日，由印度专业社会工作者协会举行的主题为“印度社会工作行业：缩小差距和搭建桥梁”暨第一届印度社会工作代表大会解决了这个问题，并指出了差距和需要解决的问题。

也许，缩小差距的一个可行方法是 2005 年印度建立提高社会工作教育质量的学校社会工作联盟全国网络。这个网络根据各区域会议目的和主要问题分为了南部、北部、东北部、东部和西部五个区域。2012 年 5 月 2 日至 3 日，学校社会工作联盟全国网络贯彻国家协商的总体目标，着手建立社会工作教育机构全国网络来提高印度社会工作教育的质量(Nadkarni 和 Desai,2012)。全国委员会对社会工作行业教育法案(Bill)也一直悬而未决。无论这是网络还是委员会的考虑,都预示着发展,并且表明印度一些社会工作专业人士需要认真地关心社会工作专业的事务(Nadkarni 和 Desai,2012)并及时做出长远规划。

与国家级团体同步、平行的发展和各基层团体的紧急情况似乎都表明他们并没有完全地处理好专业性社会工作和社会工作者、社区和社会间的需求关系。潜在的问题似乎变得明显了。事务判断可以通过考察社会工作专业人士的才能和他们的专业领导力进行分析。印度的社会工作行业并不缺少有能力、技术好且具有公众影响力的人。在过去的80 年里,一些社会工作专业人士已经达到了他们职业生涯的巅峰。比如,有些人成了副总理、副校长、董事、大学赠款委员会主席、联合国顾问,也有一些社会工作者成了国际上享有盛誉且公认的环保积极分子。这些职位都要求智慧和学术相结合、管理和政治的敏锐力以及领导才能。在这些职业中,毫无疑问,出现了一些杰出的领导者,但他们中的一些人可能不会把自己的工作归为社会工作行业。那么,为什么这个行业中没有出现一个或几个能发展或领导一个全国层次的专业团体的领导者呢?这种状况一方面反映了个体自我事业的巨大成就,另一方面也反映了对行业自身或国家级专业团体没有贡献。因此,有人可能会认为印度专业社会工作领导者既缺乏印度的社会工作无私精神,又缺乏西方的责任制民主个人主义精神。而他们唯一的意识形态似乎是对东方、印度乃至西方都无益的利己主义,即自私自利。

行动少且缓慢

虽然印度的社会工作行业被许多问题所困扰,但是它们定期审查(UGC,1965,1980),并且在 2012 年,国家级讨论会也提出了许多宝贵建议,以确保社会工作教育的质量和维持标准。这些建议也许有些不能实施,然而遗憾的是大部分建议都未实施。比如,第二次审查委员会指出:第一次审查委员会也建立了某些最低标准,但这些标准都没有强制实施,甚至这些标准都没有被隶属的社会工作学院所知而建立了自己的教学部门(第 3 页)。

第二次审查委员会建议的命运也大致相似。如果建议始终没有实施,无论因为什么原因,那些报告和所有的操练都将被看作是走过场。人们只能希望悬而未决的第三次审查委员会能显著区别于以前的模式。

不仅有用意见没有被实施,而且已实施的意见正如蜗牛般的速度发生变化。这是一些社会工作学生和教育者所经历的,也是我所观察到的。通过一些例子,缓慢的进展的证据可以在极大范围内被论证。社会工作教育者论坛(The Social Work Educator's Forum),一个在塔塔社会科学研究所组成的志愿性兴趣小组,在1991—1992年开始从事专业社会工作者职业道德规范的研究,道德规范的草稿于1997年出版(塔塔社会科学研究所社会工作教育者论坛,1997)。文件本身虽然很完善,但是却用了很长的时间才得以实行。第二点,在建立一个社会工作教育委员会的提议上拖延了数年之后,委员会的法案终于准备在1993年提交给议会。据报道,当时的政治氛围推动了国情的发展,因为一位专业人士表示这份提案要么现在提交,要么永远不提交。然而,由于一些社会工作的教育工作者不同意该法案的某些方面,所以这份法案至今一直悬而未决。二十年过去了,这份法案再也没有出现在议会上。如果像这样意义重大的专业活动不能在一个合理的时间内完成,那缓慢的步调将扼杀热情,使意志变弱,进而束缚行业的成长和发展。

城市集中

由于便利、临近和其他许多因素,社会工作学校不仅仅高度集中于城市中心,而且在地理分布上也不均衡(Cox et al.,1997c;UGC,1990)。在过去十年中,新兴的社会工作学校在东北地区反映出了自身的需求和问题,但在北部和东北部各州,社会工作的教育和培训却是非常稀缺的。我们在最近对亚太地区社会工作学校的国际性调查中发现,在该地区的100所受访学校中,只有4所位于乡村地区。在印度参与调查的30所学校中,只有3所位于乡村地区。鉴于国家大量最贫困人群都是农村人口,因此任意一位社会工作专业人员都应该重视这一问题,即近来农村虽已出现了一些社会工作学校,但是社会工作教育和培训却把自身限制在了中心地区。为了提升基层的社会和社区发展,农村地区需要更多的学校,而城镇地区的学校也需要提高对农村地区的重视。

行业分化

在社会工作行业中,社会工作教育者和实践者之间没有系统的联系,而这对促进社会工作实践很重要。类似的,社会工作教育者和学校与相关政府计划部门、活动和项目部门没有必要、充分的合作关系,除非是因为一些特殊的任务或项目,临时会需要一些学校和社会工作教育的服务。有一些重要的贫困扶持计划,诸如:农村整合发展规划、整合部落发展项目、儿童全面发展计划、农村贫民区发展方案、Jawahar Gram、SamridhiYojana、SwarnJayantiGram、SwarozgarYojana、Sampoorna-GrameenRozgarYojana 等。社会工作教育者,特别是基层社区的社会工作教育者是否参与政府项目的计划、准备、实施、监督和评估?众所周知,在政策和项目计划中,社会工作者可以代表社区的声音。然而,社会工作行业与政府活动之间缺少持续的合作已经阻碍了行业的发展,也阻碍了对贫困的扶持和对相关问题的解决。

领域新手

我意识到了社会工作专业人士,特别是社会工作教育者之间的代沟和冲突。新来的年轻的专业人员,常常会被匆匆贴上新人的标志而受压制,这种压制是许多人都曾经历过的恶性循环。然而,需要强调的是,虽然不是每个人都拥有突出的潜力和才华,但逐渐成长的领域新手却可能拥有。领域老手对新手的压制不仅阻碍了新手的发展,也阻碍了社会工作行业的发展。

未受过社会工作教育的负责人

一些年长的社会工作教育者在招募小组时,更容易招募非社会工作的毕业生作为社会工作学校的负责人,这对行业造成了巨大的伤害。这样的偏离常态在异常的环境里可能是必须的,但是现在是时候招募有资格胜任社会工作的专业人士了。在这些错误被改正之前,都是该行业的损失。

“出卖专业”

近年来，社会工作行业出现了一些新趋势。第一种趋势是开设新的社会工作学校，而不考虑他们是否有足够的资源提供这样的项目。第二种趋势是一些学校收取学生入读的捐款或人头税。毫无疑问，这样的学校和学生的动机存在问题。我认为这样的学校和学生将对国家的社会工作行业造成巨大的伤害。全国网络（The National Level Network）已指出了这个问题（Nadkarni 和 Desai，2012），并且我认为要立即采取行动来制止这种行为。

学生招聘

大多数参加社会工作项目的学生没有任何的工作经验和明确计划，而他们的困惑和失业压力是可以理解的。现在的学生招聘程序并不统一且常常临时制订，因此不能为行业选出正确的候选人。德赛（1994）发现学生之前的课余活动和领导能力与其对行业的高动机和承诺无关。这表明，如果有机会，超过三分之一的社会工作硕士（MSW）和大约四分之一的社会工作学士（BSW）会选择换专业。在社会工作项目中，不积极或积极性差的学生不利于行业的发展。另一方面，非常积极的学生在结束了他们的训练项目后，动机会被削弱，这似乎反映了训练质量和训练者以及学生在社会工作领域中被社会化。

社会工作专业性较弱

虽然大部分学生毕业后会在他们各自的事业道路上找到自己的位置，但是也有一些学生不能确定自己的职业生涯。对这样的毕业生，极少的学校虽然可能有人员配置中心，但也没有后续的或者其他相应的制度给他们提供令人满意的支持或方向。随着这样的毕业生数量的增加，他们在专业性活动和团体中的参与力会减少，这反过来会影响一些专业团体的发展。这种现象是一种恶性循环，并会影响整个行业。

对社会与社区发展实践的重新定位和策略

改变社会工作行业来促进更多的社会和社区发展实践的做法确实可行。近代以来，现代化的支持者和现代化理论家根据日本和一些东亚国家的发展，审视了自己的立场并意识到发展中国家要发展和现代化，没必要跟随西方国家的发展之路。发展中国家可以利用西方任何有用的东西，但是他们应该走自己的发展之路。现代化的支持者和现代化理论家们还认为传统和现代化可以结合起来，这样就不必放弃传统而只走现代化(So，1990)。也许，这就是为什么戈雷(Gore，1988)认为美国的社会工作教育、方法和知识在印度是适用的，"但是却有所不同"的原因。虽然戈雷(1988)的工作强调了贫困支持的可能性，但是他没有解释"不同"是什么，而是把这留给了读者自己来解释。

现代化学校的融合进程与专业主义的批判进程是相通的。这些进程产生了两个相互联系的社会工作行业、教育与实践方向。第一个方向是关于将社会工作行业、教育与实践从个人和补救性的社会工作转变成发展性的社会工作，而第二个方向是关于印度社会工作行业、教育与实践的本土化。也就是说，印度社会工作教育应该处理如基层社会与社区发展、贫困、事业和数量庞大的边缘化、弱势群体等主要问题。以下讨论的大多数重新定位和战略策略都是从这一角度出发，并且一些当代问题也是基于这一角度进行的讨论。

重视社会与社区发展实践

正如之前所讨论的，遵循至今的社会工作教育模式由于历史和环境的原因，已经不能解决现阶段的问题了(Gore，1998，1997)。许多社会工作教育者和委员会意识到这一点后，他们的报道反复申明印度社会工作教育需要一个可发展的方向(Cox，1994；Desai，1991，1994；Drucker，1993；Gore.1988；Mandal，1980；UGC，1965，1980)。

社会工作本来就是为处理贫困问题而生的，它的起源根植于帮助贫困的人。通过慈善机构救助人以及之后的英国通过法定贫困救助(Midgley，1984)，美国通过西奥多·罗斯福的国家生活委员会(Theodore Roosevelt's Country Life Commission)、美国乡村生活协会

(The American Country Life Associate)和联邦紧急救助法案(Federal Emergency Relief Act)帮助穷人(Martinez Brawley,1980),都充分地支持了这个观点。包括印度在内的大多数英国殖民地保留了英国颁布的贫困法律条例(Midgley,1984)。此外,在英国的统治之下,基督传教士到达了部落,而这却被大多数统治者所忽略。从历史的观点上说,印度的社会工作带有宗教性慈善团体、多样的社会改革活动、甘地式对贫困扶持的方法,以及乡村改造的特点。虽然印度专业社会工作大多数关注贫困地区,诸如移入城市寻找工作的农村贫困工人,也关注工业劳工法福利,但是它刚开始主要关注的则是贫困缓解和基层社区的发展。正如印度社会工作教育中的一篇报道所述:

在当前不确定情况下,农民工的任务和其培训变得困难。实现提高遍布印度 500 000 个村庄的生活环境是一项艰巨的任务。印度农村普遍存在良好饮用水缺乏、长期就业不足、卫生设施缺乏、食物匮乏等问题(第 9 页)。

类似的,第二次审查委员会的报告(UGC,1980)指出:

值得注意的是,首创信托基金指出调查贫困成因及制定消除贫困的措施是社会工作的任务(第 12 页)。结构变化确保了社会工作能渗入到最低的社会阶层。乡村不是一个过渡阶段,工业社会必须要受到约束,贫困并不是没有适应,这些认识都会成为社会工作介入的主要目标,而这也已经确定为是社会环境,而不仅仅是个人的(贫困),甚至是行业的主要救济对象(第 15 页)。

全国网络咨询报告(Nadkarni 和 Desai,2012)如下:

在印度当前背景下,印度社会工作的重心应该是自由的。通过把反压迫的社会工作实践带进社会工作教育,以实现社会正义和许可的目标,专注于国家边缘部分应该是一个努力的方向。我们是时候着眼于使社会工作非殖民化,并做一些脱离西方模式的社会工作实践了。我们需要研究西方社会工作课程模式在印度有多大作用。这创建了社会工作的新的一种方法,并且这种方法对我们当前现状同样适用。比方说,由于人们存在强烈的社群感,个性化的社会工作在大多数情况下可能不能得到较好的效果。如依赖西方模式而组织社区的方法和由 Murray Ross、Arthur Dunham 等提出的方法都应该丢弃,相反可以采取关注社会边缘地区的社区工作。

相关文献明确地指出对社会工作教育、训练、实践和行业重新定位是必要的。在第一章介绍的社会发展途径、第二章介绍的基层社区发展实践都是为了处理缓解贫困、提高边缘化和社会弱势群体的生活状况等问题，联合村庄综合性发展，为调整社会工作行业和教育提供方向。

正如之前所述，为促进社会工作项目的发展性和扶贫方向，第一，社会工作教育需要从乡村发展、健康、营养、教育、家庭福利、妇女儿童、青年和运动、工业等方面，结合所有的在基层社区和村庄的政府部门项目，得到一条社会与社区发展的途径。第二，社会工作教育需要发展一个组织缜密的训练计划，像在 10＋2＋3＋2 等级上的执照、学位证书和学位，以满足基层社区对大量的训练有素的工作人员的要求。金字塔代表不同等级的实习生的训练，即金字塔底部是大量的训练计划和实习生(10＋2等级)，而金字塔顶端则是学士、硕士和博士等级的训练(Cox，1994)。更重要的是，为了扶贫计划和相关的项目，社会工作教育者和实践者与不同层次的相关部门、非政府组织、社区组织促成持续合作发展机制，以促进策略实施和村务委员机构对它的干预。

社会与社区发展实践的社会工作教育课程的本土化

印度社会工作行业、教育和实践必须是印度式的，而非美国式的。美国的社会工作模式已在印度存在多年，它的“美国性”不可避免地被冲淡了，首先，它为印度人所应用；其次，它适用于印度的状况和环境。尽管美国的社会工作模式有这种稀释处理，但它在印度还是造成了许多问题。在课堂和实地教育过程中，我的学生曾多次质疑我的教学的相关性。他们明确质疑“美国的这些理论与我们有什么关系吗?”，我有时直接忽略这个问题，有时像我的老师一样强辩我所教的内容。通过经验性的反思，我提出了如下的建议：

1. 接受社会工作教育者教授美国社会工作模式的事实；
2. 质疑这个模式多方面特色和学科的关联性；
3. 区别出哪些与印度的环境有关，哪些无关；
4. 指出相关的原因和不相关的原因；
5. 确定印度特殊因素、条件、环境等造成不相关模型的等级；

6. 找出并确定出存在于印度当地文化、传统和实践等文化中的解决方法、看法和处理方法等；

7. 把文件纳入课堂教学、讨论和现场教育中；

8. 开展一系列基础的练习，这将促进本土化课程的发展；

9. 由非专业人士记录和宣传有效的社会工作实践；

10. 修订各科课程并纳入以上建议；

11. 在学校层面，通过吸纳教育者、实践者和学生代表，来组织课程发展研讨会，之后扩展到校际层面。通过这些过程，整个社会工作课程需要修订得符合当地现状。

在修订课程时，专业化问题可能会造成问题，并且行政上的障碍可能会阻碍整个修订过程。关于专业化问题，考虑到印度的需求(Gore，1988)，在社会工作计划中，专业化的提议似乎是不适当的(Desai，1991；UGC，1980)。因此，总的来说，社会工作计划必须要是通用的且完整的。我自己的经验和观察表明一些专业化的范围，涉及专业性社会工作对保守且铸造社会的介入。“社会工作对印度种姓和等级阶层社会结构的介入”，会成为社会工作项目中一个有用的专业领域。这种专业化不仅对在社会工作教育中发展本地知识、方法、技能有很大作用，而且采用反歧视和反压迫策略，还对解决基层社区问题也有很大潜能。

正如之前所说，在大多数大学引入课程改革，需要一些由外校工作人员组成的技术和行政研究团体或是其他委员会。我发现一些团体工作敷衍，而且会刻意制造障碍来阻碍新变化。这样的技术性团体需要以真诚、积极的态度来适应这样的变化。

西方教科书的优势地位(Hammoud，1988；Nagpaul，1993)是本土化进程的另一个障碍。彻底消灭西方教科书的优势地位是不现实的，但共同努力则可削弱它的优势地位。我们需要确定当地可用的相关文献，并将其纳入阅读清单，方便学生阅读。个体或小组式的社会工作教育者和实践者可以承担小型或大型的项目，这或许在某一特定主题、问题或学科上可以成为社会工作教材的材料。所有社会工作学校与实践机构合作进行的有意识、有目的的练习，都将有助于创作这些文献。类似的这些途径有可能削弱社会工作教育中西方文献的地位(Desai 等人，1988；Muzumdar，1997)。已经有一些研究计划和基金为了这个目的而存在了。同样值得注意的是，许多这样的项目需要的不是钱，而是时间、反思以及方言或英语写作技巧。毫无疑问，许多社会工作教育者都具备必要的知识、品质和技能。

当代自由主义、市场经济、全球化的趋势和福利国家模式进入了社会工作学员的课堂，因为它们对我们合作伙伴所关心的社会工作实践和政策有许多影响。西方福利国家运作的方式尚未成为印度的方式(Pawar,2012)。在普遍缺乏福利项目和完全缺乏补救方案的情况下，许多本土化的福利、照顾系统、医疗和分配制度在基层得以施行。他们常常是合算的、个人的和仁慈的(Pawar 和 Cox,2004)。识别、记录和整理这些实践不仅仅有利于本土化的社会工作知识，还有可能作为资源材料被西方决策者、社会及福利工作者所用，因为他们正寻找替代模式来处理减少国家福利带来的后果。

全国网络报道(The National Network,Nadkarni 和 Desai,2012)扩大了社会工作课程本土化及教授方式的问题及其需求。因此，在所有或大或小的社会工作平台上，只要有机会我们都应该讨论社会工作教育的本土化。这将营造一个不仅有助于讨论社会工作教育及实践本土化的文化环境，还有助于营造一个修订实施社会和社区发展课程的文化氛围。为了发展可重复使用的数字化的课程，第十二个五年计划上提出了学术改革，而且该领域的全国网络领导(计划委员会，GOI 印度政府，2013，第 108 页)指出了社会和社区发展实践课程本土化的巨大机会。

有效的专业团体

提供上述的社会与社区发展方向及本土化的社会工作课程、提高和维持专业性标准、加强行业竞争，迫切需要一个全国性的、健康的社会工作团体。正如之前所说，未能恢复和发展现有的国家级机构，似乎导致了一些国家性专业联盟的形成，而这一趋势对该行业是否有利还不能判断。这些团体对行业可能既有消极的影响也有积极的贡献。印度社会工作联盟(ASSWI)正重返中心地位，并似乎变得积极(Thachil 和 Kumar,1997)。国家网络的形成及它的报告、印度专业社会工作者协会(NAPSWI)的形成及它的第一次代表大会——建立桥梁和缩小差距会议，以及印度专业社会工作协会(ISPSW)的常规会议，似乎都显示了新兴国家团体的迹象。着眼未来，人们可以看到许多国家级协会、印度专业社会工作者协会（NAPSWI）、印度专业社会工作协会（ISPSW）、国家网络和拟议的印度专业社会工作者理事会的共存，而其共存取决于自身的目标和活动。举个例子，看看印度专业社会工作者协会和国家网络的宗旨会得到很多启发。印度专业社会工作者协会的目标和宗旨都放在了他们的网站上。印度专业社会工作者协会目的在于：

通过教育、研究、培训、网络、宣传和资源发展不断推动专业社会工作的教育、培训和实践，以及在职业社会工作实践中提升最高专业性的标准和伦理；推动社会工作介入的知识和实践基础，提高个人、家庭和环境的生活质量和生活水平；促进专业社会工作者之间更快捷的交流和支持；促进社会变化、赋权和人民的解放以倡导人权和社会正义，提高幸福感；以及开展研究、活动和其他形式的继续教育来提高成员的知识水平。

全国网络在报告中（Nadkarni 和 Desai，2012）陈述了它的目标：

按照转变社会经济的方案再次阐明社会工作行业的初衷；像一个高素质、有水平保证的团体一样行动；提供继续教育、思想和资源分享的空间，促进课程创新和社会工作教育教育法；提倡社会工作行业国家委员会的建立；关注印度国家性和国际性的社会工作行业；在网络曝光前解决社会工作制度上现存的不公平现象；在四个方面上巩固行业：①教学，②现场工作，③领域行动课题，④研究；帮助社会工作往新的方向发展和在现有制度上发生质的成长；根据其角色、职责和界限规定行业的专业性环境；根据各制度的当地情况，在全国建立具有创新性和灵活性的社会工作课程的最低标准；促进社会问题政策大纲的形成。

对印度专业社会工作者协会和全国网络这两个机构目标的分析比较，可以看出他们的目标是相似的。因此一些团体存在某种焦虑和问题：他们会相互竞争吗？他们会相互协作吗？他们在工作上会关系密切吗？他们能并肩作战吗？他们会受到利益的驱使吗？他们会对行业的发展有建设性的贡献吗？他们能独立存在吗？从以往经验得出的是积极正面的结论，在民主、合作联合原则的基础上，发展一些操作性强的指导方针和程序是很重要的，因此所有的协会和他们的发展将建立起一个强大的全国的专业团体，这将对行业的发展做出贡献，反过来，这些贡献也能就某些当代问题阐述观点和进行辩论，还能促进全国性和地方性政策的制定进程，影响有关穷人伙伴、弱势群体和边缘化群体的政策及基层社区。专业社会工作和社会工作者的领导人，只要专注于社会与社区发展实践和利用本土化的知识和优势，放弃模仿西方社会工作实践模式，就有可能改造他们的专业团体。

价值、美德和行为模式

专业组织的一个重要职能是依据行业和社会工作者的价值和美德，遵循某一哲学途径（见第九章），通过执行行为模式证明这些价值和美德。一些明确的意识形态、价值观和原则在任何专业性训练中都是不可缺少的。给社会工作者应该遵循并实践哪种意识形态和价值观的建议是不恰当的，因为只要有机会，他们就应该做出自己的选择并证明自己的选择。对培训的承诺通常建立在价值、美德和行为模式中，并会在这些价值、美德和行为模式中改变。社会工作实习生需要有良好的行为榜样，特别是当他们在训练时。本质上来说，宣传和实践之间不应该存在差距。社会工作教育者证实了他们所宣扬的实践，将会带来良好的效应和结果。没有人会否认平等、社会正义、服务、人类的尊严和价值、诚信、承诺、勇气、信仰等普遍价值观和美德的重要性，也没有人会否认与民主运动有关的实践和程序，以及任何时候的非歧视、非批判态度和专业判断等普遍价值和美德的重要性。

实施和速度

实施和速度是可以把行业带回正轨的两个重要步骤。在大多数情况下，提出的建议和补救措施是陈旧的。因此，这种现状需要的不是新方向而是重新定位。自从 1965 年第一届 UGC 大学赠款委员会报告发布，许多好的意见可以在上述参考委员会的报告和社会工作教育者与实践者的作品中阅读到。

1. 关注这些问题的人需要获取有用的信息（这是信息获取的问题）；
2. 有必要讨论这些想法和建议；
3. 实施建议时应该找出困难及原因；
4. 通过分析这些原因和困难，应该在个人、学校和整个行业落实相关建议。

与落实相关的另一个非常重要的因素是速度和时间，尤其是对社会工作专业人员。在审议和落实这些建议时，拖延时间会扼杀社会工作专业人员的想法和参与者的积极性。因此，需要加快落实进程的速度，而现在也没有不开始落实这些建议的理由。

新社会工作学校

鉴于大量社会工作专业人员在各个层面参与社会与社区发展和贫困扶持项目的需要，扩大社会工作培训是十分必要的。然而建立新的没有必要基础设施的社会工作学校（Nadkarni 和 Mohite，2001）以及接收学生捐赠的趋势应立即停止。我不知道哪个专业团体有胆量这样做，亦不清楚是否只有拟议的委员会才能阻止它。而直到委员会组成之前（没人确切地知道这会到什么时候），这个趋势对行业造成了巨大伤害。因此需要立刻发展补充的机制来终止这种没有保证的活动。

德赛（1994）在建立新的社会工作学校之前就已经提出了可行性研究。毫无疑问，由于学校分布不均，主要集中在市中心，只有少数学校位于农村地区，所以目前需要新学校。建立在乡村的学校，甚至是建立在偏远地区的学校，无论何时都应该得到扶持和帮助，但相反，这些学校却被孤立和忽视了。这些被孤立和忽视的学校需要在尊重自身决定和信赖的前提下，获得具有建设性的帮助和支持。国家网络已经将这个任务提上议程（Nadkarni 和 Desai），希望它能解决这个问题。

各种各样的机遇

在力量、权利和等级制度关系上，有很多敏感的问题，特别是在学校和有关组织的专业人员之间。逐渐成长的年轻专业人员通常会经历事业沉滞和被拒绝的情况，因此他们需要培养互惠关系和谦虚的态度。

通常情况下，共享机会会增加机会，故意拒绝机会会停滞和浪费机会，而这对个体和集体都是有害的。然而，值得注意的是，职业道路和机会不能为其他人或体系所记录。因此，个体必须全身心地投入自身事业的发展、创造及机会分享中，因为体系一般不会为个体创造这些机会。

就专业团体和协会而言，由于带着对年长的专业人士的知识和智慧的尊敬，我认为那些即将退休和已退休的人士，应该放弃获得职位的渴望。这些即将退休和已退休的人士应该恭敬地担任顾问角色，并不断鼓励年轻的专业人士领导该行业。

领导者和学生的专业途径

除非有特殊原因，否则将非社会工作专业人士作为社会工作学校领导的招聘必须停止。我希望资深社会工作专业人士的道德心能以此为准。许多替代方案，特别是与其他学校的合作努力是可以填补这些差距的。其他学校的资深职员可以担任荣誉校长，也可以在建设新校的过程中展现自身的专业领导力。

德赛(1994)的研究结果和我自身为社会工作培训招聘学生的经验都表明了在学生招聘程序和方法上需要一些改革。一些参与团体协作和展现领导力等的招聘标准与高动机并没有关系，而这对弱势的学生却存在偏见(Desai,1994)。研究可靠和有效的标准是必须的，这在招聘过程中将有助于识别高动机和守诺的学生，而使他们为社会与社区发展实践做好准备。

通过校友会或者其他的团体，需要建立正式或非正式的相关机构来支持贫困的年轻毕业生进入这个领域，从而降低他们的职业困惑。

从社会工作中分离出劳工福利和人事管理

从社会工作项中分离出劳工福利和专业人事管理，并把他们从社会工作部门中转移出来，这不需要进一步思考和讨论。不适宜的联盟对行业造成了巨大损害，并榨干了学校的有限资源，这已经得到了充分论证。因此，德赛(1994)已经充分证明了劳工福利和人事管理计划必须从社会工作教育和培训中分离出来。

结论

总之，我承认本章并不全面，也并不打算对所有的专业性问题提供答案。本章内容和提供的答案受限于我的经历、观察和我所阅读的书籍。我也知道一些读者可能不同意我的观点，但我相信任何问题的解决都是从对它的接纳开始。如果本章激起了读者对这些问题的思考，就达到了它的目的。美国式的影响力、修改教育模式、过时的课程、某些关系到国家专业协会和社会工作培训的专业问题，以及其他各种各样的因素都阻碍了行业的发展，并因此减少了解决基层社区贫困的机会。为了克服这些因素，我提出了一些再定位和实践性的策略。这些再定位和实践性策略特别强调了社会与社区发展和贫困扶持、本土社会工作知识的发展、课程的修订、专业性的发展和处理各种问题的专业途径。

80 年左右的社会工作，毫无疑问，印度社会工作行业、教育与实践对一些贫困群体的幸福做出了贡献，并且专注于社会与社区发展实践有可能为更多贫困群体的幸福和整个社会做出贡献。解释焦点从个人和个案取向的社会工作修订模式转移到注重社会与社区发展实践的社会工作发展模式的原因是非常重要的。我并不反对临床和个案实践，并且我还意识到临床和个案实践代表着一种重要的知识体系，而且这个知识体系对任何的社会工作者都是必要的。然而，当前的社会工作课程大部分以这种修改模式为主，而我希望在社会工作课程中，在重点关注发展性社会工作的同时还能在适当的地方工作实践。因为发展性社会工作和工作实践不是对立关系。印度和许多发展中国家的现状迫切需要本土化的发展途径，而我们需要调整行业来回应它。在印度社区组织再概念化的结论部分，安德安瑞(Andharia，2007，第 115 页)提出了一个重要问题："在教育进程中，社区组织能否被视为一个独立的学科，并要求更清晰的定位和更大的灵活性?"或者在印度，社区组织最好还是归于社会工作学科？我相信，如果社会工作行业和教育适应本书中讨论的社会和社区发展方法，那么这种重构的社区组织会在社会工作中适应得很好。如果社会工作没有抓住重构的机会，那么它将受到其他学科的冲击，而这已经发生了。所以，是时候发展社会工作行业以促进社会和社区发展实践了。

第八章　一个未开发的领域：社会与社区发展远程教育

社会与社区发展的教育和远程模式的培训作为社会工作课程发展的主要方式，如果要实践，社会与社区发展的教育和远程模式的培训需要得到系统的研究和充分发挥自身的优势。我曾在学校通过远程模式提供社会工作教育和培训。而在远程模式之前，我从来没有面对面教学生社会工作教育的经历。当我受聘于查尔斯斯特(Charles Sturt)大学并通过远程教育教授社会工作时，主要的远程教育提供者在澳大利亚或太平洋地区，但我不知道它如何运作，也不知道远程教育与直接在校教学有何不同。作为一名社会工作教育者，我以乐观的心态接触社会工作远程教育，并且愿意从这样一个开放的知识传播方式中学习，为社会带来更大的利益。至今我已经在社会工作远程教育方面工作了近二十年，并通过远程教育模式给社会工作本科生和研究生教授了几门社会工作科目。我所教授的两个科目中，一个是社会工作与社会性政策实践，一个是国际社会发展。我还负责实地工作的人员配置和联络，同时也为寄宿学校的远程教育学生演讲。便捷和不断增长的信息技术是远程教育得以发展的重要因素。21世纪的远程教育不能等同于许多大学的函授课程。我用E-mail、电话、网络论坛、聊天室、充分准备的学习材料和设计好的评定系统的方式来教授学生，同时学生的问题也会得到及时的解答。用一下学生的反馈作为例子可以证明学生采用远程教育课程的实用性和有效性：

“我非常喜欢这个单元的内容、读物和作业。这对我是一个好的学习经历，而且这将毫无疑问地证明作为一名社会工作者，远程教育对我未来事业的重要性。”

“您作为一个老师的帮助是惊人的。您真的超越了您的工作角色，这正是我所欣赏的。所以再次感谢您！”

“感谢您自始至终对我寻问的每一个问题的迅速回复。”

“感谢您为我们打开了社会性政策的世界。这门科目我最开始以为会很枯燥，但之后我惊讶于我所学习的。现在我看到了实践与没有实践的政策之间的联系。这门科目增长了我对以后政策发展和结构的理解，并帮助我了解影响当前和未来政策的原因。”

回顾我近二十年的社会工作远程教育经历，我写这一章是为了劝社会工作教育者、学生和教育机构把远程模式作为那些不能接受社会工作和社会社区发展教育与培训的学习者的另外一种学习途径。通过笼统地考虑远程教育，本章介绍了社会与社区发展的远程教育项目，并说明了介绍该项目的理由，同时，本章还指出了远程模式的优势和弱点，以及其存在的机遇和威胁。分析表明，谨慎运作的社会与社区发展远程教育项目有很大的潜力。最后，探讨了一些模式，这些模式将会为更多人提供社会与社区发展教育。

远程教育

凯(Kaye，1985)确定了远程教育的两个基本要素：第一，教师和学生物理上的分离；第二，教师角色的转变，教师可能会碰到咨询服务、提供个别辅导或专题研讨会或解决学习问题等情况。另外，霍姆伯格(Holmberg，1981，引自 Kaye，1985)也确定了六类“远程教育”。

· 以预修课程作为学习的主要依据。

· 学生和大学、学院的导师和辅导员等支持机构间存在双向沟通。

· 计划明确的个人学习计划。

· 大量学生同意上预修课程时，使用高效的教育交流技巧。

· 学习材料和远程教育计划管理运用工业工作方法(Peter，1973，引自 Kaye，1985)。

· 远程学习的概念作为说教式会谈的一种调停方式。

凯(1985)认为，远程教育集书信交流、广播和面对面交流的优势于一体。虽然这些概念有远程教育的核心要素，但是在 21 世纪，由于信息和交流技术的运用以及学习资源的增加、物理距离和时间的减少，“远程”会有所不同。但还是应该定时查收邮件、查看论坛上的帖子,并及时回复。在大多数社会工作远程教育课程中,课程认定会规定面对面交流的次数。在印度,由于在2013年前尚未存在一个专业的认证团体,所以这样的指导方针需要通过社会工作远程教育提供者来发展和实施。

自20世纪60年代起,无论在发达国家还是发展中国家,远程教育的运用以空前的速度发展(亚洲开发银行[ADB],1990;Guy,1991;Pardasani等人,2012)。一些评估表明大学提供的不到一半的课程可能会在传统教室里教授。新的远程技术将极大地改变大学的概念,改变学生、全体教职员的行为方式,以及他们工作的地点(Hollister,1996)。21世纪远程教育学习的关键是融合学习,而不是以前的函授学习。融合学习是教育资源的全面发展、网络和多媒体技术的运用以及动态社会教育的融合(Iiyoshi和Vijay Kumar,2008)。全世界远程教育的注册量在增加。举个例子,Pardasani等人(2012)借鉴美国前人的研究指出,在1994年,11%的社会工作项目报告了远程教育技术的使用(Jennings等人,1994);在1998年,16%的项目提到了远程教育(Siegel等人,1998);而在2009年,41%的社会工作学士课程和52%的社会工作硕士课程实现了远程教育,并且其他的学校也打算使用远程教育(Vernon等人,2009)。Trembaly(2011,第30页)在全球化背景下对远程教育的审查指出“印度是世界远程教育和相关研究最先进的国家之一”。国家网络咨询会在西部报告中指出,“社会工作中的远程教育在马哈拉施特拉邦(Maharashtra)越来越受欢迎,并且已经有800名学生通过远程模式注册了远程教育(Nadkarni和Desai,2012)。英迪拉·甘地国立开放大学社会工作学院已经招收了3 000名社会工作学校学士项目学生,另外还招收了3 000名社会工作学校硕士项目学生。社会工作学校和相关项目共招收了25 000名学生(Thomas,2013)”①。在印度的620所大学中(UGC,2013),大约有174所是双重模式学校和教育公共机构,14所是开放大学(远程教育委员会,2011),约21所大学和公共机构提供社会工

① 2013年6月18日,我与英迪拉·甘地国立开放大学社会工作学院主任托马斯教授电话讨论出这些数据。

作远程教育项目。[①] 这些数据表明，将近三分之一的印度大学有远程教育条款，但是这三分一的学校中只有 11%的学校有社会工作远程教育。

由于有近三分之一的大学和 14 所开放大学提供远程教育项目，所以我们有理由相信远程教育的用户数量会增加。然而，印度的远程教育即使有解决问题的途径，但仍面临着许多涉及公共机构和教师的地位、训练、学习标准、课程复制、财政、住宿、私人形象、媒体和学生支持服务、大学团体的批准、课程材料、反馈纸单、私人联系项目和管理等的问题(Mullick，1987)。

即使存在这些问题，远程教育的发展还是归功于经济因素和国家发展目标(Guy，1991)。但远程教育的发展却没有延伸到社会工作教育领域。也许社会工作教育者和实践者需要考虑一下远程教育项目的可行性。这些考虑似乎来自许多"圣牛"和许多关于远程教育的谬见(Bush 和 Williams，1989)。布什和威廉姆斯(1989)列举了一些神话：远程教育是单向的通信教学，一方面由于价格低廉而质量不佳，另一方面与高价格学校相比，学生学习效果收效甚微且缺乏面对面交流。但远程教育支持者反驳道：越来越多的研究表明，在某些情况下，对远程教育的诋毁不仅错了，而且严谨的远程教育还颠覆了一些传统套路(第 4 页)。

布什和威廉姆斯(1989)进一步讨论了社会工作教育中存在的一些远程教育要素，而对他们来说，社会工作实地教育就是远程教育。兰格(Lange，1986，第 61—62 页，引自 Bush 和 Williams，1989)指出：

尽管就结果而言，数年的研究表明技术性传递教育可以得到更好的结果，做得好或者更好，但是许多专业学者坚持认为远程教育不如传统教育方式。这种观点表明了专业学者和管理者对远程教育的无视和恐惧，除非他们自己接受了新教育技术的教育和培训，否则他们依然会反对和破坏远程教育。

因此，社会工作专业人士需要社会与社区发展远程教育方面开放的、正规的讨论。

---

① 2013 年 6 月 18 日，我与英迪拉·甘地国立开放大学社会工作学院主任托马斯教授电话讨论出这些数据。

开放的、正规的讨论和决策

社会工作教育者和实践者以及相关教育公共机构是否拥有开放的精神，对社会工作远程教育项目是否开展正规的讨论，这并不清楚。德赛(1994)指出，对于没有社会工作证书、分散在非政府组织(NGOs)和政府组织(GOs)中的工作者，需要落实远程教育在本国的覆盖面。而截至 2013 年，大约有 21 个社会工作远程项目在印度运作。[①] 最值得注意的是由英迪拉·甘地国立开放大学(IGNOU)提供的社会工作远程教育项目。而英迪拉·甘地国立开放大学提供的社会工作远程教育项目可以探索印度如何操作这些社会工作项目，并从他们的操作中学到经验。

然而，许多社会工作教育者和教育公共机构似乎坚定反对社会工作远程教育项目。有些完全反对社会工作远程教育，有些认为“还未做好准备”，推迟决定，有些可能没有考虑，有些可能只是质疑和怀疑社会工作远程教育的有效性和教育质量。在任何的考虑中，印度的社会工作远程教育似乎对社会工作教育者、实践者以及教育公共机构造成了很多问题、害怕、抑制、保留、疑问和担忧。而这些问题、害怕、抑制、保留、疑问和担忧有些可能真实存在，但有些却根本不存在。流传的证据表明这些担忧，无论真假，已经阻碍了对社会工作远程教育的尝试。举个例子，班加罗尔大学董事会决议指出“通过通信和远程教育介绍社会工作，这是不可行且不道德的”，几乎不可行而且专业上是不道德的，并且决议否定了社会工作远程教育想法[《印度时报》(*The Time of India*),2011]。2012 年举行的国家网络讨论会表明行业在社会工作中对远程教育持另一看法。虽然许多讨论会的成员持“应该远离远程教育系统”的观点，但其他成员表示“替代(远程教育)研究生课程应该有一个证书或文凭课程”(Nadkarni 和 Desai,2012)。在这样的规定下提出这样极端的观点，冷静地检查并讨论而不是完全地拒绝，这很重要。基于我在印度社会工作教育和澳大利亚社会工作远程教育的经验，我相信远程教育有很大的潜力，并且提供了新的机遇和挑战，而且社会工作者可以通过远程教育

---

① 2013 年 6 月 18 日，我与英迪拉·甘地国立开放大学社会工作学院主任托马斯教授电话讨论出这些数据。

证明他们的创造力和创新性。因此，看待通过远程教育提供社会与社区发展培训的理由很重要。

在印度社会工作教育中使用远程模式的理由

操作社会工作和社会与社区发展远程教育项目的需求和范围

需求和范围普遍来自国家现在的发展需求和社会问题。举个例子，第十二个五年计划(2012—2017 年、卷 3)，不仅着眼于健康、教育、雇佣和技能发展、妇女和儿童等领域的社会部门要面对的数个政策和项目，还着眼于包括被排除的人民和团体，如印度下层种姓(SCs)、下层部落(STs)和其他落后阶级等团体的社会融入(OBCs;计划委员会，2013)。该计划为各个部门拟议了重要的开支，仅在社会融入部门，初步预算32 684千万卢比用于社会公正和主管部门对印度下层种姓、其他落后阶级等团体、被除名部落、残疾人和其他弱势团体的福利和发展。同样，7 746 千万卢比和17 323千万卢比给部落事务部门和少数民族事务部门用于为下层部落和少数民族的福利和发展(第 274 页)。

超过 21 个针对贫困的项目，花费已经超过了十亿卢比(Srivastava，2004)。在每一个这样的社会部门中，社会与社区发展工作者都能起到积极作用。中央和各邦政府、数千的非政府组织已经推出了许多发展性项目，在这些项目中，训练有素的社会工作者在促进社会与社区发展进程中起到了积极作用。在计划委员会“第九个五年计划方案——1997—2002”的文件中提道：

人民的意识建立需要优先考虑。政府机构、志愿者组织和自主团体都会参与到宣传和组织人民的意识建设中，特别是贫困人群中意识建设的宣传和组织(印度，GOI，1996，第 113－114 页)。

自从 1999—2000 年印度政府“Gram Sabha 之年”宣布以来(Patil，1999)，每个乡村都需要一名训练有素的社会与社区发展工作者来增加在“Gram Sabha”中的参与人数。卡纳塔克邦农村发展志愿者组织联盟主席帕蒂尔(Patil)先生在领导“Gram Sabha”运动时，邀请训练有素的社会工作者加入这个运动。然后，收到回复，他竭尽全力地问道：“社会工作者在哪里?”在每个乡村，训练有素的社会与社区发展工作者在社会发展中会起到重要的作用。

在第2 001次人口普查中，高达2 000万、占比2.11%的人口属于“残疾类型”(计划委员会，Planning Commission，2013)。这些残疾人士大多生活在治疗和康复设施缺乏的农村(Nanavatty，1997b)。估计有1 000万到1 200万人士患有严重的精神障碍，约5 000万人士患有一般性精神混乱障碍(the Hindu，2013)，这些都对社区发展提出了需求。同时预防与促进健康、药物滥用、艾滋病、老年群体、文盲、童工、妇女、青少年司法的修正和环境保护等日益增长的社会问题也都可以从相同的方法中受益。正如之前所说，数以千计的政府组织和非政府组织工作人员正在解决这些问题，但却没有受过专业的社会工作培训。因此，需要训练有素的社会工作者参与到解决问题中是毫无悬念的。大量的发展性活动、社会问题和对社会发展观的日益重视(Cox等人，1997b；Gore，1997；Mandal，1989)都使扩大社会与社区发展培训的需求与范围合理化。

市中心社会工作培训分布不均与集中

社会工作学校的密度在印度的南部和西部相对较高，在印度的北部和东北部较低(UGC，1990)，如Himachal Pradesh、Jammu、Kashmir和许多东北部地区近年来虽然新建了些学校，但社会工作学校还是较少。现在社会工作培训在全国范围内分布不均，并且主要集中在城市地区。正如之前所说，虽然最近出现了一些乡村社会工作学校，但社会工作学校却主要集中在城市中心(Cox等人，1997c；Pawar，1999b)。因此，目前的社会工作培训大部分是城市型，而且它接触到小镇和乡村、遥远地区的能力也很有限。社会与社区发展远程教育有可能缩小这一差距，但这需要延伸到当前并未被社会工作学习覆盖的区域，并加强培训。例如，虽然从一个例子中得出结论还为时过早，但英迪拉·甘地国立开放大学社会工作学院已经在一定程度上实现了这个目标。

接受和承受能力

在印度，教育接受和承受能力是一个关键的问题，因为它存在着对基于种姓和出身的人缺乏教育的古老历史和文化。教育一直是某些人的特权。但这种情况已经发生了重大变化，宪法保证了教育是每个公民的权利。然而，理论上虽然人人都可以接受教育，并且也有出台了几条条款，但基于种姓的教育特权似乎已经改变为基于阶级的教育，即经济相对较富裕的人能负担起更好的高等教育。由于乡村、偏远地区或其他的社会理由，贫困和弱势群体无法获得和承担起高等教育。因此，所有对接受专业社会工作培训有兴趣的人，无论什么学位，可能无法接受和负担现有的培训，这主要因为现有的培训学校离潜在的学生所在地较远，而且正如之前所说，大多数学校是城市型；此外，许多学生可能没有能力支付起这样的培训费用。在某些方面，目前的社会工作培训费用较高，这引起了严重的公平性问题和可及性问题，特别是对那些生活在农村和偏远地区的人及那些弱势群体。一般而言，平等和可及性问题是社会工作行业的核心。社会工作远程教育计划有助于解决行业内的这些问题，而且如果社会工作远程教育计划得到正确运用，也是道德上的可靠途径。在过去的社会工作概念里，客户来到机构寻求或接受服务，但是今天这个概念已经彻底改变，而更常见的是，社会工作者去与他们一起工作的客户和社区那里。同样，学生无论何时何地都可以获得远程教育，这应该是远程教育对社会工作行业的巨大吸引力。

专业社会工作者的缺乏

鉴于由中央和各邦政府建立的贫困扶持项目的范围（Srivastava，2004）及残疾人数量、有心理健康问题的人口数量、老龄化人口数量和其他社会问题，现有的专业社会工作者的数量并不充足。国家网络讨论会报告指出，现约有 300 所以上的社会工作学校。正如之前所说，如果我们把这个数字限定在 300 所学校，并保守估计每年每所学校有 30 名训练有素的社会工作者毕业，那么这些学校每年将培养 9 000 名训练有素的社会工作者。因此，按人均计算，每 100 万印度人口就有 9 名训练有素的社会工作者。而可笑的是，专业的社会工作者事实上并不存在。当前社会与社区发展工作者的数量还不足以对政府组织和非政府组织发起的发展性项目做出有效的贡献。因此，许多政府组织和非政府组织有尚未受过社会工作培训的工作人员却从事社会工作种类的工作，这并不奇怪。谨慎运作的社会工作远程教育项目有可能缓解专业社会工作人员的短缺问题。

扩大社会工作培训在证书、文凭与学位层次的必要性

大多数现有的社会工作培训是在研究生层面。根据德赛(Desai,1994)的观点,当下社会工作培训的扩大是错误的。早先的研究已经表明需要提升社会工作培训证书的水平(专业人员的助手)、大专和本科水平(见 Cox 和 Pawar,2013;Cox 等人,1997c;Desai,1994;UGC,1980)。现有的社会工作学校还没有注意到这一需要。而社会工作远程教育计划有可能对这些层次的培训产生影响,并且希望在将来有更多的远程教育计划项目来实现这一需求。

学生可按自己的节奏工作和学习

除了现场实习期间,在上述层次中,组织缜密的社会工作远程培训的可行性使相关政府组织和非政府组织的许多雇员继续从事社会工作的可能性增加,同时也可以使他们按自己的节奏学习。许多在职人员可以把社会工作远程培训作为短期的在职培训,社会工作专业人员也可以把它作为短期的继续专业教育。当前的社会工作培训具有全日制、在校性,但不具备灵活性,同时它也没有在职的、持续性的专业教育计划。

开辟另一种研究社会与社区发展工作的方法

远程教育方法尽管日渐得到重视,但在印度,只有少数开放大学提供社会工作项目。社会工作远程教育项目——由有资格的社会工作教育者和实践者准备、提供——可能与开放大学合作,这将开辟另一种重要的研究社会与社区发展实践的方法。

社会与社区发展实践远程教育的优势、劣势、机遇与挑战分析

为了确定和检查印度社会与社区发展远程教育的关键问题,已经采用一种改进的基本的优势、劣势、机遇与挑战分析法进行分析。该技术包括列出的机会、环境的挑战和行业的优势与劣势(Joyce 和 Woods,1997)。这种分析可以帮助专业社会工作者客观地反思行业采用远程教育的原因和不采用的原因。此外,通过使工作者意识到它的优势、劣势、

机遇与挑战，会使领导行业做好充分的准备，克服弱点、正视挑战。同时，该分析还可以帮助行业发展自身。下表（表 8.1）列出了优势、劣势、机遇与挑战，虽然不全面，但具有代表性。类似的优势、劣势、机遇与挑战可以进一步补充这一分析。

表 8.1 行业的优势和劣势、机遇和挑战

优势	劣势
·该行业存在近 80 年	·质量问题
·社会工作学校数量的迅速增生	·协作和联合工作的相对缺乏
·拥有有才能的创新型社会工作教育者和实践者	·对修订课程的主导地位以及发展方法的重视不够
·拥有一些活跃的专业团体	·本土化材料缺乏和教材发放不均
·社会工作、社会科学研究、文献的持续贡献	·市中心和偏远地区教育分布不均
·即将成立的社会工作教育委员会	·当前培训水平不高
·专业社会工作者道德规范的宣布	·社会工作毕业率与当前需求不匹配
·由大学赠款委员会进行的社会工作教育定期审查	·乡村和偏远地区缺少训练有素的社会与社区发展工作者
·对本土化课程的渴求	·课程缺乏本土化
·在信息和交流技术上的进步	·缺少强大的专业团体
	·当前低质量学校的增长
	·接受信息和交流技术相对受限
机遇	**挑战**
·需求	·由非社会工作者提出项目
·非政府组织的迅速增长	·可信度：行业认知

(续表)

机遇	挑战
·大量发展性项目和重视社会发展	·其他行业和学科竞争这个机会
·开放大学对社会工作远程教育项目感兴趣	·由于远程教育影响了职员招聘而被教师联合干涉
·国际非政府组织和大学的技术支持和协作	

许多社会工作教育者和实践者可能了解这些优势、劣势、机遇与挑战,但他们没有对这些优势、劣势、机遇与挑战展开详细讨论,而这些优势、劣势、机遇与挑战可能存在交互关系(Smith,1994,引自 Joyce 和 Woods,1997),并且在这交互关系中,四个问题需要进一步的确认(见表 8.2)。

表 8.2:优势、劣势、机遇与挑战的交互关系

	机遇	挑战
优势	优势能制造机会吗?	优势能解决或避免挑战吗?
弱势	机遇能弥补缺点吗?	已知弱势能解决挑战吗?

资料来源:基于 Smith(1994),第 41 页,引自 Joyce 和 Woods(1997)

优势能制造机会吗?

根据行业存在的悠久历史和对社会的贡献,出版的或未出版的论文、文章、调查和理论研究(Desai,1997),有才能和领导力的社会工作教育者、逐渐发展的专业团体(第七章和 Pawa,1999a),学校数量和名校的增长、行业的道德规范(塔塔社会科学研究所社会工作教育者论坛,1997),定期的大学赠款委员会审查报告(Nadkarni 和 Desai,2012;UGC,1965,1980,1990)以及拟议的社会工作教育委员会,人们可以自信地说,社会和行业两者的发展离不开对机遇系统的把握。当然,我们也需要一致努力,充分利用列出的机遇,因为这样做的挑战确实很大。

优势能解决或避免挑战吗?

我已经列出了四种可能的挑战,虽然还可能有许多其他的挑战。现有证据表明,该行业已经有能力用自身的优势来面对或阻止一些外在的挑战。例如,它曾坚决抵制没有必备资源的新社会工作学校成立,也曾增加对社会工作学校现状的关注,并为未来发展提出了一些策略(Nadkarni 和 Desai,2012)。公众对行业的认识可能会是挑战,也可能会是优势,这取决于公众的知觉类型。不正确的知觉类型是对行业的真正挑战。特别是在印度,无论是在行业内还是行业外,把社会工作作为一个行业这种最基本的接纳甚至都是存在问题的(Gore,1997)。然而,社会工作者的言语和行动可以促进行业认知。我相信行业的优势可以用来解决这些挑战。

对于第三个挑战,即该行业将被其他行业所替代,除了确保该行业用自己的优势把握现存的许多机遇外,它能做的很少。因为其他的一些行业也会抓住这些机遇。该行业有能力面对第四个挑战,因为这是行业的普遍性问题。

机遇能弥补弱点吗?

我相信列出的机遇为弥补行业的一些弱势提供了很好的途径。许多弱点或批评,如项目缺少发展重点和本土化材料(Nagpaul,1993),修订课程占主导地位,学士、硕士水平和市中心的培训,以及训练有素的专业人员的缺乏,都可以利用现有机遇及时、简单地解决。社会工作远程教育的提出要求准备与社会工作理论和实践学科、社会工作实习课和选修课有关的研究材料。这些材料需要持续性关注,并用本土化材料来准备。由于项目里的每个学科的每一位远程教育学生都会收到邮件包形式的基础阅读材料,这也将对克服教科书的问题有些帮助(Nagpaul,1993)。培训项目可以在证书、文凭和学士水平上进行,这增加了在乡村和偏远地区提供培训的可能性,从而缓解了这些地区关于训练有素的人员缺乏的问题。这一个更好的选择可能会阻止学生去低质量的社会工作学校,这样的结果可能使这些学校的质量提高。同时,该问题还处理了一些之前讨论过的问题。可能要重申的是,在总体上,可用的机遇至少能弥补部分弱势。

已知弱势能解决挑战吗？

提出一些重要问题是非常关键的。许多社会工作教育者和实践者会赞同这是行业的真正挑战。无论是在校模式还是远程模式，关于扩大社会工作教育的保留意见源自外部挑战和自身弱点。社会工作专业团体、教育者和实践者关心社会工作培训的质量。一般来说，资源匮乏和实地教育效果不佳都会影响培训质量。外部挑战与行业的形象、认知和完整性有直接的关系。另外，一些开放大学的项目也经历了一些问题，这些问题可能使一些人带着质疑态度来考虑社会工作远程教育提议。我们怎样才能确保学生会阅读学习材料和规定的教材，并独立完成作业？我们怎样才能确保学生会诚实地、真诚地从事社会工作实习科目？我们如何克服最初在乡村和偏远地区缺乏训练有素的社会工作者的问题？我们如何填补由于没有强大的专业团体造成的空白？提议的社会工作教育委员会是否有足够的实力？

在澳大利亚，我调查并体验了印度社会工作远程教育项目的学生和职员对电话、传真、电子邮件和网络等电子交流系统的使用。我知道一些学生在印度可能无法享受同等的交流系统，因为虽然使用这些交流系统的可能性在迅速增加，但费用还是过高。社会工作的远程教育必须要采用与现有开放大学教学系统相结合的通信条款。

根据优势和机遇可以弥补弱势的观点，人们可以乐观地认为已知弱势可以解决挑战。要知道其他已知弱势能否解决挑战，我们需要像一些开放大学一样实际测验领域内的社会与社会发展教育。远程教育选项为社会工作教育者和实践者提供了一个证明自己创造力和创新精神的机会。当地有效的培训系统经过各种各样的试验和测验后最终得以发展。如果这些试验和检验不是由专业的社会工作者做出而是由非专业人士做出，那么这可能对行业造成更多的伤害。

然而，我最开始想表明的是谨慎实施的社会工作远程教育项目应该在小范围内开始实施。此外，在推行任何项目之前，必须有一个好的计划方案、训练有素的社会工作人员和必备阅读材料。首先，精心设计的方案应该以少量学生为基础开始实验。在直接经验和反馈的基础上，任何社会工作远程教育项目的施行都需要定期完善。由于一些大学已经提供了社会工作远程教育项目，它们的施行和经验也应该由独立的研究者来评估，并且该反馈也可能会用来改善和扩展项目。

社会和社区发展实践中开展远程教育的几点建议

社会与社区发展实践开展远程教育必须满足三个核心要求。首先，所有涉及远程教育的人员都需要遵守远程教育道德规范；其次，他们需要遵循协商和协作的过程；最后，在知识传播、能力发展和实践技能方面，一定要确保有质量的教育。前两个要求的满足可以使第三个要求得到满足。

除了标准的道德准则外，法拉汉尼(Farahani，2012)提到了远程教育中的四条道德原则：①对学生的承诺；②对远程教育体系的承诺；③对行业的承诺和作为专业教育者的承诺；④远程教育体系中教学设计者的道德承诺。我想补充一条，即学生对学习的承诺。因为远程教育是以自我激励为动力的学习，如果每个人都按建议的行为做自己的工作，那么高质量的教育和成果就会实现。

在远程教育上，由于涉及一系列利益相关者，远程教育的咨询和协作过程是必不可少的。志趣相投的人需要凑到一起，通过远程教育模式客观地讨论社会与社区发展培训的需求，以及运用专业实现这个使命。同样值得注意的是，无论在何时提及远程教育，都普遍存在保留意见和怀疑。我们需要听取这些意见，并在咨询过程中谨慎处理这些意见。咨询和协作过程需要组织、机构和个人本着多边合作和谅解的精神共同工作。任何远程教育项目至少需要四位不同领域的专家参与。这些专家是：负责生产高质量学习材料的学科专家和教师、负责学习进程和后续课程要求的学习专家、负责引入合适技术及其使用的技术专家和负责运行整个远程教育事业的管理专家。四类专家的任何不足之处都将反映在传授给学生的远程教育的质量上。

因为一些大学已经通过远程模式提供了社会工作教育，所以从提供者和接收者两者的观点探索这些大学的经验，识别计划中的优势和劣势是重要的。在这些经验和社会工作实践者、教育者、技术专家、教育设计师组成的学科发展委员会基础上，社会与社区发展实践领域和基层相关领域需要开展具体的学科课程。核心内容可以是相同的，但是一些特殊模块可以使其区域化而具有区域特色。这些开放的学习资源可以通过现存的学科基础网络，比如塔塔社会科学研究所领导的社会工作教育网络等，得到发展和传播。社会工作教育者和远程教育提供者同样可以利用在第十二个五年计划中被提及的学术改革，这个计划提及了选择信用系统及确保定期修订课程来满足现在和未来的需求（计划委员会，2013）。这是发展社会和社区发展模式课程的大好机会，可重复使用的、数字化的演讲和教材形式的开放学习资源可以通过远程教育提供者定期地更新和传播。这同样为课程的本土化提供了一个重要的机会，并且本土化无论在什么语言背景中都必须尽最大努力来完成。

领域工作的人员配置是社会工作教育的核心要素。无论是直接还是远程教育模式，社会工作教育都不能在现场工作人员配置缺乏的情况下进行。那些新参加社会工作的人可能对此不理解，或者不能领会该领域的人员配置要求。在任何的社会与社区发展远程教育项目中，现场人员配置必须在有资格的专业人员的监督下进行。虽然电子书和记录讲座很重要，但实践学习和技能发展在社区领域人员配置中比它们更重要。成千上万的学生被录取确实是一个挑战，因此必须要发现创新的方法。

结论

虽然一些大学和公共机构已经通过远程模式提供了社会工作教育，但远程教育仍是一个具有争议的话题，并将继续得到激烈讨论，而这一问题最好的解决办法就是保持现状。然而，这些质疑和辩论应该不受个人左右，在客观的基础上进行。正如之前所说，本章的目的是根据基层社区的迫切需求，通过远程教育提供社会与社区发展实践教育的建议，并通过社会工作领域的义务实现这些交流。为此，本章提出了社会与社区发展教育选择远程教育的理由，同时也提出了一些分析框架及实施进程的建议。Iiyoshi 和 Vijay Kumar（2008）期望未来有三个令人注目的成就，即工具和资源质量的提高、工具和资源的高效利用及个人和集体更丰富的教育学知识。我希望印度及印度以外国家的社会与社区发展实践也能取得这些成就。

第九章　社会工作职业道德规范及社会与社区发展实践准则引言

虽然我不是专业的哲学家和伦理学家，但我对人性和人类本善相关的哲学问题很感兴趣。然而，自 20 世纪 90 年代以来，我一直从事与伦理思维相关的社会工作和其他相关的学术活动。当我在印度孟买的塔塔社会科学研究所任教时，我是塔塔社会科学研究所社会工作教育者论坛的成员之一，我们关注印度社会环境下社会工作的道德规范。论坛的一些成员负责起草不同部分的准则以及在一系列会议上讨论的各种草案，最终形成了《专业社会工作者伦理宣言》（以下简称《宣言》）（塔塔社会科学研究所社会工作教育者论坛，1997）。《宣言》的细节将在本章的最后部分讨论。由于一直参与《宣言》的草案准备且接触了澳大利亚社会工作者协会职业道德规范，出于好奇，我思考过两者之间的异同。两种道德规范的比较分析被发表在《澳大利亚专业应用伦理学》杂志上（Pawar，2000a），并且本章将采用这些观点。监督指导博士论文非常有趣，这些论文在某种程度上会集中讨论与社会工作者相关的美德。所有的这些经验促使我们进行了联合研究计划的准备，进一步探索了社会工作领域和实践中的美德。这一章的内容是基于我通过各种机会参与职业道德研究所提出的。

许多的伦理准则包括价值观、原则、能力和最低标准，这些应该成为任何一个专业实践中一些职业成员保持最低标准以及实现卓越的推动力量。然而，这些已发生在社会工作领域和实践中吗？尽管许多社会工作者真诚地工作并试图帮助个人、家庭和社区，但是，一直困扰我的是，我们在这一领域中是否已做到最好，并能够促进社区的价值观变化和社会发展？当训练有素的社会工作者和一般的社会工作者同时从事工作，特别是该地区的社区发展实践时，前者通常是模糊的。训练有素的社会工作者对社区发展的贡献不明显，尽管会有例外。比如说，哈扎尔、巴巴·

安特(Baba Ampte)、卡利亚纳(Kalyana Sundaram)、邦克·罗伊(Bunker Roy)、苏达山博士(Dr H.Sudarshan)以及其他人所做的工作。这些人中没有一个是专业的社会工作者,但他们对社会和社区发展的贡献很大。他们的工作和社会工作者的工作有什么不同之处呢?社会工作者缺少什么?缺少的是我们的道德规范,如果没有这些规范,我们会不会因为未能形成社区发展工作需要的特定品质而导致工作的失败?社会工作者能够从技术娴熟的社区发展工作者那儿学到什么?

牢记这几个相似的关键问题,本章将介绍道德伦理的概念,并简要讨论社会与社区发展实践的道德意义。此外,本章展示社会工作如何能够从一系列的理论中发展其职业道德,总结出当前的职业道德规范。最后一部分,通过讨论《宣言》的主要特征,探索了印度和其相似国家的社会和社区发展具有的潜在本土化职业道德。在《宣言》中,非英语单词的含义如下:“Bhakti”意味着奉献;“Swarajya”意味着自力更生、自定规则和自我统治;“Lokniti”意味着公平和社会正义;“Sarvodaya”是一种意识形态,主要强调“Swarajya”和“Lokniti”的价值;“Ahimsa”意味着非暴力。

道德的概念及其意义

我们很难对道德下一个定义,因为与道德相关的所有解释都包括了道德、价值、美德、对错、判断和行为标准等具有争议性的问题。根据不同的学科传统,对它们的解释也不同。当我们通过印度文学与伦理学的等价性来进一步地理解道德时,结论无疑是复杂的。根据克劳福德(Crawford, 2003,第11页),“道德的梵语意思为‘佛法’(持有),维护或包含了法律(非静态)、习俗和宗教。佛法具有活动的灵活性和催化性质”。与亚里士多德模型或托马斯模型不同,在印度教的经文中没有系统地讨论道德教条,但是针对道德行为的培养,其包含了对现实和事物本质的理论陈述以及规定性和实用性的语录。通过研究,我们应该能够构建伦理道德的模型系统(Crawford,2003),但这是一项由社会工作教育者和实践者完成的使命,并没有在此章节进行探讨。

道德是哲学的一个分支,这来源于希腊词“ethos”,意为风俗、习惯、性格或性情。英国广播公司(2013)的网站指出,伦理道德是一个影响人们决策和生活的道德原则系统。道德涵盖了诸如如何过好每一天，人的权利和责任是什么，什么是对、什么是错以及什么是好、什么是坏的道德决策问题。委拉斯奎兹（Velasquez 等人，2010）从两个方面阐释道德的意思：一方面，道德指具有充分根据的对与错的标准，它规定人类应该做什么，通常是指权利、义务、对社会公平或特定的美德的促进。因为人类的情感、行为习性、法律和社会准则可能偏离道德准则，所以上述的权利、义务等是确保遵守道德标准的重要检测指标；因此，另一方面，道德指根据自己的道德信仰形成道德标准，并通过学习和发展道德行为，为形成标准合理的道德系统打下坚实基础。

道德规范对社会工作以及社会和社区发展实践至关重要。正如前面的章节所述，迪安（2010）认为社会发展本质上是一个道德项目。这个项目的核心是创建又好又快乐的社区，人们能够实现潜能，拥有高品质的生活。这意味着只有采取正确的行为才能够取得发展。这也是我们在第三章讨论社会与社区发展实践的四种核心价值观及准则的原因。现有的社会安排和社会结构似乎是一种障碍，道德赋予社会工作者解决障碍的能力。适当的培训和实践能够帮助工作者们形成特定的品质，采取适当的决策并有效地实施。这也能确保在与个人、家庭、团体、社区及其机构合作过程中不产生伤害。在实践中遇到道德困境是常见的，例如，人们的物质生活水平（消费）与生态发展水平是社区发展实践中所要面临的巨大困境。谁应该拥有社区资源（土地、水和森林）？通过澄清问题并给出选择，道德有助于有效解决这些问题。对于自身的加强，道德能够帮助个人关注社会、社区的需要和存在的问题，而不是以自我为中心。在冲突和畸变时，道德提供解决问题的方法，让人们对决定和结果负责。总之，道德有助于维护标准和实现亘越，这主要取决于对道德准则框架的实践。道德旨在塑造和创建优秀的人类和社区。

社会工作道德发展的不同理论公式

鉴于专业社会工作和专业团体的现状，印度和许多类似的国家缺少一个成熟的社会工作道德规范（见第七章）。然而，一些地方形成了专业的社会工作。例如，在澳大利亚、加拿大和美国，社会工作职业道德规范已经发展得很完善，机构成员根据社会实践的精神和社会工作道德规范进行实践。如前所述，道德规范通常包括序言，社会工作的定义、价值、原则、标准和能力，处理冲突和投诉的指导方针/程序。这种道德规范的基础是什么？道德规范可以基于一系列的理论公式（图 9.1）进行发展。尽管范围宽泛，并非所有的理论同样影响社会工作的道德规范，但是根据这些理论的影响，各种社会工作道德规范的关注点不同，实践的关注点和结果也不同。因此，简单地理解这些理论公式及其优势和劣势非常重要，因为它们似乎在不同程度上影响道德规范。

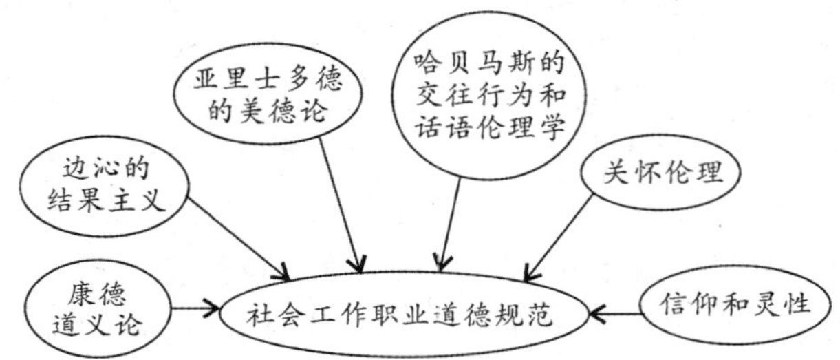

图 9.1　社会工作职业道德规范的理论基础

道义论所关注的行为道德规则基于理性、客观、公正、无偏性、责任和对他人的尊重（Kant，1964）。康德（Kant）的“绝对命令”显示了正确的动机和责任的重要性。在康德的绝对命令原则下，不考虑具体情况的一系列禁令是不容商量的、无条件的和必然的，必须得以普遍运用。例如，把“己所不欲，勿施于人”“把人当作目的本身”和“永远意味着结束”等作为一种尊重，允许人们自行决定。针对康德道义论的一些主要批评是在道德规则不一致或冲突的情况下，其不能帮助社会工作者解决所面对的冲突。康德道义论也不解决文化相对主义问题（相同的规则可能并不适用于所有不同文化），它也没有识别模糊的、混乱的、不明确和不确定的社会生活的本质（Rossiter，2006）。换句话说，它将决策者与现实世界隔离开来（Crigger 和 Godfrey，2011）。

结果主义的道德原则是基于享乐主义的放大快乐、缩小痛苦与功利主义的，让尽可能多的人获取最大化幸福。尽管行为或产生结果的过程必须遵循道德原则，但结果比过程更重要。弗罗（Furrow，2005，第 45 页）认为：“仅仅通过澄清什么是最好的结果以及将产生最好结果的原因具体化，我们能将所有的道德推理系统化。”鲍尔斯（Bowers）等人（2006，第61页）认为这种方法对社会工作道德规范有积极的影响。然而，结果主义或功利主义遭受到重大的批评。主要原因如下：它削弱动机和过程，只关注行为的后果。它没有定义什么是良好的社会生活的本质。为了遵循大多数的观点，它可以无视备受推崇的美德和行为方式（Harstell，2006；Houston，2012）。为了获得有利的结果，任何方法都可以是合理的。如果结果未知或者不确定，就不能公平地判断一种行为是对还是错。功利主义的原则与社会工作核心价值中人的尊严和价值是对立的。而这些道义论和功利主义又是如何塑造了社会工作者的自我？

受道义论和结果主义/功利主义的影响，并在克服其弱点的基础上，贝茨和韦伯（2002）认为，社会工作道德需要明显借鉴美德伦理。社会工作者每天处理复杂的、不可预测的和不确定的状况，其处理和干涉事情的方式方法未能严格遵守规则、程序。不应该只关注行为和结果，关注过程也很必要。社会工作者的做法一样重要。他们一旦形成了核心美德，这些美德将帮助其有效地处理不可预测和不确定的情况。贝茨和韦伯（2002，第1020页）认为：“美德伦理可以为社会工作者提供一个道德模式的范本。”简而言之，我们面临的基本问题并非“什么是好的社会工作？”，而是“怎样才算是优秀的社会工作者？”部分社会工作伦理学家也认为，美德伦理是与社会工作相关（Banks，2006；Bowers 等，2006；Hugman 和 Sruith，1995）。美德理论广泛受到柏拉图和亚里士多德“什么是优良的（美德），什么是实用和明智的（智慧）以及什么彰显人类繁荣（幸福）”的概念的影响，尽管亚里士多德首先强调大社区的益处，其次是个人的作用（Aristotle，1976）。亚里士多德的中庸理论为美德提供了依据，在审慎和节制两个极端之间为人们选择了一个平衡的方式来适应这种情况。虽然美德的作用在社会工作中获得越来越多的认可，但是亚里士多德的美德理论也受到了一些批评。根据哈曼（1999，第328页）的理论，“亚里士多德式的美德伦理和民族心理学是人们广泛的性格特征中的一种，很多人根本不具有”（2002，第93页）。米勒（2013）阐述了多丽丝的论点：“我们不拥有符合全球性标准性格特征的传统美德和恶习，并且伴随着其他原因形成了罕见的反应以维护社会美德的意义。”（米勒，2013）。

休斯顿(2003)认为,亚里士多德的美德概念存在一种变相的重言式,落入相对主义,似乎拒绝借鉴功利主义,落入内心的偏见中,不能证明为什么美德是重要的,建议需要借鉴哈贝马斯的批判性解释和沟通的思想,这似乎巩固了美德在社会工作中的地位。格雷(Gray) 和洛瓦特(Lovat)(2007)认为,哈贝马斯的交往行为和话语伦理学理论有助于形成亚里士多德的美德概念。哈贝马斯的思想涉及解放性的认识,批判性反思自我的信仰和价值观以及与行动、平等对话和社会互动的一致性,其有助于性格形成(Gray 和 Lovat ,2007;Swanton 2003)。借鉴哈贝马斯的观点,斯旺顿(Swanton,2003)已将对话美德归类于关注的焦点,富有想象力地分析美德的优点和便利。

虽然有所差异,亚里士多德的另一种美德伦理指一种新兴的关怀伦理学理论。这一理论强调关怀关系的意义,作为一种美德,关怀需要培养。关怀伦理学涉及关怀关系和注意以及在人际关系和制度政策层面的反应和责任(Gilligan,1982;Gray,2010;Houston, 2012;Hugman,2005;Sevenhuijsen,1998,2000,2003;Tronto,1993)。

连接亚里士多德的美德伦理和佛教原则(Keown,2001;Withehill,1994),奥夫雷德(Ovrelid,2008)使社会工作者道德品质的培养极具说服力(克拉克,2006)。威斯纳(Wisner,2011,第 386 页)表明很多神学家把红衣主教和神学美德应用在实践中(Geach,1977;Lewis,2001)。威斯纳 (2011,第 386 页) 提出:考虑到多种宗教信仰体系背景,具有自我意识的实践者通过理解特定宗教的广泛理论结构基础,可能促进有效的社会工作实践。

美德有可能导致个人精神的觉醒,不同层次的社会、政治和经济的变化(Bond, 2004;Macy, 1983)。一些社会工作者认为社会工作教育和实践需要包括信仰和精神层面(Canda,2001;Canda 和 Furman, 2010;Knitter,2010;Ortiz 等,2000;Sheridan,2009)。

尽管有这样的要求,但在美德实践中,社会工作者是否使用以及如何使用信仰和灵性并不明确。在社会工作文献中,一般而言,社会工作者自身缺乏信仰和灵性,尽管许多人和社区受其影响,并且其来源于佛教、犹太教、基督教、印度教、伊斯兰教和儒教以及类似的宗教或信仰体系。信仰和灵性在美德中占有何种作用,是否应该使用它们来影响实践中的社会工作者，这些都还不清楚。

最终，社会工作者应该采用多元化的方法实践所有的社会工作道德准则，这也取决于领域本身，因为每种理论都有优缺点（Berlin，2003；Bowles 等，2006，第 56 页；Houston，2012；Hugman，2005，第 166 页）。休斯顿（2012，第 661 页）认为，实践者需要开放接受多元伦理的“头”（道义主义和功利主义）和“心”（美德伦理和关怀伦理），即使存在对抗性的争论和碰撞情绪。坚持道德的一元论者就不可能拥有这种开放的伦理。正义、义务和理性需要出现在一个创造性的平衡中，在可能的情况下，伴随着情绪、关怀、直觉和愿望。贝岚（Berlin）和塞文惠吉森（Sevenhuijsen）认为，这些具有明显碰撞的不同伦理立场需要得以综合且具有创造性的张力。

正如胡克曼（Hugman，2005，第 166 页）的观点，这种精神上的张力扩充，丰富了护理行业中的道德词汇，而且没有一种方法能够像其一样占有绝对位置。这是否意味着社会工作者应该具有所有的美德，具有这种精神上的张力？如果是这样，探讨社会工作者如何拥有精神上的张力，在实践中如何使用以及他们如何和何时掩盖一些特征及揭露其他特征，都是有用的。当认为社会工作者本身具有美德和性格时，一些理论和哲学立场（道义论，结果主义/功利主义，亚里士多德的美德，哈贝马斯的交往行为和话语伦理学，信仰和灵性以及多元伦理）似乎在理论上有助于形成社会工作者的美德。了解这些道德理论对社会工作道德规范的影响将非常有趣且有用。

社会工作职业道德规范

正如前面所讨论的，从不同的角度了解社会工作职业道德规范是非常重要的。根据班克斯（Banks，1998）的理论，职业道德规范有四种功能。首先，它们指导行为和道德决策；其次，它们能保护用户免受舞弊或滥用的影响；再次，它们有利于形成社会工作的职业地位；最后，它们有利于建立和维护职业身份。在我看来，它们有助于建立更好的社区。尽管存在这样良好的预期功能，但道德规范绝不是最终的目标。它们与社会的运行息息相关。专业机构的职业道德规范经常受到有利或者不利的批评(Bowles 等,2006;Hugman,1998)。关于“什么是适当的道德规范”的问题仍未得到解决,且总是受到争论。这些争论包括:道德规范指导行动是为帮助专业人士获得较大化的社会利益还是服务于他们的利益?它们代表了理想或可实现的愿望吗?社会工作者真的会使用它们吗?这些争论无论是对专业人士还是公众本身都很重要。尽管受到了不少批评和不看好的关注,但由专业机构制定的职业道德规范评价仍适用于其成员。道德规范的实践已经成了专业培训的一部分且出现在了社会工作的教科书中(Baird,1999;Bowles 等,2006;Compton 和 Galaway,1999;Gambrill 和 Pruger,1992;Hugman,2013;Linzer,1999;O'Connor 等,1998;Preston,1994;Sampford 和 Preston,1998;Shardlow,1998),所以成熟的道德规范会使社会工作者及其实践更具主动性和权威性。

并非所有国家的社会工作都具有职业道德规范,但大多数是这样的。然而,没有职业道德规范的国家可能会采用或适应国际社会工作者联合会(International Federation of Social Workers,IFSW)和国际社会工作学院联盟(International Association of Schools of Social Work,IASSW)所发表的“道德原则的声明”(IFSW,2013)。尽管每个国家会根据当地环境制定不尽相同的道德规范,但它们都有一些共同的核心元素。为了探索这些共同的核心元素,鲍尔斯等(2006,第 91—94 页)将六个国家的职业道德规范与 IFSW 和 IASSW 的职业道德规范进行对比,详见表 9.1。他们分析确定了以下三种常见的主题:

1. 尊重所有人的固有尊严、价值和人权,包括把人作为一个整体,尊重其自决权,促进参与权,识别和发展人的优势;

2. 促进社会正义的责任,涉及社会和社会工作者,包括挑战消极的歧视,承认多样性,公平地分配资源,挑战不公平的政策和实践以及与那些被征服、被排除在外、受到污蔑的人们团结一致地工作;

3. 专业的行为指道德之声或“善良”,包括能力、正直、富有同情心和同理心,不把自己的需要当作他们服务自己的需求,具有责任心,参与道德辩论,照顾自己,等等。

表 9.1　一些国家的职业道德价值及准则比较

IFSW 发表的社会工作者的道德规范	澳大利亚职业道德规范(2010)	美国社会工作者协会(1999)	英国职业道德规范协会(2002)	加拿大职业道德规范协会(1996)	土耳其社会工作者协会（未标明日期）	印度《专业社会工作者伦理宣言》(1996)
人权和人的尊严	人的尊严和价值	服务	人的尊严和价值	维护救济对象的最大利益	每个人的独特价值	人固有的价值和尊严就是和其他非人类存在和谐生活
社会正义	社会正义	社会正义	社会正义	正直诚实和客观	自我实现	共创人们的幸福*
	为人类服务	人的尊严和价值	为人类服务	能力	社会应该为广大人民谋求最大福利	团结边缘化人员并进行合作
	正直诚实	人际关系至关重要	正直诚实	非剥削（限制专业关系）	联合国人权宣言	在非暴力精神中具有“不杀生”的和平思想**
	能力	完整的能力	能力	外部利益	服务	
				限制私人实践	反抗社会不平等	
					社会变革和公正的目标	
				道德规范	能力	
					保密性和隐私信息	
					参与成员（要签署）知情同意书	

(续表)

IFSW发表的社会工作者的道德规范	澳大利亚职业道德规范(2010)	美国社会工作者协会(1999)	英国职业道德规范协会(2002)	加拿大职业道德规范协会(1996)	土耳其社会工作者协会(未标明日期)	印度《专业社会工作者伦理宣言》(1996)
					减少自我决定	
					强制性	
					反对恐怖主义、折磨主义和残忍手段	

资料来源:Bowles(2006,第92—93页)

注:*:"人人幸福"是一种强调自力更生、自我统治、自我管理和所有社会公平、正义的形态(Pawar,2000a)。作为"人人幸福"这一价值描述的一部分,在本《宣言》中,"从幸福"的三个目标是:①公平、无等级和无歧视的人群;②社会、经济、政治和法律正义,确保满足基本需求,保证诚实和隐私,能让人普遍获得必要的资源和有保护弱势群体的措施;③让人民参与决定他们的生活方式和发展目标,从宏观和微观的层面促进以人为本的发展。

**:不杀生意味着非暴力(Pawar,2000a)。

鲍尔斯(Bowles)等(2006)的分析进一步表明了第一个主题与道德框架道义论密切相关,第二个主题与结果主义相关,第三个主题与美德相关。在我们看来,这样的方式很难将这三种主题和道德规范框架区分开来。护理、生态、信仰和灵性这些新兴的主题同样重要,需要合并在其中。将国际社会工作者联合会和国际社会工作学院联盟的原则与英国社会工作者的职业道德规范进行对比,吉尔伯特(Gilbert,2009)认为它们二者中的挑战来自传统和新兴的道德框架的交替,反对正统自由主义和西方的霸权主义且形式和目标相互矛盾。尽管社会正义是一个庄重的承诺,但澳大利亚的道德规范指向更多的个性化实践(Pawar,2000a)。我们的分析表明,社会工作的职业道德规范应该从美德伦理中获得。一些社会工作教育者和伦理学家认为与美德相关的道德哲学在社会工作中并没有得到足够的关注(Gray,2010;Houston,2003;Pullen—

Sansfacon,2010)。伽达默尔(Gadamer,1981)认为,在复杂社会体系的动态条件下,具有美德判断、经验、理解、反思和分配的道德代理人最适合从事社会工作。Clark(2006,第 86 页)认为,首先,职业道德品质与他们所扮演的职业角色无关,这样的认知是错误的。相反,他们的道德品质和价值观在服务救济对象的过程中必然会影响救济对象。

此外,克拉克(Clark,2006,第 85－86 页)认为,在特定的情境下,对普遍自由权的抽象要求和即将被发现和创造的特定读数间具有一种永恒的张力。不能通过阅读有关职业道德的书籍来解决问题,必须在每天的实践中进行解决问题。

贝茨和 韦伯(2012,第 1033 页)认为,具有美德的工作者必须学会以高效的分析方法聚集心灵的力量,共同判断、感知情境以及进行行动,幻想并描绘美好的生活。由于社会工作培训要求的减弱,工作者的能力已经大打折扣了。

因此,我们需要"发展培养专业的美德"(第 1016 页)。同时也需要重点指出,在相关文献中,尽管社区发展环境在很大程度上已经被忽略,但社会工作者自身却经常被讨论(Coady 和 Wolgien,1996;Edwards 和 Bess,1998;Elliott,2000;Goldstein,1994;Reupert,2006)。因此,思考社会与社区发展工作者需要哪种类型的美德尤为重要。讨论一般的职业道德规范,Hugman(2005,第 448 页)建议我们以对话的形式将道德观点转化为生活传统。由于职业道德规范被开放地持续讨论和反思,因此,每一个社会工作者的任务是参与对话讨论,确保社会工作的道德传统具有生命力且持续地发展。

本土化的社会工作职业道德规范和社会与社区发展实践

印度以及其他相似国家的社会工作教育者和实践者需要遵循 Hugman 提出的建议并参加与情境相关的职业道德规范的对话,但这并非来自海外(Goswami,2012)。少数社会工作者已经发起了起草活动,形成了《专业社会工作者伦理宣言》(塔塔社会科学研究所社会工作教育者论坛,1997)。为进一步讨论这项工作,以下将探讨《宣言》的主要特征。

《宣言》主要包括三个部分:序言、价值框架和伦理实践。序言由四个部分组成。第一部分，清楚地阐述了适用的人群及其起草的依据。第二部分，将哲学/意识形态的“虔诚派运动”、社会主义和“人人幸福”作为基础。第三部分，描述了团结边缘化人员的专业承诺。第四部分，介绍了边缘化人员需要被授权。该《宣言》旨在进行社会变革或者体系变革。

价值框架包括人们固有的价值和尊严，共创人们的幸福，团结边缘化人员并进行合作以及存在于“非暴力主义”精神中的和平和非暴力方法。

价值框架没有确切地包含任何原则。这是以第一人称书写的，人们希望社会工作者以“我保证”开始进行承诺，形成自己、工作以及行业和社会的价值框架。若干领域的责任被设置如下。

职业责任

《宣言》希望社会工作者能够维护尊严和正直的职业素养，审查和批评该行业，并致力于其发展和卓越。《宣言》表明社会工作者有责任促进社会工作专业人员和其他志同道合的个人、组织之间的联系，致力于发展和加强专业协会。他们也有责任促进职业新人的发展且致力于以人为本的发展。

个人责任

《宣言》希望每个社会工作者都能正确认识自己并且改变已经严重影响工作的态度和偏见。社会工作者应该尊重他人的感情和想法，理解他人的行为，避免刻板印象并尊重每个人独立的人格。

帮助救济对象/边缘化人员和其他有所需要的人的责任。

《宣言》希望社会工作者优先考虑救济对象或者边缘化人员的兴趣，促进自决，确保知情同意，维护记录的机密性，并适当地终止或中断服务。《宣言》认为，社会工作者应该具有给予边缘化人员和有所需要的其他人帮助的专业的素养和责任，并提出承诺和专业的立场。此外，社会工作者应该同情边缘化人员，对他们的生活经历给予尊重、信任；代表他们并与之形成合作关系，努力改变将人员边缘化的系统和情境力量；与促进反思生活状况及其发展的人们建立伙伴关系（塔塔社会科学研究所社会工作教育者论坛，1997）。

社会工作者的责任

即使对观点和实践具有不同的见解，社会工作者也应该互相联系、合作、尊重、正直诚实和礼貌待人。社会工作者也应该学习其他学科以促进和扩展思路、知识和技能。根据《宣言》，社会工作者应该尊重社会工作者固有的价值观和尊严，促进团队的集体反思和民主决策，尊重信任社会工作者间的专业关系和交往，通过相互评价促进专业发展。

雇佣组织的责任

根据自己的需求，诚实明智地使用雇佣组织的资源是社会工作者的一种职责。《宣言》认为，社会工作者在实施组织的政策和实践时应该促进人文主义的价值观和道德实践。通过维持记录和反思回馈，社会工作者应该定期监控和评估组织的政策和项目。当社会工作者成了雇佣者或负责人，他/她应该确保目标的清晰性和需要承担的责任，促进社会工作者的发展。

社会工作教育的责任

社会工作者负责拥有和维持必要的知识、技能、方法和教学专业的价值框架。《宣言》认为，社会工作者有责任了解学习者的需求和目标；意识到实践者和教育者之间的伙伴关系的重要性；培养学生之间的友谊，鼓励开放性学习与自主学习；以研究和记录、培训和复制为目的，从事以人为本的行动计划；与其他社会教育者和实践者分享知识。

社会工作研究的责任

这包括了仔细挑选和思考研究主题及其结果，保护参与者的隐私和尊严，获得参与知情权，避免不必要的身体和精神伤害，呈现准确客观的报告准备，参与者有权知晓研究结果。根据《宣言》，社会工作者应该让参与者了解状况，为参与者提供信息服务，通过修改政策和方案，必要时利用发现结果为参与者谋求利益。

对社会和国家的责任

社会工作者有责任促进印度宪法中的基本权利和指导原则的实施；帮助社会和国家促进公平、正义、“非暴力主义”“自治”和“非政府主义”；提倡改变社会体系和国家的政策和立法；鼓励参与者了解国家政策的出台、立法和规划；在各级突发紧急事件中做出反应以及提供专业服务。

印度的《专业社会工作者职业道德宣言》有一些当地的特色。它在很多方面都是独特的。它的序言和价值框架具有本土元素，总体来说，《宣言》具有很强的意识形态和哲学基础。来自“虔诚派”运动、“人人幸福”“非暴力主义”“自治”和“非政府主义”的相关应用原则都非常值得称赞。《宣言》承认了所有人类生命和非人类生命的内在价值。其他引人注目的特性包括与其他存在的非人类和谐地生活，团结边缘化人员，赋权以及进行以人为本的发展。

尽管《宣言》具有理想性、先进的精神和独特性，我仍然认为它只是一个制定中的文件，不具有完整性。了解了澳大利亚的职业道德规范，Ife(1997a)认为，社会工作的社区发展目前在行业中占有相对较低的地位，但未来却可能扮演最重要的角色；如果社会工作者具有远见和接受新挑战的勇气，在未来可持续发展的社会中，社会工作可能会成为所有行业中的佼佼者(第 404 页)。

我怀疑这样的评论是否适用于印度的《宣言》和背景。《宣言》可以发展、组织并展示其内容。更重要的是，《宣言》应该能够与社会工作者和其他利益集团有效沟通。如果社会和社区发展工作者积极参与不同的基层社区活动，他们会有意识地发展美德、爱、同情、关心、一致性、勇气、信念、诚实等。他们可以部分地模仿印度的示范社区组织者。为了实现这一目标，印度的社会工作职业道德规范需要超越道义论和结果论，接受新兴的道德框架。在印度社会文化背景(例如 Dharma)中，如果他们追求上述的发展，社会工作教育者和实践者需要发展职业道德规范，进行社区发展以及自身的发展。

结论

职业道德规范在构建专业身份,准备和整合专业人士,提高标准和改善实践以获得社会的更大利益时发挥着关键作用。为此,本章讨论了道德在专业社会工作以及社会和社区发展实践中的含义和意义。它表明社会工作道德规范如何从一系列的道德框架中形成,当前的职业道德规范涉及了道义论和结果论,却没有明确地解释指导实践的其他道德价值。似乎有一个共识,那就是某些人类价值观应该指导实践。因此,各种社会工作教育者和实践者呼吁进行以美德为主导的职业实践。印度的《专业社会工作者伦理宣言》具有本土元素,代表了重要的初始步骤。然而,通过广泛的专业参与和个体社会工作者的进一步发展,我们能够获得更完善的《宣言》。道德规范及社会和社区发展实践需要道德基础,无论这种道德来源于哪里。在自由主义意识形态和管理主义的影响下,目前的社会工作道德规范似乎具有更多的规则约束,更加关注结果。集中了更多的规则和结果。虽然道义论和结果论在社会工作道德规范中有所体现,但其专业和实践的进展超出了规则和结果导向。由于社会工作者在日常的工作中会面临意想不到的、具有挑战性的和不可预测的情况,他们需要做出适当的判断并采取相应行动。他们在实践中需要解放思想,启用和授权边缘化的弱势群体。要实现这一切,对于社会工作者而言,是什么与做什么同样重要。因此,专业社会工作及其道德规范需要更明确地关注社会工作者的美德发展。常识和社区发展例子表明:具有美德的社会工作者和基于美德的实践能更好的促进的社会和社区发展实践。

第四编　社会与社区发展实践展望

根据前三编的分析内容，最后一编反映了对社会工作职业和实践的展望以及社会与社区发展需要实践的地方。在反思的过程中，提出在教育和实践过程中社会工作职业应该何去何从的疑问是有用的。与前几章不同，最后一章只包括一个结论部分。本编中社会工作的未来展望，是在简略地观察印度和西方历史环境下的社会工作后，并在以西方许多国家的社会工作为模板的前提下写成的。通过展望社会工作，本章简要地探讨了在印度和西方历史背景下，社会工作是如何进行的，不同的国家如何复制西方的社会工作模式。有人提出了这样一个问题，与社会和社区发展模式相关的，作为反应和补救的社会福利工作模式是否应该考虑当地的发展水平，毕竟由于目的、背景的不同，英国和美国所需要的与印度也完全不同。有人提出了这样一个问题，由于英国和美国所处的背景不同于印度，反映和处理的社会工作模式是否与基层的社会和社区发展实践相关。在社会工作的历史发展方面，提出了早期的开端、社会工作知识、技能的整合，社会工作知识和技能在发展中国家和殖民地的传播，质疑了生活环境模型的优势，解释了社会工作的发展。这种正确的评价来自于对人权、社会正义、反压迫和反歧视运动的重视及对其各自优势的借鉴；同样，女权主义社会工作和来自自身的反思实践也是至关重要的。它还意识到赋权和力量，人权和社会公正，反压迫和反歧视，激进和批判的女权主义社会工作以及反思实践的重要性。尽管社会工作的职业发展曾经面临着一些来自内部或者外部的挑战。社会工作的概念及其内涵被重新审视了数遍，其新的定义也在国际间被重新审议，然而，社会工作专业的议程指社会工作和社会发展，这似乎是一个共识。

社会工作和社会发展的议程应该适应当代印度新兴的社会、文化、政治和经济背景，基于当前和未来面临的经济发展的主要挑战，我们需要消除贫困和创建公平社会。这样的背景也提供了许多机会。为了有效地利用这些机会，人们和社区应该使用发展基层社会和社区的方法以提高自身的能力。结论章节阐述了印度等南亚地区采用和适应了基层社会和社区发展的观点和实践以及社会工作的相关性和必要性，这是本书的主要内容。

第十章　社会工作及社会与社区发展实践：反思与展望

俗话说的“未雨绸缪”是指对于未来的思考。“展望”一词指对未来的思考。这本书是我对社会与社区发展实践以及社会工作专业如何促进实践的思考。在这些思考中，我一次又一次地思索同样的观点并提出关键问题。这本书有助于分享我的一些思考。虽然30年的学习、教学、研究和写作生涯是一个漫长的过程，但是谈到学习、创造性的想法和对社会的贡献这三个领域时，我有必要实现更多的成就。虽然重复正确的观点直至被证实实施并没有错，但是重复相同的观点并不能为进一步发展这一目标做出贡献。这是这本书的内容，它陈述了这些观点。就像高唱梵文中的“Slokas”或者虔诚的歌曲，却不了解歌曲内容一样。然而，我在第一章中提出了我对社会发展和社会发展方法的理解。社会发展方法运用于基层社区的原因和方式在第二章中进行了探讨。社会发展实践的价值和所需要遵守的准则以及社区发展实践可能面临的动态性在第三章和第四章进行了讨论。为了实现基层社区的社会发展，关注社会政策实践和国际社会工作分别在第五章和第六章中进行了阐述。然而，为了对社区的社会发展做出贡献，第七章探讨了社会工作专业需要解决的问题以及重新制订的适应社会与社区发展的战略；第八章包括安排培训人员进行进一步的选择，尤其是远程教育的使用；第九章从一些新的视角出发，重新审视、更新和完成了《宣言》。根据适当的价值观和原则，促进社会与社区的全面发展是一项具有挑战性和技巧性的活动。前几章节的内容有助于我们面对挑战进行反思和行动，发展技巧以促进社区的社会发展，尤其是基层的发展。我认为不同章节讨论的主题和问题是相关的，同样的，从事社会工作的学生、教育者和实践者的兴趣与社会工作职业也密切相关。

基于前九章提出的对社会与社区发展实践的分析，最后一章对印度或南亚地区的社会工作进行了展望。在展望的过程中，我们需要了解自己正处于何种位置以及已经选取的道路。这就是本章简要探讨的专业社会工作的进化史，其历时一个多世纪。它广泛地提出了当代和未来印度面临的主要问题和机会。为了有效地回应这些问题和机会，建议社会和社区发展实践必须是未来社会工作的一个实质性部分。

社会工作的过去、现在和未来

虽然为了更好地思考未来而审视过去非常重要，但要正确、全面地回顾社会工作的历史却非常复杂。基于对社会工作的理解方式和影响理解的因素，社会工作的历史和演绎将呈现不同的内容。这是一个合理的假设：在不同的时期（古代/吠陀时代，中世纪和现代）以及不同的社会和社区，特别是在危机的状况下，人们或者组织会通过正式或非正式的方法互相帮助。人类历史追溯到几千年前。挖掘一些广泛理解的人们互助或社会工作的历史是一项需要实施的重要研究任务。然而，这里所讨论的社会工作的历史并不包括其久远的过去，尽管这些非常重要且需要被承认。

在印度引入专业的社会工作之前，存在着丰富的非专业的社会工作传统，许多其他国家也具有同样的情况。邓亚尼思互(Dnyaneshwar)图卡拉姆和(Tukaram)认为，这些主要起源于宗教以及由释迦牟尼、玛哈维拉、婆娑罗、卡比尔发起的社会改革运动(Tope，1987)，也有丰富的自愿传统和个人或集体服务的传统。在7世纪，玄奘的游记记载："为了给路人提供阴凉，印度人民有在道路两旁植树的习惯。他们自愿地聚在一起挖水槽和水井以便为社区提供饮用水。"(Gangrade，1987，第221页)通过观察，为社区提供服务的方法还有很多。在12世纪，一位婆娑罗大师，进行了一些激进的社会、经济和政治改革。在中世纪时期，"基于adheenamas系统，社区成立了学习和研究中心，免费为学生提供食宿"(第221页)。"Dharmsalas"(招待所)是为旅行者建立的。在危机出现的时候，国王会以皇家慈善的形式进行救济。在16世纪到19世纪的殖民时期，基督教传教士们引进了基层改革运动以及改革和服务(Ratnam，1987)。特别是在19世纪，1815年建立 Raja Ram Mohan Roy's Atmiya

社会时引进了重要的宗教改革运动，1822 年的拥护政治统一委员会和 1828 年的梵志会反对“殉葬”体系，改善遗孀的条件，并为妇女提供教育，消除等级限制。因为这些相似的原因，后来成立了许多组织，如 1864 年成立的 Prarthna Samaj 和 1877 年成立的 Arya Samaj。一些有关于孤儿、残疾或者贫困人士的机构也被基督教传教士建立起来（Ratnam，1987）。受西方思想、启蒙思想和理性主义的影响，一些本土的改革从 19 世纪一直持续到 20 世纪早期。博斯（Bose，1987，第 197 页）发现，在独立运动之前，国家在福利计划的执行中所扮演的角色可以忽略不计，服务通过人民自愿努力而建立，扩散并不均匀，这取决于有所响应的工作者和正确的领导。这些机构具有人性化，它们的运作并没有被制度化（Gangrade，1987）。

托普（Tope，1987，第 44 页）将社会改革分成两个领域。一个领域关注“Dharmashastras（印度法律文本）”及其实施，另一个领域关注基于理性的社会改革。托普认为，第一个领域将很快淡出社会改革的视野。系统化的殖民策略在削弱本土化的实践中似乎发挥了作用，这有好有坏。

在 16 世纪到 18 世纪的西方，由于启蒙运动、理性主义、工业革命、技术创新和工业化，人民的生活得到很大的改变。农村向城市的迁移、贫穷、疾病、城市中心的儿童和老人的状况，这些在创造财富的过程中都是令人不安的，引起了个人和组织（例如英国或美国的慈善机构和社会服务所）的自愿工作。宗教和理性影响了这项工作，因为教会通过发展儿童援助协会以及进行相似的工作而解决社会问题，在正式的社会工作培训之前为有需要的人们提供帮助。佩恩（Payne）表明，个案工作起源于 1870 年伦敦慈善组织协会（Charity Organization Society ，COS）的创建，1895 年任命了第一位救济人员（医疗社会工作者）。根据罗琳（Rowling，1997，第 113 页）的记载，1896 年在英国和荷兰、1899 年在德国、1907 年在法国都建立了具有一流学识、技能和基本价值取向的社会工作学校。基于英国 COS 的模式，1877 年纽约创建了第一个 COS，并且很快向周边城市传播。COS 试图通过“友好的来访者”了解贫困的家庭和纠正个人行为，系统地组织自愿的慈善工作（Leighninger 和 Midgley，1997，第 10 页）。纽约的 COS 于 1898 年为工作者提供了第一个正式的暑期培训学校。后来在1904年成为慈善学校,再后来成了哥伦比亚大学的社会工作学院。美国随之建立了一些社会工作培训学校。在20世纪的第一个10年中,社会工作成了一种职业。在COS运动中,Mary Richmond对社会工作进行了定义,于1917年出版了一本关于社会诊断的书籍,这些深深地影响了社会工作职业的本质和发展(Stuart,2013)。

社会工作的另一种起源可能要追溯到基督教中的福音派和维多利亚时期的"慈善行为"思想,这是践行"我们关注每个人"思想的方法。通过这种方法,为孤儿和受压迫的妇女提供了避难所,建立了大学定居处(Payne,1997)。仿照伦敦的第一个福利院,Toynbee Hall、Jane Addams和Ellen Gates Starr于1889年建立了芝加哥赫尔馆,这是美国最著名的福利院。定居工作者试图组织和动员周围的穷困人员通过改变福利政策和待遇以改善社会和经济状况。这些社会工作的起源与社区组织和发展息息相关,但它们在社会工作教育、实践和专业中占据着次要位置(Leighninge和Midgley,1997,第10页;Payne,1997;Stuart,2013)。

英国和美国的发展对印度具有重要的影响,我们能从类似的儿童援助协会和孟买的福利院的建立中了解。例如,克利福德博士(Clifford),一位美国的新教传教士,为了解决孟买这个发展中城市的社会问题,如贫困、赌博和卖淫,于1926年建立了Nagpada邻里之家,后来于1936年在印度建立了第一所社会工作培训学校(Desai,1987)。

在最初的20年至30年间,即1890年到1920年,社会工作(的体系)在西方被逐渐建立起来,Mary Richmond个案的方法指导着社会工作教育和实践。这是一个发展社会工作知识和技巧的巩固时期,在这期间,第一次世界大战的爆发促进了实践。这是一种有组织、有系统、有报酬的援助部队,就好像一个新发明,在印度出现,特别是在印度发展中的城市出现,目的是解决与英国或美国所遇到的类似的问题。在随后的20年至30年,西方的社会工作教育向很多发展中国家和殖民地传播。许多在美国接受实践培训的教育者在印度教授社会工作课程。在后来的20年至30年,即1960年到1990年,许多社会工作教育者、实践者、学生一直想了解个案工作的主导地位、补救导向模式以及与国家发展问题的相关性,包括基层的发展;许多人认为社会工作职业需要有一个发展重点(Cox,1995;Cox 和 Pawar,2013;Midgley,1995,2014;Midgley 和 Conley,2010;Pawar,2000b)。虽然小组合作,社区组织和发展、福利管理/社会政策和研究方法都被作为社会工作课程教学的一部分,但它们在课程之外持续地主导着个案工作模式。甚至到了现在,大多数学校的情况也是如此。

然而,在 1990 年到 2014 年,在理论层面上出现了社会工作知识的理论,这是明显的发展。这些是激进的社会工作(Ferguson 和 Woodward,2009;Fook,1993;Mullaly,2006),至关重要的社会工作(Allan 等,2009;Fook,2012),女权主义社会工作(Dominelli,2002;White,2006),赋权和基础实践(lee,2001),反思性实践(Knott 和 Scragg,2013;Martyn,2000;Webber 和 Nathan,2010),人权和社会正义(Ife,2012;Mapp,2008;Reichert,2011;Wronka,2007),反压迫和反歧视的实践(Baines 和 Benjamin,2007;Dalrymple 和 Burke,2006;Dominelli,2003),社会发展(Midgley,1995,2014;Midgley 和 Conley,2010;Pawar 和 Cox,2010c)和国际社会工作(Cox 和 Pawar,2013;Healy,2008;Healy 和 Link,2012;Lyons 等,2012)。这些理论在实践中能被运用于个案工作实践,甚至超越它,总的来说,社会工作教育和实践似乎坚持个案工作/补救实践模型,处理个人问题是主要的焦点。怎样才能改变这种状况呢?

由于存在一些复杂的和相互竞争的力量,如:其他职业的竞争,市场和私有化,福利国家的减少,活动和历史遗产的性质和范围的差异,当代的社会工作和社会工作专业似乎出现了一种认同危机。社会工作的概念一直在不断地变化和发展,没有达成共识(Gibelman,1999)。例如,当前国际社会工作的定义一直在定期审议,如今形成的新定义仍需不断地斟酌。

目前的定义

社会工作职业有助于社会变革,解决人际关系、赋权和人民自由的问题,增强人民的幸福感。利用人类行为与社会系统理论,将人们和环境的相互影响作为社会工作的介入点。人权和社会公正原则是社会工作的基础。

修改后提出的新定义

社会工作职业有助于增强社会凝聚力、赋权和人民自由，促进社会的变革和发展。社会正义原则、人权、集体责任和尊重多样性是社会工作的核心。通过社会工作理论基础，社会科学、人文学科和本土知识，社会工作使人们和组织能够有序地应对生活中的挑战，提升幸福感。

定义中包含许多新的元素，如社会发展、本土知识和集体责任，这些似乎在回应对涉及个人主义和欧洲中心主义的早期定义的批评。自2010年以来，IFSW、IASSW和ICSW等领先的社会工作专业机构一起为未来的社会工作制订全球化议程。尽管这些组织没有澄清社会发展的概念，但我们能采用本书的第一章和第二章提出的建议。这些组织对社会工作和社会发展的全球化议程包括：

- 国家和地区之间的社会和经济不平等；
- 人的尊严和价值；
- 环境可持续性；
- 人际关系的重要性。

在以后的讨论中，他们承诺并决心促进社会工作和社会正义。代表们一致认为：

- 全方位的人权只在世界上的少数人口中得以使用；
- 在混乱的市场力量推动下，不公平和监管不力的经济系统，对国际劳动条例的违背以及社会责任的缺乏损害了人民和社区的健康和幸福感，引起了贫困和不平等的增长；
- 文化多样性和自我表达权有助于形成更令人满意的知识、情感、道德和精神世界，受全球化的影响，这些权利被削减了，严重危害了本土人们；
- 人们居住在社区，拥有良好的人际关系，但却被主要的经济、政治和社会力量所破坏；人民的健康和福祉受到气候变化、污染物、战争、自然灾害和暴力的影响，却没有合适的国际应对(Jones和Truell，2012)。

2012年的会议关注社会工作和社会发展议程的行动及其所带来的影响，2014年的会议则关注社会工作、教育和社会发展。由专业团体提出的发展建议似乎表明了社会工作的未来取决于社会发展。现在，了解全球化的社会工作和社会发展议程如何适应于当代印度的现实，是非常重要的。

广泛的印度背景

上述的四个全球议程和四个共享的承诺与印度的社会、文化、经济和政治背景有关。在政治上，印度是世界上最大的民主国家之一，具有稳定和坚固的民主结构。其立法、行政和司法系统已经成熟，而且已良好地运行了近七十五年，形成了许多具体的改革方法和全面发展的政策，尽管他们可能需要通过改善运作机制来解决一些现有的和新兴的挑战。印度有一部成熟的宪法，包括国家政策的指导原则，保证人民的基本权利（见第五章），为人民提供了参与基层社区的村务委员会和“Gram Shabha”的合法途径。在福利缺乏的世界中，它采取了涉及就业、健康和教育的维权途径（Pawar，2012；例如《全国农村就业保障法》，2005 和《自由工作者社会保障法案》，2008）。

如前所述，印度经济飞速发展，尽管增长率出现了短暂的波动，但它在预知的未来里仍会保持这样的发展势头。它已经打开了市场并遵循着经济自由化政策。达到了 9％的增长率，据估计，增长率将稳定在那个阶段（7％～9％，世界银行，2013）。它是世界上的第九大经济国、第十九大出口国和第十大进口国。在近五亿的劳动力中，53％的人从事农业，28％的人从事服务业，18％的人从事工业。然而，只有 17％的 GDP 来自农业，18％来自工业，65％来自服务业。其失业率约为 10％（Index Mundi，2013）。总的来说，印度是世界上的一个新兴大国（Cohen，2001）。尽管取得了这样的经济成就和新兴权力地位，印度仍面临着社会发展前景的若干挑战。当前出现在印度背景下的一些重要挑战概述如下。

毫无疑问，印度正在创造更多的财富和收入，当然它的经济实力也在增强。其面临的最大挑战就是如何分配这些财富和收入以创建一个平等的社会。日益增长的社会和经济不平等在印度的经济和社会中是一个事实。社会工作的全球化议程有助于解决不平等问题。大约有30％的印度人口或者 4 亿人口处于贫困线以下，这是世界上最大的贫困人口群体。如何利用新的经济财富帮助这些人在较短的时间内摆脱贫困是一项艰难而迫在眉睫的挑战。允许贫困继续存在，会造成其他形式的暴力、虐待和人权侵犯。

与贫困紧密相连的是失业问题。由于各种社会、经济和科技因素，印度的职业结构正在发生变化。人们经常被迫退出农业生产，却不具有其他的就业机会。随着一代又一代的家庭成员的来来去去，土地资产减少了，甚至连维持生计也变得不可能。通过发展适当的知识和技能以便剩余劳动力能就业于工业、服务业或知识领域，反过来这些领域也需要对他们开放。失业问题非常复杂，印度拥有世界上最多的青年人口，这通常被称为分裂的印度人口或最年轻的印度。据估计，世界上五分之一的劳动年龄人口将出现在印度。作为一种劳动力，它是一项巨大的资产并提供了可观的经济机会；然而，适当地引导其进行社区、国家和个人的进一步发展也是一项挑战。发表在《印度知识》上的一篇文章(2013)讲述到：印度将是世界上为数不多的劳动人口数量超过退休人员数量的国家之一。拉马杜拉尹(Ramadurai)指出，到2020年，印度劳动人口的平均年龄只有29岁，相比之下，中国和美国为37岁，西欧为45岁，日本为48岁。这意味着直至2040年，印度将体验至少三十年的年龄优势，这就是我所说的前所未有的机会，他补充道。如果印度人能身怀技能以适应未来国内外的就业需求，那么其未来将是一片光明。

印度的第十二个五年计划是意识到这种人口红利并在2022年到来之前，创造一亿个工作机会，主要涉及劳动密集型制造业，例如：纺织业、宝石业和制鞋业。

与经济和就业相关的因素预计将导致大规模的农村向城市的人口迁移以及城市化水平的日益增长。根据2011年的人口普查，大约31%的人口居住在城市地区，到2021年预计将增加到40%(《城市失业和扶贫与城市发展》，印度政府，2005)。这意味着五分之三的印度人口居住在农村地区，迁移到城市的那部分人口将面临一些问题，涉及城市基础设施不足、个人和家庭聚居的环境恶劣(贫民窟)、支持系统的有限。

伴随着经济增长，工业化和城市化是全球变暖和气候变化的主要原因。随着中产阶级的不断壮大，印度的物质消费改变了且增加了，这一趋势将会增加生产系统的压力，其需要能源和水，会引起自然资源的枯竭和污染，导致破坏，如森林砍伐、水和空气的污染。这些活动也可能导致自然灾害、人的位移和粮食生产模式的变化。在未来几年中，缓解和适应气候变化、关注绿色经济是重要的挑战和机遇。

信息和通信技术的革命在农村和城市地区的适用，对社会和文化的影响及所产生的结果能够引起重要的行为问题，包含了应对隔代差距和人际关系的问题。人们能负担、利用这些技术以及使用的后果会造成物质和人类家庭的问题。例如：角色的传统化，新兴的性别问题，育儿实践，不断增长的物质满足期望和现代生活压力的处理，都需要关注人类的行为和关系以及文化和精神。

正如前文所述，最近的报告表明，1%～2%的人有严重的心理健康问题，5%的人有一般的心理健康问题。这形成了数百万需要适当治疗、社会和情感支持的人。同样，印度存在数百万的残疾人。从预防的角度来讲，规划合适且足够的服务并为这一群体进行服务，构建支持性的社区将是印度面临的主要挑战。

应对社会经济的变化及其所带来的后果需要采取重要的措施。公共分配系统似乎是这样一项措施。从某些方面来讲，将低价大米和小麦分发给需要的人们具有负面消极的影响，这会产生依赖性、懒惰性以至于人们不愿工作。不论真实与否，那样的想法需要得到修正，通过展示不会导致依赖性，相反，会产生更好的工作文化。印度拥有丰富的自愿服务文化。受这种文化取向的影响，他们认为工作的价值不是期望奖励和成果，而是渴望工作的崇尚和神圣。这种文化态度或智慧必须用于培养工作文化。

尽管积极地肯定和保留其他政策，印度的机会分配政策仍存在着明显的结构性障碍。虽然理论上人人拥有均等的机会，但在实践中并不是每个人都能够利用它们。发表在《经济学人》杂志上的一篇文章(Banyan，2013)表明，印度的社会流动很缓慢，主要是由于几十年的错误经济政策导致了贫穷在农村长时间地占据着主导地位。保留政策对社会地位低下的农民或工人是没有什么差别的，但获得工厂或呼叫中心的工作将会改变他/她的生活。

通过了解政治体系的保留安排，真(Chin)和普拉卡什(Prakash，2011)总结到，在选举上，对彼此方便聚集的具体部落而言，较大的政治影响力的确导致了贫困的下降。然而，对于“阶层”，相比之下，这绝对没有区别。因此，机会分配和利用政策的结构性障碍问题必须被解决。第十二个五年计划的第三卷内容（2012—2017 年）尤其关注社会领域，包括医疗、教育、就业和技能发展、妇女机构、儿童权利和社会融入。社会融入领域包括具体的阶层和部落、其他落后阶层、少数民族和其他边缘化弱势群体，如：残疾人、老年人、街头儿童、乞讨人员和物质滥用受害者。根据 Sea 的自由原则（2001），这些组织需要发展能力从而利用在整体发展过程中创造的机会。

11 个五年计划，即 55 年的规划和发展覆盖了中央到基层，却没有实现基层社区和乡村预期的发展。我们需要进行基层社会和社区发展，使人们分享中央计划和方案的益处。

社会和社区发展——社会工作的未来

就印度发展背景下面临的机遇和挑战而言，我们需要重点关注基层的社会与社区发展，详细叙述见第一章和第二章。特别在第二章，我提出了关注基层社会和社区发展的原因和理由。虽然初衷良好，但 55 年的印度发展历史却没有足够地渗透到基层地区。

大多数乡村被忽视了，贫穷和荒废程度很严重，除非我们帮助这些村民获取能力或自由（Sen，2001），否则在上述发展背景下，他们将无法受益，这将导致更多的不平等。因此，关注基层社区的全面发展，而不仅是经济或政治的发展至关重要。

同样重要的是印度的历史背景，其丰富的文化和精神传统，包括不期望回报的志愿服务工作，无私的奉献，反对等级制度和其他特定的社会罪恶的重要社会改革，通过教育和其他方式解放男女，消除令人困扰的殖民和非殖民经验。同样的，反映西方的发展以及专业的社会工作出现在什么背景下并被引入西方，在什么背景下，社会工作又如何被引入印度，这些都是很重要的。这样做之后，社会工作没有解决印度的基层社区问题以及澳大利亚土著背景下的问题和其他国家的类似问题，这是不足为奇的。专业机构或个人，没有人应该受到指责或承担责任。社会工作的历史发展表明，社会工作主要是为了回应城市工业化的弊病，其来源于农村人口向城市的迁移，家庭关系的破裂、疏远，无家可归，缺乏服务的定居点以及两次世界大战的严重后果。社会工作知识和技能的发展在很大程度上帮助了城市地区的那些群体。在基层农村社区的社会发展过程中，审视社会工作知识和技能的有用性以及完成这项任务需要哪种新知识，这是非常重要的。

要实现基层社区的社会工作和社会发展议程安排，不仅在实践中，而且在招生、培训和准备实践、形成价值和美德取向、课程开发和训练水平（证书、文凭和学位水平）的过程中，都需要采取全新和创新的方法，例如，我们最初对新学生定位并将其引入社会工作领域的方式是非常重要的。在社会工作中如何将学生社会化？是采用教室、智能板和其他技术吗？最初，如果你把新学生送进孤儿院、儿童机构、残疾人机构或贫民区，他们对社会工作的了解和需要做的事情也许完全不同于被送入乡村，“潘查亚特村落”“Gram Shabha”以及了解一系列的乡村发展问题后产生的结果。让学生融入社区，进行自我体验，接触优秀的社区工作者，他们的工作可能有助于下一代的社会工作者形成更优良的美德。社会工作教育和知识在农村地区得以扩张，这些地区的社会工作发展应该是现在和未来的焦点。

第一章阐述了社会发展方法并在第二章进行了扩展，为社会工作提供了一个实用的框架，提出了目标、价值观、过程和文化、政治、经济、生态、教育、医疗、住房策略、基层社区或乡村的平等团体以及公民和机构的发展。正如前面提到的，在哪种程度上可以使用现有的社会工作知识，在哪种程度上可以修改和适应，在哪种程度上新知识可以来自人民和社区以及其他需要核实的相关学科，都一一进行了解答。

创造性的新思维和新的学习方法是必要的。未来的社区将不断变化，我认为不同的信息和通信技术以及相对便利的交通运输将在社区发展动态中发挥重要的作用。即使近一半的人口迁移到城市地区，他们也可能会与农村或社区保持密切联系。城乡文化和西方文化通过信息和通信技术对农村地区产生的影响是不可否认的。许多现代科技发展需要被用来提高基层社区的生活质量。每个家庭在未来将生成自己的太阳能发电系统，这是切实可能的。农民实践的生态价值观值得我们学习。在农业家庭中，每件东西的回收利用都令人惊异。此外，将涉及生态的想法或材料(如塑料制品)引入乡村时,我们必须格外小心。

人际关系的重要性不仅包括与自我和他人的关系,还涉及与自然和生态的关系。我们如何与自然和谐相处?在路上乱扔垃圾和随地吐痰,吸烟,在公共场所随意排便,污染土地和水源,通过修筑大坝阻塞河流,这些展示了人与自然的相处方式,我们有必要提高人们采取可持续发展方法与自然和谐相处的意识。创建合作性、保护性、宽容性和分享性的社区非常重要,因为可用资源很有限或至少被附上了有限的标签。从长远来看,那样的社区可能是一种很好的武器:对抗市场的负面力量,实现自由化和全球化。

发展社会工作是必要的。曾经,印度主导着社区发展,社区发展的理念从印度传播到了其他国家。在21世纪的亚洲,通过展示如何实施社会与社区发展以及在基层背景下,其他社区和国家如何采用这些相关和有用的理念,它有机会领导这个世界。在这样的努力中,社会工作者并不孤单,他们需要与其他专业人士一起构建社区,吸引人才,将其培养成具有促进社会和社区发展美德的专业人士,这是一项重要的挑战。

结论

本书是关于社会与社区发展实践的思考、反思及其行动。我认为社会工作需要扩大其性质和范围,在解决印度等南亚基层地区的贫困和日益增长的不平等问题时,需要将关注点从补救性个案的工作实践转向社会和社区发展实践。在某些方面,个人或个案的实践工作不包括基层社区水平,但社区实践却包括发展性的个人工作。本书中讨论的社会与社区发展方法并不是浪漫化的概念,理论上它具有实践性,我们需要将其运用到印度等南亚甚至其他国家的实践中。

专业社会工作的简史始于志愿者的努力、慈善和宗教机构。为了达到启发的目的,我们讨论了125年的社会工作历史(包括预专业培训时间),讨论内容如下:社会工作的起源以及前起源活动和影响;志愿机构、医院和大学的社会工作培训;个案工作的知识发展;医疗模式或矫正性社会工作;社会工作在发展中国家和殖民地的传播;对医疗或补救模式的质疑;与社会和社区发展相关的发展性社会工作;其他关键、激进、反抗、基于赋权、优势和涉及生态的方法。进一步的讨论表明,全球化的社会工作和发展议程与印度的社会、经济和政治背景相关。这个议程提出了许多挑战和机遇,社会工作专业和教育者需要关注基层乡村的社会和社区发展实践,进一步实践不同维度的社会发展。

这样的关注是必要的,殖民主义和新殖民主义包含了经济和政治因素,信息和通信技术革命以及全球化将会影响基层社区的生活,尤其是社会、文化和精神方面。反思这些因素确实影响了我,我可能正慢慢丢失了本土文化。这让我想起儿童时代唱过的一首埃纳德语流行电影歌曲,第一行是这样的:"Huttida ooranu bittu hodare kattuvarari nammura?"其对应的英文翻译是:"如果出生的村庄被荒废遗弃了,谁将构建我们的村庄?"在快速全球化的今天,许多人迁移到城市和国外,一些地方现在就被称为鬼村和鬼镇。我希望印度村庄不会出现这样的情况。尽管出于不同原因,有些人离开了自己的村庄,但同时,科技创新和便利的交通和通信帮助人们更加靠近。无论他们位于哪里,这种趋势可以被有效地利用以调动所需的人力资源构建基层社区。另一方面,相同的技术和通信变化在引入市场力量、实现自由化和全球化过程中发挥着辅助作用,我希望这些力量不会破坏基层社区的文化和精神基础。建议的社会和社区发展方法将有助于增加社区的文化和精神维度,获取社区发展的其他维度。

总结这本书时,我想起已故的戈尔教授(M.C.Gore)在社会工作的历史和哲学课上所讲的话,那时我只是一名一年级的学生,他说:"社会工作让你成为更优秀的人,社会工作不是现成的饭碗,你需要明白你想要什么。"三十多年过去了,每当我想到这些话,就会思考:我已经成为一个更优秀的人了吗?在社会工作上,我得到想要的了吗?这些问题可能会从关注自我转向关注他人:社会工作和社会工作者有助于形成更好的社区和成为更优秀的人吗?社会工作和社会工作者进行社区发展,能实现他们的所想所要吗?这些都是现在和未来的社会工作可能面临的问题。

参考文献

AAS W(Australian Association of Social Workers). (2000). *Policy and Procedures for Establishing Eligibility for Membership of AASW*. Canberra, Australia: AASW.

———. (2010). *Code of Ethics*. Canberra, Australia: AASW.

ADBAsian Development Bank). (1990). *Distance Education*. Manila, Philippines: ADB.

———. (2008). *Food Prices and Inflation: Is Poverty Reduction Coming to an End*? Manila, Philippines: ADB.

Ahmadi, N. (2003). Globalisation of Consciousness and New Challenges for International Social Work. *International Journal of Social Welfare*, 12(1), 14-23.

Allan, J., Briskman, L. and Pease, B. (2009). *Critical Social Work: Theories and Practices for a Socially Just World*. Sydney, Australia: Allen & Unwin.

Alphonse, M. and Adsule, J. (2007). Book Review—International Social Work: Issues Strategies and Programs. *Perspective in Social Work*, 22(2), 36-38.

Alphonse, M., Purnima, G. and Moffatt, K. (2008). Redefining Social Work Standards in the Context of Globalisation: Lessons from India. *International Social Work*, 51(2), 145-158.

Andharia, J. (2007). Reconceptualizing Community Organization in India: ATransdisciplinary Perspective. *Journal of Community Practice*, 15(1/2), 91-119.

Andreas, F.A. and Vadlamannati, K.C. (2012). *The Needy Donor*:

An Empirical Analysis of India's Aid Motives. Retrieved 5 June 2013.

Argyrous, G. and Stilwell, F. (eds). (1996). *Economics as Social Science*. Sydney, Australia: Pluto Press.

Aristotle. (1976). *Nicomachean Ethics*. Harmondsworth, UK: Penguin.

Artner, A. (2004). Anti-globalization Movements: The Developments in Asia. *Contemporary Politics*, 10(3-4), 243-255.

Australian Institute of Health and Welfare. (1997). *Australian Welfare Services*. Canberra, Australia: Australian Institute of Health and Welfare.

Ayyar, R. V. V. (2010). *India: An Emerging Donor?* Retrieved 5 June 2013.

Baines, D. and Benjamin, A. (2007). *Doing Anti-Oppressive Practice: Building Transformative, Politicized Social Work*. Winnipeg, Manitoba, Canada: Fernwood Publishing.

Baird, B. N. (1999). *The Internship, Practicum, and Field Placement Handbook: A Guide for the Helping Professionals* (2nd ed.). Upper Saddle River, NJ: Prentice-Hall.

Banks, S. (1998). Professional Ethics in Social Work—What Future? *British Journal of Social Work*, 28, 213-231.

Banks, S. (2006). *Ethics and Values in Social Work* (3rd ed.). Basingstoke, UK: Palgrave Macmillan.

BBC. (2013). *Ethics Guide: Ethics: A General Introduction*. Retrieved 20 June 2013 .

Beecher, B., Reeves, J., Eggertsen, L. and Furuto, S. (2010). International Students' Views about Transferability in Social Work Education and Practice. *International Social Work*, 53(2), 203-216.

1Banerjiv, O. (2012). *India's Trajectory from Aid Recipient to Donor Nation*. Retrieved 5 June 2013 .

Banyan. (2013). *Affirmative Action: Indian Reservations*. Retrieved 3

July 2013.

Barefoot College. (2009). *Barefoot College*. Retrieved 9 March 2009.

Barker, R.L. (1999). *The Social Work Dictionary*. Washington, DC: National Association of Social Workers.

———. (2003). *The Social Work Dictionary* (4th ed.). Washington, DC: National Association of Social Workers.

Beilharz, P., Considine, M. and Watta, R. (1992). *Arguing about the Welfare State: The Australian Experience*. Sydney, Australia: Allen & Unwin.

Beresford, P. and Croft, S. (2000). User Participation. In M. Davies andR. Barton (eds), *The Blackwell Encyclopaedia of Social Work*. Oxford, UK: Blackwell.

Berlin, I. (2003). *The Crooked Timber of Humanity: Chapters in the History of Ideas*. London: Pimlico.

Berner, E. and Phillips, B. (2005). Left to Their Own Device? Community Self-Help between Alternative Development and Neo-Liberalism. *Community Development Journal*, 40(1), 17-29.

Billups, J. (1994). The Social Development Model as an Organising Framework for Social Work Practice. In R. G. Meinert, T. Pardeck and P. Sullivan (eds), *Issues in Social Work: A Critical Analysis* (pp. 21-37). Westport, CT: Auburn House.

Bodhi, S.R. (2011). Professional Social Work Education in India. *Indian Journal of Social Work*, 72(2), 289-300.

Bond, G.D. (2004). *Buddhism at Work: Community Development, Social Environment and the Sarvodaya Movement*. West Hartford, CT: Kumarian Press.

Bose, A.B. (1987). Development of Social Welfare Services. In *Encyclopedia of Social Work*. New Delhi, India: Ministry of Social Welfare, Government of India.

Bowles, W., Collingridge, M., Curry, S. and Valentine, B. (2006). *Ethical Practice in Social Work: An Applied Approach*. Crows Nest, Sydney: Allen and Unwin.

Brigham, T.M. (1982). Social Work Education Patterns in Five Developing Countries: Relevance of US Microsystems Model. *Journal of Education for Social Work*, 18(2), 68-75.

Brokensha, D. and Hodge, P. (1969). *Community Development: An Interpretation*.Los Angeles, CA: Chandler Publishing.

Bryson, L. (1992). *Welfare and the State: Who Benefits?* Basingstoke, UK:Macmillan.

Burns, R. (2002). *The Adult Learner at Work*. Sydney, Australia: Business and Professional Publishing.

Bush, R. A. and Williams, C. J. (1989). *Distance Education: An Option for Social Welfare and Social Work Education in the 1990s* (Occasional Papers, No. 8). Wagga Wagga, Australia: Charles Sturt University.

Canda, E.R. (2001). Buddhism. In M. Van Hook, B. Hugen and M. Aguilar (eds), *Spirituality within Religious Traditions in Social Work Practice*. Pacific Grove, CA: Brooks/Cole.

Canda, E.R. and Furman, L.D. (2010). *Spiritual Diversity in Social Work Practice:The Heart of Helping*. New York: Free Press.

CESCR (Committee of Economic, Social and Cultural Rights). (1998). *The Domestic Application of the Covenant: CESR General Comment No*. 9.Geneva, Switzerland: CESR.

Clements, E. (2004). The Limits of Self-Determination. Convergence, 37(2),65-77.

Chanana, D. (2010). *India's Transition to Global Donor: Limitations and Prospects*.Retrieved 5 June 2013.

Chin, A. and Prakash, N. (2011). The Redistributive Effects of Political Reservation for Minorities: Evidence from India. *Journal of Development Economics*, 96(2), 265-277.

Chui, E., Tsang, S. and Mok, J. (2010). After the Handover in 1997: Development and Challenges for Social Welfare and Social Work in Hong Kong.*Asia Pacific Journal of Social Work and Development*, 20(1), 52-64.

Clark, C. (2006). Moral Character in Social Work. *British Journal of Social Work*, 36, 75-89.

Clarke, M. and Stewart, J. (1998). *Community Governance. Community Leadership and the New Local Government*. York, UK: Joseph Rowntree Foundation.

Coady, N.F. and Wolgien, C.S. (1996). Good Therapists' Views of How They Are Helpful. *Clinical Social Work Journal*, 24(3), 311-322.

Cohen, S.P. (2001). *India: Emerging Power*. Washington, DC: The Brooking Institution.

Compton, B. R. and Galaway, B. (1999). *Social Work Processes*. Pacific Grove, CA: Brooks/Cole.

Cornwall, A. (2008). Unpacking 'Participation': Models, Meanings and Practices. *Community Development Journal*, 43 (3), 269-283.

Cox, D. (1994). The Role of Social Work in Bettering the Human Condition. *The Indian Journal of Social Work*, 55(3), 311-325.

———. (1995). Future Directions for Social Work and Social Work Education. In *Social Work Profession: Reflection and Future Directions*, *Twenty Years Celebration Conference* (17-20 November 1993). Asian and Pacific Association of Social Work Education and Tata Institute of Social Sciences, Mumbai, India.

Cox, D.R. (2006). Building Resilient Families and Caring Communities in a Troubled World: The Importance of Strengthening Social Capital. In J. Ariffin (ed.), *Facing up to Global Challenges*, *Proceedings of APFAM International Conference* (pp. 9-23). Kuala Lumpur, Malaysia.

Cox, D.A. and Britto, G.A. (1986). *Social Work Curriculum Development in Asia and the Pacific: A Research Report*. Melbourne, Australia: Department of Social Work, University of Melbourne.

Cox, D. and Pawar, M. (2006). *International Social Work: Issues, Strategies and Programs*. Thousand Oaks, CA: SAGE Publications.

———. (2013). *International Social Work: Issues, Strategies and Programs* (2nd ed.). Thousand Oaks, CA: SAGE Publications.

Cox, D., Gamlath, S. and Pawar, M. (1997a). Social Work and Poverty Alleviation in South Asia. *Asia Pacific Journal of Social Work*, 7(2), 15-31.

Cox, D., Pawar, M. and Picton, C. (1997b). *Introducing a Social Development Perspective into Social Work Curricula at All Levels*. Melbourne, Australia: RSDC, La Trobe University.

———. (1997c). *Social Development Content in Social Work Education*. Melbourne, Australia: RSDC, La Trobe University.

Crawford, C. S. (2003). *Hindu Bioethics for the Twenty-First Century*. New York: SUNY Press.

Crigger, N. and Godfrey, N. (2011). *The Making of Nurse Professionals: A Transformational Ethical Approach*. Sudbury, MA: Jones and Bartlett Learning.

Cuyvers, L. (2001). *Globalisation and Social Development: European and Southeast Asian Evidence*. Cheltenham, UK: Edward Elgar.

Dalrymple, J. and Burke, B. (2006). *Anti-oppressive Practice: Social Care and the Law*. Berkshire, UK: Open University Press.

Dalton, T., Draper, M., Weeks, W. and Wiseman, J. (1996). *Making Social Policy in Australia: An Introduction*. Sydney, Australia: Allen & Unwin.

Davis, G. (2004). *A History of the Social Development Network in the World Bank*, 1973-2002. Retrieved 6 June 2008.

De Kadt, E. (1982). Community Participation for Health: The Case of Latin America. *World Development*, 10, 573-584.

Deacon, B. (1997). *Global Social Policy: International Organizations and the Future of Welfare*. London: SAGE Publications.

Deacon, B. (2007). *Global Social Policy and Governance*. London: SAGE Publications.

Dean, H. (2010). The Ethics of Social Development. In M. Pawar and

D. Cox (eds), *Social Development: Critical Themes and Perspectives*. New York: Routledge.

———. (2012). *Social Policy: Short Introductions*. Cambridge, UK: Polity Press.

Deci, E. and Ryan. R. (eds). (2002). *Handbook of Self-Determination Research*. Rochester, NY: University of Rochester Press.

Deci, E. and Ryan, R. (2008). Facilitating Optimal Motivation and Psychological Well-Being across Life's Domains. *Canadian Psychology*, 49, 14-23.

Department of Social Policy, London School of Economics. (2012). *What Is Social Policy?* Retrieved 1 June 2012.

Desai, A.S. (1987). Development of Social Work Education. In *Encyclopedia of Social Work*. New Delhi, India: Ministry of Social Welfare, Government of India.

———. (1994). *A Study of Social Work Education in India: Student, Educator and the Educational Process*. Mumbai, India: Tata Institute of Social Sciences.

Desai, M. (1991). Issues Concerning the Setting Up of Social Work Specialisations in India. *International Social Work*, 34, 83-95.

———. (1997). Literature on Social Work Profession in India, 1936-1996: An Overview. *The Indian Journal of Social Work*, 58(2), 149-160.

Desai, M., Monteiro, A. and Narayan, L. (1998). *Towards People-Centred Development* (Parts 1 and 2). Mumbai, India: Tata Institute of Social Sciences.

Dictionary.com (2007). Development. Retrieved 5 May 2008.

Distance Education Council. (2011). *List of Universities/Institutions Approved by Distance Education Council (as on 16 August 2011)*. Retrieved 18 June 2013.

Dominelli, L. (2002). *Feminist Social Work Theory and Practice*. Basingstoke, UK: Palgrave Macmillan.

———. (2003). *Anti-oppressive Social Work Theory and Practice*.

Basingstoke, UK: Palgrave Macmillan.

Drucker, D. (1993). The Social Work Profession in Asia: Look Homeward 1968-1993. *Indian Journal of Social Work*, 54 (4), 513-536.

Eade, D. (2007). Capacity Building: Who Builds Whose Capacity? *Development in Practice*, 17(4), 630-639.

Edwards, J.A. and Bess, J.M. (1998). Developing Effectiveness in the Therapeutic Use of Self. *Clinical Social Work Journal*, 26(1), 89-105.

Effrat, M.P. (1974). Approaches to Community: Conflicts and Complementarities.In M.P. Effrat (ed.), *The Community: Approaches and Applications* (pp. 1-32). New York: The Free Press.

Ejaz, F.K. (1991). Social Work Education in India: Perceptions of Social Workers in Bombay. *International Social Work*, 34, 299-311.

Elliott, C. (2000). Tuning and Practicing the Therapeutic Instrument: The Therapist's Life Experience. *Clinical Social Work Journal*, 28(3), 321-330.

ESCAP. (1996a). *Showing the Way: Methodologies for Successful Rural Poverty Alleviation Projects*. Bangkok, Thailand: ESCAP.

———. (1996b). *Making an Impact: Innovative HRD Approaches to Poverty Alleviation*. Bangkok, Thailand: ESCAP.

———. (2007). *Economic and Social Commission for Asia and the Pacific Map*.Retrieved 6 April 2009.

Eyben, R. (2003). Mainstreaming the Social Dimension into the Overseas Development Administration: A Partial History. *Journal of International Development*, 15, 879-892.

Farahani, M. F. (2012). Ethics Principles in Distance Education. *Procedia—Social and Behavioral Sciences*, 46, 890-894.

Farrar, A. and Inglis, J. (1996). *Keeping It Together: State and Civil Society in Australia*. Sydney, Australia: Pluto Press.

Fawcett, B., Goodwin, S., Meagher, G. and Phillips, R. (2010). *Social Policy for Social Change*. Melbourne, Australia: Macmillan.

Ferguson, I. (2008). *Reclaiming Social Work: Challenging Neoliberalism and Promoting Social Justice*. Thousand Oaks, CA: Sage.

Ferguson, I. and Woodward, R. (2009). *Radical Social Work in Practice: Making a Difference*. Bristol, UK: Policy Press.

Figueira-McDonough, J. (1993). Policy: The Neglected Side of Social Work Intervention. *Social Work*, 38(2), 179-188.

Fook, J. (1993). *Radical Casework: A Theory of Practice*. Sydney, Australia: Allen & Unwin.

——. (2012). *Social Work: A Critical Approach to Practice*. London: SAGE Publications.

Frankovits, A. and Patrick, E. (2000). *Working Together: The Human Rights Approach to Development Cooperation*. The Human Rights Council of Australia. Presented at the Stockholm Workshop, 16-19 October, in Stockholm, Sweden.

Freire, P. (1972). *Pedagogy of the Oppressed*. London: Sheed and Ward.

Furrow, D. (2005). *Ethics: Key Concepts in Philosophy*. New York: Continuum.

Gadamer, H.-G. (1981). *Reason in the Age of Science*. Boston, MA: MIT Press.

Gal, J. and Weiss-Gal, I. (2013). *Social Workers Affecting Social Policy: An International Perspective on Policy Practice*. Bristol: Policy Press.

Gambrill, E. and Pruger, R. (1992). *Controversial Issues in Social Work*. Boston, MA: Allyn & Bacon.

Gangrade, K.D. (1987). Development of Voluntary Action. In *Encyclopedia of Social Work*. New Delhi, India: Ministry of Social Welfare, Government of India.

Geach, P. (1977). *The Virtues*. Cambridge, UK: Cambridge University

Press.

Ghai, Y. (2001). *Human Rights and Social Development: Toward Democratization and Social Justice*. Retrieved 18 February 2009.

Gibelman, M. (1999). The Search for Identity: Defining Social Work—Past, Present, Future. *Social Work*, 44(4), 298-309.

Gilbert, T. (2009). Ethics in Social Work: A Comparison of the International Statement of Principles in Social Work with the Code of Ethics for British Social Workers. *The Journal of Social Work Values and Ethics*, 6(2).

Gilbert, N. and Terrell, P. (2012). *Dimensions of Social Welfare Policy*. Boston, MA: Allyn & Bacon.

Gilligan, C. (1982). *In a Different Voice: Psychological Theory and Women's Development*. Harvard, MA: Harvard University Press.

Girgis, M. (2007). The Capacity Building Paradox: Using Friendship to Build Capacity in South. *Development in Practice*, 13(3), 353-363.

Goldstein, E.G. (1994). Self-Disclosure in Treatment: What Therapists Do and Don't Talk About. *Clinical Social Work Journal*, 22(4), 417-433.

Gore, M. (1973). *Some Aspects of Social Development*. Hong Kong: Department of Social Work, University of Hong Kong.

———. (2003). *Social Development: Challenges Faced in an Unequal and Plural Society*. Jaipur, India: Rawat Publications.

Gore, M.S. (1988). Levels of Social Work Provisions in Relation to Needs in a Developing Society. *The Indian Journal of Social Work*, 49(1), 1-9.

———. (1997). A Historical Perspective of the Social Work Profession. *The Indian Journal of Social Work*, 58(3), 442-455.

Goswami, I. (2012). Adherence to Ethical Guidelines in Practice by Social Workers: An Empirical Study in India. *Practice: Social*

Work in Action, 24(2), 105-121.

Government of India (GOI). (2013). *Economy Survey, Human Development, Chapter* 13. Retrieved 1 June 2013.

Gray, M. (2010). Moral Sources and Emergent Ethical Theories in Social Work. *British Journal of Social Work*, 40, 1794-1811.

Gray, M. and Lovat, T. (2007). Horse and Carriage: Why Habermas's Discourse Ethics Gives Virtue a Praxis in Social Work. *Ethics and Social Welfare*, 1(3), 310-328.

Graycar, A. and Jamrozic, A. (1993). *How Australian Live: Social Policy in Theory and Practice* (2nd ed.). Melbourne, Australia: Macmillan.

Guy, R. (1991). Distance Education and the Developing World: Colonisation, Collaboration and Control. In T. Evans and B. King (eds), *Beyond the Text: Contemporary Writing on Distance Education* (pp. 152-175). Geelong, Victoria, Australia: Deakin University Press.

Hammoud, H.R. (1988). Social Work Education in Developing Countries: Issues and Problems in Undergraduate Curricula. *International Social Work*, 31, 195-210.

Harman, G. (1999). Moral Philosophy Meets Social Psychology: Virtue Ethics and the Fundamental Attribution Error. *Proceedings of the Aristotelian Society*, 99(3), 315-331.

———. (2002). *No Character or Personality*. Retrieved 30 September 2012.

Harstell, B. (2006). A Model for Ethical Decision-Making: The Context for Ethics. *Journal of Social Work Values and Ethics*, 3(1).

Hazare, A. (2003). *My Village—My Sacred Land*. Ralegan Siddhi, Maharashtra, India: Ralegan Siddhi Pariwar.

Healy, L. (2001). *International Social Work: Professional Action in an Interdependent World*. New York: Oxford University Press.

———. (2008). *International Social Work: Professional Action in an Interdependent World* (2nd ed.). New York: Oxford University

Press.

Healy, L.M. and Link, R.J. (eds). (2012). *Handbook of International Social Work: Human Rights, Development, and the Global Profession*. New York: Oxford University Press.

Hicks, J., Basu, P.K. and Sappy, D. (2010, May). Education and Potential for Growth in China and India. *Connections*, 21, 2.

Hillery, G.A. (1955, 20 June). Definitions of Community: Areas of Agreement.Rural *Sociology*, 20, 111-123.

Hoff, M.D. (ed.). (1998). *Sustainable Community Development: Studies in Economic, Environmental and Cultural Revitalization*. Boca Baton, FL: Lewis.

Hokenstad, M.C., Khinduka, S.K. and Midgley, J. (1992). The World of International Social Work. In M.C. Hokenstad, S.K. Khinduka and J. Midgley (eds), *Profiles in International Social Work* (pp. 1-11). Washington, DC: NASW Press.

Hokenstad, M.C. and Midgley, J. (2004). *Lessons from Abroad: Adapting International Social Welfare Innovations*. Washington, DC: NASW Press.

Hollister, D. (1982). The Knowledge and Skills Bases of Social Development.In D.S. Saunders (ed.), *The Developmental Perspective in Social Work* (pp. 31-42). Manoa, Hawaii: University of Hawaii Press.

Hollister, C.D. (1996). *Distance Education Technologies and Social Development*.A Paper Presented at the Ninth International Symposium on Social Development on 15-19 July 1996, Organised by the Inter-University Consortium for International Social Development, Oporto, Portugal.

Hollnsteiner, M.R. (1977). Community Participation in the Planning of Human Settlements. *Assignment Children*, 43, 11-47.

———. (1982). The Participatory Imperative in Primary Health Care. *Assignment Children*, 59/60, 35-56.

Hornby, A.S. (1993). *Oxford Advanced Learner's Dictionary*. Oxford, UK: Oxford University Press.

Houston, S. (2003). Establishing Virtue in Social Work: A Response to McBeath and Webb. *British Journal of Social Work*, 33, 819-824.

———. (2012). Engaging with the Crooked Timber of Humanity: Value Pluralism and Social Work. *British Journal of Social Work*, 42, 652-668.

HRCA (Human Rights Council of Australia). (2001). *Submission to the Joint Standing Committee of Foreign Affairs, Defence, and Trade Inquiry into the Link between Aid and Human Rights*. Retrieved 20 January 2009.

Hugman, R. (1998). *Social Welfare and Social Value: The Role of Changing Professions*. London: Macmillan.

———. (2005). *New Approaches in Ethics for Caring Professions*. Basingstoke, UK: Palgrave Macmillan.

———. (2010). *Understanding International Social Work: A Critical Analysis*. Basingstoke, UK: Palgrave Macmillan.

———. (2013). *Culture, Values and Ethics in Social Work: Embracing Diversity*. Oxon, UK: Routledge.

Hugman, R. and Smith, D. (1995). Ethical Issues in Social Work: An Overview. In R. Hugman and D. Smith (eds), *Ethical Issues in Social Work* (pp.1-15). London: Routledge.

Hugo, G. (2005). The New International Migration in Asia: Challenges for Population Research. *Asian Population Studies*, 1(1), 93-120.

Hussein, M. K. (2006). Capacity Building Challenges in Malawi's Local Government Reform Program. *Development Southern Africa*, 23(3), 371-383.

Ife, J. (1997a). Australia. In N.S. Mayadas and T.D. Watts (eds), *International Handbook on Social Work Theory and Practice*. Westport, CT: Greenwood Press.

———. (1997b). *Rethinking Social Work: Towards Critical Practice*. Melbourne, Australia: Longman.

Ife, J. (2001). *Human Rights and Social Work: Towards Rights-Based Practice*. Melbourne, Australia: Cambridge University Press.

———. (2012). *Human Rights and Social Work: Towards Rights—Based Practice* (3rd ed.). Melbourne, Australia: Cambridge University Press.

———. (2013). *Community Development in an Uncertain World: Vision, Analysis and Practice*. Melbourne: Cambridge University Press.

Ife, J. and Fiske, L. (2006). Human Rights and Community Work. *International Social Work*, 49(3), 297-308.

IFSW (International Federation of Social Workers). (2013). *The Statement of Ethical Principles*. Retrieved 15 June 2013.

Iiyoshi, T. and Vijay Kumar, M. S. (2008). Conclusion: New Pathways for Shaping the Collective Agenda to Open Up Education. In T. Iiyoshi and M.S.Vijay Kumar (eds), *Opening Up Education: The Collective Advancement of Education through Open Technology, Open Content, and Open Knowledge* (pp. 429-440). Cambridge, MA: MIT Press.

ILO (International Labour Organization). (2013). *Social Protection Floor*. Retrieved 16 May 2013.

Index Mundi. (2013). *Indian Economy Profile* 2013. Retrieved 3 July 2013.

India Knowledge. (2013). *India Demographic Dividend: Asset or Liability*? Retrieved 3 July 2013.

Inglis, J. and Rogan, L. (1993). *Beyond Swings and Roundabouts—Shaping the Future of Community Services in Australia*. Sydney, Australia: Pluto Press.

IWGIA (International Working Group on Indigenous Affairs). (2009). *What Is Self-Determination*? Retrieved 23 February 2009.

Jacobsen, D.A., Eggen, P. and Kauchak, D. (1999). *Methods for Teaching: Promoting Student Learning*. Upper Saddle River,

NJ: Merrill/Prentice-Hall.

Jaensch, D. (1992). *The Politics of Australia*. Melbourne, Australia: Macmillan.

Jennings, J., Siegel, E. and Conklin, J.J. (1994). Social Work Education and Distance Learning: Applications for Continuing Education. *Journal of Continuing Social Work Education*, 6(2), 3-7.

Johnson, H.W. (1996). International Activity in Undergraduate Social Work Education in the United States. *International Social Work*, 39(2). 189-199.

Jones, M. (1996). *The Australian Welfare State: Evaluating Social Policy* (4thed.). Sydney, Australia: Allen & Unwin.

Jones, J.F. and Pandey, R.S. (eds). (1981). *Social Development: Conceptual, Methodological and Policy Issues*. Delhi, India: Macmillan.

Jones, D.N. and Truell, R. (2012). The Global Agenda for Social Work and Social Development: A Place to Link Together and Be Effective in a Globalized World. *International Social Work*, 55(4), 454-472.

Joyce, P. and Woods, A. (1997). Essential Strategic Management: *From Modernism to Pragmatism*. Oxford, UK: Butterworth Heinemann.

Kailash, K.K. (2013). Sub-national Comparative Social Policy: A Review of the Literature on India. *Comparative State Politics and Public Policy* (*CSPPP*) *Working Paper* 2, *February* 2013. Retrieved 31 May 2013.

Kannan, K.P. and Breman, J. (eds). (2013). *The Long Road to Social Security: Assessing the Implementation of National Social Security Initiatives for the Working Poor in India*. New Delhi, India: Oxford University Press.

Kant, I. (1964). *The Groundwork of the Metaphysics of Morals*. New York: Harper and Row.

Kar, K. (2005). *Practical Guide to Triggering Community-Led*

Total Sanitation.Retrieved 28 June 2007.

Karger, H.J. (1994). Toward Redefining Social Development in the Global Economy: Free Markets, Privatization, and the Development. *Social DevelopmentIssues*, 16(3), 32-44.

Kauchak, D. and Eggen, P. (1998). *Learning and Teaching: Research-Based Methods*. Boston, MA: Allyn & Bacon.

Kaye, A.R. (1985). Distance Education. In T. Husen and T. Neville Postlethwaite(eds), *The International Encyclopedia of Education: Research and Studies* (Vol. 3, pp. 1432-1438). Oxford, UK: Pergamon Press.

Kenny, S. (2007). *Developing Communities for the Future* (3rd ed.). Melbourne,Australia: Thomson.

Keown, D. (2001). *The Nature of Buddhist Ethics*. New York: Palgrave Macmillan.

Knitter, P.F. (2010). Social Work and Religious Diversity: Problems and Possibilities.*Journal of Religion and Spirituality in Social Work: Social Thought*, 29(3), 256-270.

Knott, C. and Scragg, T. (2013). *Reflective Practice in Social Work* (3rd ed.).London: SAGE Publications.

Korten, D.C. (1980, September-October). Community Organisation and Rural Development: A Learning Process Approach. *Public Administration Review*, pp. 480-511.

———. (1995). *When Corporations Rule the World*. London: Earthscan.

Kwok, J. (2008). Regional Perspectives from Asia: Social Work and Social Development in Asia. *International Social Work*, 51(5), 699-704.

Laksmono, B. S., Pattiasina, C., Sirojudin, A. and Osburn, L. (2008). Policy and Historical Context of Disaster Relief in Aceh: Relevant Factors in Social Work Assessment. *Asia Pacific Journal of Social Work and Development*,18(2), 6-18.

Lavalette, M. and Pratt, A. (eds). (1997). *Social Policy: A Concep-*

tual and Theoretical Introduction. London: SAGE Publications.

Ledwith, M. (2005). *Community Development: A Critical Approach*. Bristol, UK: The Policy Press.

Lee, J.A.B. (2001). *The Empowerment Approach to Social Work Practice*. New York: Columbia University Press.

Leighninger, L. and Midgley, J. (1997). United States of America. In N.S. Mayadas, T.D. Watts and D. Elliot (eds), *International Handbook on Social Work Theory and Practice*. Westport, CT: Greenwood Press.

Lepper, M.K., Greene, D. and Nisbett, R. (1973). Undermining Children's Intrinsic Interest with Extrinsic Reward: A Test of the 'Overjustification' Hypothesis. *Journal of Personality and Social Psychology*, 28, 129-137.

Lewis, C.S. (2001). *Mere Christianity*. London: Harper One.

Linzer, N. (1999). *Resolving Ethical Dilemmas in Social Work Practice*. Boston, MA: Allyn & Bacon.

Lokur, V. (undated). *Ralagen Siddhi: Rural Transformation through People's Participation*. Ralagen Siddhi, Maharashtra, India: Sant Yadav Baba Shikshan Prasarak Mandal and Notre Specialised Publishing Division.

Lowe, G.R. (1995). Social Development. In *Encyclopaedia of Social Work* (19th ed.). Washington, DC: NASW Press.

Lyons, K. (1999). *International Social Work: Themes and Perspectives*. Burlington, VT: Ashgate Publishing.

Lyons, K., Hokenstadt, T., Pawar, M., Huegler, N. and Hall, N. (eds). (2012). *The SAGE Handbook of International Social Work*. London: SAGE Publications.

Lyons, K., Manion, K. and Carlsen, M.S. (2006). *International Perspectives on Social Work: Global Conditions and Local Practice*. Basingstoke, UK: Palgrave Macmillan.

Macy, J. (1983). *Dharma and Development: Religion as Resource in the Sarvodaya Self-Help Movement*. West Hartford, CT: Kumarian Press.

Majeres, J. (1977). *Popular Participation in Planning and Decision Making for Basic Needs Fulfilment*. Geneva, Switzerland: ILO.

Maltby, T. (2002). Participation. In P. Alcock, A. Erskine and M. May (eds), *The Blackwell Dictionary of Social Policy*. Oxford, UK: Blackwell.

Mandal, K.S. (1989). American Influence on Social Work Education in India and *Its Impact*. *International Social Work*, 32, 303-309.

Mapp, S.C. (2008). *Human Rights and Social Justice in a Global Perspective: An Introduction to International Social Work*. New York: Oxford University Press.

Martinez-Brawley, E.E. (1980). Historical Perspectives in on Rural Social Work: Implications for Curriculum Development. *Journal of Education for Social Work*, 16(3), 43-50.

Martyn, H. (2000). *Developing Reflective Practice: Making Sense of Social Work in a World of Change*. Bristol, UK: Policy Press.

McBeath, G. and Webb, S.A. (2002). Virtue Ethics and Social Work: Being Lucky, Realistic, and Not Doing Ones Duty. *British Journal of Social Work*, 32, 1015-1036.

Meinert, R.G. and Kohn, E. (1987). Towards Operationalization of Social Development Concepts. *Social Development Issues*, 10 (3), 4-18.

Menachery, J. and Mohite, A. (2001). Whither Social Work Education in Maharashtra. *Indian Journal of Social Work*, 62(1), 106-122.

Midgley, J. (1981). *Professional Imperialism: Social Work in the Third World*. London: Heinemann.

———. (1984). Poor Law Principles and Social Assistance in the Third World: A Study of the Perpetuation of Colonial Welfare. *International Social Work*, 27, 19-29.

Midgley, J. (1986). *Community Participation, Social Development and the State*. London: Methuen.

———. (1992a). Introduction: Perspectives on Social Development and the State. *Social Development Issues* 14(1), 1-9.

———. (1992b). The Challenge of International Social Work. In M.C. Hokenstad, S.K. Khinduka and J. Midgley (eds), *Profiles in InternationalSocial Work* (pp. 13-27). Washington, DC: NASW Press.

———. (1994). Defining Social Development: Historical Trends and Conceptual Formulations. *Social Development Issues*, 16(3), 3-19.

———. (1995). *Social Development: The Developmental Perspective in Social* Welfare. London: SAGE Publications.

———. (2003). Social Development: The Intellectual Heritage. *Journal of International Development*, 15, 831-844.

———. (2014). *Social Development: Theory and Practice*. London: SAGE Publications.

Midgley, J. and Conley, A. (2010). *Social Work and Social Development: Theories and Skills for Developmental Social Work*. New York: Oxford UniversityPress.

Miller, C. (2013). The Problem of Character. In S. van Hooft and N. Saunders (eds), *The Handbook of Virtue Ethics*. Durham, NC: Acumen Press.

Milnes, A. (2007). *Community Hero: Bunker Roy*. Retrieved 4 March 2009.

Ministry of Urban Employment and Poverty Alleviation and Ministry of Urban Development, Government of India. (2005). *Jawaharlal Nehru National Urban Renewal Mission* (JNNURM) Toolkits. New Delhi, India: GOI.

Mishra, B. (1996). *A Successful Case of Participatory Watershed Management at Ralegan Siddhi Village in District Ahmadnagar, Maharashtra, India*. Retrieved 6 March 2009.

Mohan, B. (2010). Toward a New Social Development. In M. Pawar and D. Cox (eds), *Social Development: Critical Themes and Perspectives* (pp. 205-223).New York: Routledge.

Mohan, B. and Sharma, P. (1985). On Human Oppression and Social

Development. *Social Development Issues*, 9(1), 12-23.

Moni, M.H. (2008). Japan and South Asia: Toward a Strengthened Economic Cooperation. *Asia-Pacific Social Science Review*, 7(1), 1-26.

Moore, E. and Pawar, M. (2007). Promoting International Social Work Discourse through Conference Participation: Praxis and the Solidarity Fund of Global Social Work 2004. *Advances in Social Work and Welfare Education*, 9(1), 27-44.

Mullaly, B. (2006). *The New Structural Social Work: Ideology, Theory, Practice*. New York: Oxford University Press.

Mullick, S.P. (1987). Distance Education in India. In *Distance Education in Asia and the Pacific* (Vol. 2, pp. 15-93), Manila, Philippines: Asian Development Bank.

Muzumdar, K. (1997). Teaching Material for Social Work Education. *Indian Journal of Social Work*, 58(2), 233-243.

Nadkarni, V.V. and Desai, K.T. (2012). *National Consultation on National Network of Schools of Social Work for Quality Enhancement of Social Work Education in India*. Mumbai, India: School of Social Work, Tata Instituteof Social Sciences.

Nagpaul, H. (1988). The Profession of Social Work in Contemporary India. *The Indian Journal of Social Work*, 29(4), 339-354.

———. (1993). Analysis of Social Work Teaching Material in India: The Need for Indigenous Foundations. *International Social Work*, 36, 207-220.

Nanavatty, M.C. (1997a). Professional Associations of Social Work: An Analysis of Literature. *The Indian Journal of Social Work*, 58(2), 287-300.

———. (1997b). India. In N.S. Mayadas and T.D. Watta (eds), *International Handbook on Social Work Theory and Practice*. Westport, CT: GreenwoodPress.

Noble, C. (2004). Social Work Education, Training and Standards in the Asia-Pacific Region. *Social Work Education*, 23 (5),

527-536.

Nyoni, S. (1987). Indigenous NGOs: Liberation, Self-Reliance and Development. World Development, 15(1 Suppl.), 51-56.

Oakley, P. (1995). *People's Participation in Development Projects* (INTRAC Occasional Papers Series 7). Oxford, UK: INTRAC.

O'Connor, I., Wilson, J. and Setterland, D. (1998). *Social Work and Welfare Practice*. Melbourne, Australia: Longman.

OPHI (Oxford Poverty and Human Development Initiative). (2010). *OPHI and the UNDP Human Development Report Launch the Multidimensional Poverty Index*. Retrieved 16 July 2010.

Ortiz, L., Villereal, S. and Engel, M. (2000). Culture and Spirituality: A Review of the Literature. *Social Thought*, 19 (4), 21-36.

Overlid, B. (2008). The Cultivation of Moral Character: A Buddhist Challenge to Social Workers. *Ethics and Social Welfare*, 2(3), 243-261.

Paiva, J.F.X. (1982). The Dynamics of Social Development and Social Work. In D.S. Saundes (ed.), *The Developmental Perspective in Social Work* (pp. 1-11). Manoa, Hawaii: University of Hawaii Press.

Palmer, G. and Short, S. (1989). *Health Care and Public Policy*. Melbourne, Australia: Macmillan.

Pandey, R. (1981). Strategies for Social Development: An International Approach. In J. Jones and R. Pandey (eds), *Social Development: Conceptual, Methodological and Policy Issues* (pp. 33-49). New York: St. Martin's Press.

Pardasani, M., Goldkind, L., Heyman, J.C. and Cross-Denny, B. (2012). How Much Does the Distance in Distance Education Matter? Our StudentsSpeak. *Social Work Education*, 31 (4), 406-421.

Parker, K. (2000). *Understanding Self-Determination: Basics*. Retrieved 23 February 2009.

Patel, L. (2005). *Social Welfare and Social Development in South Africa*. New York: Oxford University Press.

Pateman, C. (1970). *Participation and Democratic Theory*. Cambridge, UK: Cambridge University Press.

Pathak, S. (1987). Social Development. In *Encyclopaedia of Social Work in India* (Vol. 3, pp. 53-63). New Delhi, India: Ministry of Social Welfare,Government of India.

———. (1997). Social Welfare, Social Work and Development: Review of Literature. *The Indian Journal of Social Work*, 58(2), 161-184.

———. (2012). *Social Work and Social Welfare*. Bangalore, India: Nirutha Publications.

Patil, B. (1999). *A Letter Formally Conveying the Declaration of* 1999-2000 *as the 'Year of the Gram Sabha'*. New Delhi, India: Minister for State (Independent Charge) for Rural Areas and Employment, Government of India.

Pawar, M. (1997). Special Review Essay: Social Development: The Developmental Perspective in Social Welfare by James Midgley. *Indian Journal of Social Work*, 58(2), 342-349.

———. (1999a). Professional Social Work in India: Some Issues and Strategies.*Indian Journal of Social Work*, 60(4), 566-586.

———. (1999b). Social Work Schools and Social Development Prospects in the Asia-Pacific Region. *Social Development Issues*, 21(1), 62-69.

———. (2000a). Australian and Indian Social Work Codes of Ethics. *Australian Journal of Professional and Applied Ethics*, 2(2), 72-85.

———. (2000b). Social Development Content in the Courses of Australian Social Work Schools. *International Social Work*, 43(3), 277-288.

———. (2005). Participatory Welfare: Conceptual and Practice Issues. In M. Pawar (ed.), *Capacity Building for Participation: Social Workers' Thoughts and Reflections*. Wagga Wagga, New South Wales, Australia: CRSR/ILWS.

———. (2008). The Flood of Krishna River and the Flood of Politics: Dynamics of Rescue and Relief Operations in a Village in India. *Asia-Pacific Journal of Social Work and Development*, 18(2), 19-35.

Pawar, M. (2010). *Community Development in Asia and the Pacific*. New York: Routledge.

———. (2012). The Adoption of a Rights-Based Approach to Welfare in India. *Journal of Comparative Social Welfare*, 28(1), 27-39.

———. (2013). Water Insecurity: A Case for Social Policy Action by Social Workers. *Australian Social Work*, 66(2), 248-260.

———. (2014). *Water and Social Policy*. Basingstoke: Palgrave Macmillan.

Pawar, M. and Cox, D. (2004). *Communities' Informal Care and Welfare Systems: A Training Manual* (2nd ed.). Wagga Wagga, New South Wales, Australia: CRSR.

———. (2010a). Social Development. In M. Pawar and D. Cox (eds), *Social Development: Critical Themes and Perspectives* (pp. 13-36). New York: Routledge.

———. (2010b). Local Level Social Development. In M. Pawar and D. Cox (eds), *Social Development: Critical Themes and Perspectives* (pp. 37-53). New York: Routledge.

———. (2010c). *Social Development: Critical Themes and Perspectives*. New York: Routledge.

Pawar, M., Sheridan, R. and Georgina, H. (2004). International Social Work Practicum in India. *Australian Social Work*, 57(3), 223-236.

Pawar, M. and Tsui, M. (2012). Social Work in Southern and Eastern Asia. In K. Lyons, T. Hokenstadt, M. Pawar, N. Huegler and N. Hall (eds), *The SAGE Handbook of International Social Work*. London: SAGE Publications.

Payne, M. (1997). United Kingdom. In N.S. Mayadas, T.D. Watts and D. Elliot (eds), *International Handbook on Social Work*

Theory and Practice. Westport,CT: Greenwood Press.

Payne, M. and Askeland, G.A. (2008). *Globalization and International Social Work :Postmodern Change and Challenge*. Burlington, VT: Ashgate Publishing.

Planning Commission. (1996). *Approach Paper to the Ninth Five Year Plan*(1997-2002). Faridabad, UP, India: GOI Press.

———. (2013). *Twelfth Five Year Plan* (2012-2017), *Social Sectors* (Vol. 3).New Delhi: SAGE Publications.

Popple, P.R. and Leighninger, L. (2001). *The Policy-Based Profession: An Introduction to Social Welfare Policy Analysis for Social Workers*. Boston, MA:Allyn & Bacon.

Pearse, A. and Stiefel, M. (1979). *Inquiry into Participation: A ResearchApproach*. Geneva, Switzerland: UNRISD.

———. (1981). *Debater Comments on Inquiry into Participation: A Research Approach*. Geneva, Switzerland: UNRISD.

Pedersen, M.B. (2008). *Promoting Human Rights in Burma : A Critique of Western Sanctions Policy*. Lanham, MD: Rowman & Littlefield.

Pierson, J. and Thomas, M. (2010). *Dictionary of Social Work*. Berkshire, UK:Open University Press.

Preston, N. (1994). *Ethics for the Public Sector: Education and Training*. Sydney,Australia: The Federation Press.

Pullen-Sansfacon, A. (2010). Virtue Ethics for Social Work: A New Pedagogy for Practical Reasoning. *Social Work Education*, 29 (4), 402-415.

Putnam, R.D. (1993). The Prosperous Community: Social Capital and Public Life. *The American Prospect*, 4(13), 36-42.

Ramachandran, V. (2010). *India Emerges as an Aid Donor*. Retrieved 5 June 2013.

Ratnam, D.L.G. (1987). History Social Reform among Christians. In *Encyclopedia of Social Work*. New Delhi, India: Ministry of Social Welfare, Government of India.

Rees, S. (1991). *Achieving Power*. Sydney, Australia: Allen & Unwin.

Rees, W.E. (2006). Globalization, Trade and Migration: Undermining Sustainability. *Ecological Economics*, 59(2), 220-225.

Reichert, E. (2011). *Social Work and Human Rights: A Foundation for Policy and Practice* (2nd ed.). New York: Columbia University Press.

Reupert, A. (2006). The Counsellor's Self in Therapy: An Inevitable Presence. *The International Journal for the Advancement of Counselling*, 28(1), 95-105.

Richardson, A. (1983). *Participation*. London: Routledge and Kegan Paul.

Rossiter, A. (2006). The 'Beyond' of Ethics in Social Work. *Canadian Social Work Review*, 23, 139-44.

Rowlands, A. and Tan, N.T. (2008). Social Development following the Indian Ocean Tsunami: An International Social Work Response through the Fast Project. *Social Development Issues*, 30(1), 47-58.

Rowlings, C. (1997). Europe. In N.S. Mayadas, T.D. Watts and D. Elliot (eds), *International Handbook on Social Work Theory and Practice*. Westport, CT: Greenwood Press.

Roy, B. (1997). The Barefoot College Project, Tilonia. In B. Saraswsati (ed.), *Integration of Endogenous Cultural Dimension into Development*. New Delhi, India: IGNCA and D.K. Printworld. Retrieved 30 May 2007.

Sampford, C. and Preston, N. (1998). *Public Sector Ethics: Finding and Implementing Values*. Sydney, Australia: The Federation Press.

Saunders, P. (1994). *Welfare and Inequality: National and International Perspectives on the Australian Welfare State*. Melbourne, Australia: Cambridge University Press.

Schimmelfennig, F. (2007). Europeanization beyond Europe. *Living Reviews in European Governance*, 2(1). Retrieved 3 March

2009 .

Schuler, D. (1996). *New Community Networks: Wired for Change*. New York: CAN Press.

Scott, D. (2011). *Reflections on Social Work: Past, Present and Future*. Retrieved 15 June 2013.

Sen, A. (2001). *Development as Freedom*. Oxford, UK: Oxford University Press.

Sevenhuijsen, S. (1998). *Citizenship and the Ethics of Care*. London, Routledge.

———. (2000). Caring in the Third Way: The Relation between Obligation, Responsibility and Care in Third Way Discourse. *Critical Social Policy*, 20(1), 5-37.

———. (2003). Principle Ethics and the Ethic of Care: Can They Go Together? *Social Work/Maatskaplike Werk*, 39(4), 393-399.

Shardlow, S. (1998). Values, Ethics and Social Work. In R. Adams, L. Dominelli and M. Payne (eds), *Social Work Themes, Issues and Critical Debates*.London: Macmillan.

Shari, I. (2000). Globalization and Economic Disparities in East and South East Asia: New Dilemmas. *Third World Quarterly*, 21(6), 963-975.

Sheridan, M.J. (2009). Ethical Issues in the Use of Spiritually Based Interventions in Social Work Practice: What Are We Doing and Why? *Journal of Religion & Spirituality in Social Work: Social Thought*, 28, 99-126.

Siegel, E., Jennings, J., Conklin, J. and Napoletano Flynn, S. A. (1998). Distance Learning in Social Work: Results and Implications of a National Survey.*Journal of Social Work Education*, 34(1), 71-80.

Singh, S., Gumz, E.J. and Crawley, B.C. (2011). Predicting India's Future: Does It Justify the Exportation of US Social Work Education? *Social Work Education*, 30(7), 861-873.

Smillie, I. (2001). Capacity Building and the Human Humanitarian Enterprise.In I. Smillie (ed.), *Patronage or Partnership: Local*

Capacity Building in Humanitarian Crisis (pp. 7-23). Bloomfield, CT: Kumarian Press.

So, A.Y. (1990). *Social Change and Development*. Thousand Oaks, CA: SAGE Publications.

Specht, H. and Courtney, M.E. (1994). *Unfaithful Angels: How Social Work Has Abandoned Its Mission*. New York: The Free Press.

SPF (Social Protection Floor). (2013). *Social Protection Floor*. Retrieved 16 May 2013.

Spicker, P. (1995). *Social Policy: Themes and Approaches*. London: Prentice Hall.

———. (1990). Social Work and Self-Determination. *British Journal of Social Work*, 20(3), 221-236.

Srivastava, P. (2004). *Poverty Targeting in Asia: Country Experience of India* (Asian Development Bank Institute Discussion Paper No. 5). Retrieved 2 June 2013.

Stepney, P. and Popple, K. (2008). *Social Work and the Community: A Critical Context for Practice*. Basingstoke, UK: Palgrave Macmillan.

Stuart, P.H. (2013). Social Work Profession: History. In C. Franklin (ed.), *Encyclopedia of Social Work*. New York: National Association of Social Workers/ Oxford University Press.

Swanton, C. (2003). *Virtue Ethics: A Pluralistic View*. Oxford, UK: Oxford University Press.

Tan, N.T., Rowlands, A. and Yuen, F.K.O. (2006). *Asian Tsunami and Social Work Practice: Recovery and Rebuilding*. New York: Haworth.

Thachil, G. and Kumar, A. (1997). Social Work Employment and Human Power: Review of Studies. *The Indian Journal of Social Work*, 58(2), 265-286.

The Ashden Awards for Sustainable Energy. (2003). *Barefoot College, India* 2003. Retrieved 9 March 2009 .

The Hindu. (2013). *New Mental Health Bill Bans Electric Shocks without Anaesthesia, Gives Right to Treatment*. Retrieved 18 June 2013.

The National Centre for Education Statistics, US Department of Education.(1998). *Distance Education in Higher Education Institutions: Highlights*.

The University of Queensland. (2009). What Is a Sub-prime Mortgage? Retrieved 21 February 2009.

Thirlwall, A.P. (1989). *Growth and Development: With Special Reference to Developing Economies* (4th ed.). Basingstoke, UK: Macmillan.

Thomas, G. (2013). Supportive Role of the 'CBCI Chair' at IGNOU in ODL Programme Development. *Asian Association of Open Universities Journal*, 8(1), 83-89.

The Times of India. (2011). *BU Rejects Correspondence Course in Social Work*.Retrieved 17 June 2013.

TISS Social Work Educators' Forum. (1997). Declaration of Ethics for Professional Social Workers. *The Indian Journal of Social Work*, 58(2), 335-341.

Titmuss, R.M. (1974). *Social Policy*. London: Allen & Unwin.

Todaro, M. P. (1997). *Economic Development* (6th ed.). London: Longman.

Tope, T.K. (1987). History of Social Reform amongst Hindus. In *Encyclopedia of Social Work*. New Delhi, India: Ministry of Social Welfare, Government of India.

Trembaly, G. (2011). Distance Education in the Context of Globalization: A Francophone Perspective. *The American Journal of Distance Education*, 25(1), 21-32.

Tronto, J.C. (1993). *Moral Boundaries: A Political Argument for an Ethic of Care*. New York: Routledge.

UGC (University Grants Commission). (1965). *Social Work Education in Indian Universities*. New Delhi, India: UGC.

———. (1980). *Review of Social Work Education in India*. New Delhi, India: UGC.

UGC (University Grants Commission). (1990). *Report of the Curriculum Development Centre in Social Work Education*. New Delhi, India: UGC.

———. (2013). *Total No. of Universities in the Country as on* 11.02. 2013.Retrieved 18 June 2013.

UN Centre for Regional Development. (1988). *Explorations in Local Social Development Planning*: 1988 *Synthesis Report*. Nagoya, Japan: UN Centre for Regional Development.

UNDP. (1992). *Human Development Report*. New York: Oxford University Press.

———. (1997). *Capacity Development*. New York: Management and Development and Governance Division, UNDP.

———. (2003). *Human Development Report* 2003, *Millennium Development Goals: A Compact among Nations to End Human Poverty*. New York: Oxford University Press.

UNDSPD (United Nations Division of Social Policy and Development). (2013).*United Nations Social Development Network*. Retrieved 1 May 2013.

UNESCAP (United Nations Economic and Social Commission for Asia and the Pacific). (1992). *Social Development Strategy for the ESCAP Region towards the Year* 2000 *and Beyond*. Bangkok, Thailand: UNESCAP.

———. (1996a). *Making an Impact: Innovative HRD Approaches to Poverty Alleviation*. Bangkok, Thailand: UNESCAP.

———. (1996b). *Showing the Way: Methodologies for Successful Rural Poverty Alleviation Projects*. Bangkok, Thailand: UNESCAP.

UNGA (United Nations General Assembly). (2010). *Keeping the Promise: A Forward-Looking Review to Promote an Agreed Action Agenda to Achieve the Millennium Development Goals by*

2015 (Report of the Secretary- General) Retrieved 9 May 2010.

UNHCR. (2005). *Handbook for Self-Reliance*. Retrieved 20 February 2009.

United Nations. (1975). *Popular Participation in Decision Making for Development*.New York: United Nations.

———. (1981). *Popular Participation as a Strategy for Promoting Community Level Action and National Development*. New York: United Nations.

———. (1992). *Teaching and Learning about Human Rights: A Manual for Schools of Social Work and the Social Work Profession*. Geneva, Switzerland: The UN Centre for Human Rights.

———. (1995). *World Summit for Social Development Report*. New York:United Nations.

United Nations Centre for Regional Development. (1988). *Explorations in Local Social Development Planning: 1988 Synthesis Report*. Nagoya, Japan: United Nations.

UNRISD (United Nations Research Institute for Social Development). (1980).*The Quest for a Unified Approach to Development*. Geneva, Switzerland:UNRISD.

UNSDN (United Nations Social Development Network). (2013). *United Nations Social Development Network*. Retrieved 16 May 2013.

Uphoff, N. (1986). *Local Institutional Development: An Analytical Sourcebook with Cases*. West Hartford, CT: Kumarian.

Uvin, P. (2004). *Human Rights and Development*. Bloomfield, CT: Kumarian Press.

Velasquez, M., Andre, C., Shanks, S.J.T. and Meyer, M.J. (2010). *What Is Ethics?* Retrieved 20 June 2013.

Verba, S., Nie, N.H. and Kim, J. (1978). *Participation and Political Equality*.Cambridge, UK: Cambridge University Press.

Vernon, R., Vakalahi, H., Pierce, D., Pittman-Munke, P. and Adkins, L.F. (2009).Distance Education Programs in Social Work:

Current and Emerging Trends. *Journal of Social Work Education*, 45(2), 263-275.

Wearing, M. and Berreen, R. (eds). (1994). *Welfare and Social Policy in Australia: The Distribution of Disadvantage*. Sydney, Australia: Harcourt-Brace.

Webber, J. and Nathan, M. (2010). *Reflective Practice in Mental Health: Advancing Psychosocial Practice with Children, Adolescents and Adults*. London: Jessica Kingsley Pub.

Webley-Smith, T. (2007). The Limits of Self-Determination in Oceania. *Social and Economic Studies*, 56(1&2), 182-208.

Weeks, W. (1994). *Women Working Together — Lessons from Feminist Women's Service*, Melbourne, Australia: Longman Cheshire.

Weeks, W. and Wilson, J. (1995). *Issues Facing Australian Families: Human Services Respond*. Melbourne, Australia: Addison-Wesley Longman.

Weiss, I., Gal, J., Cnaan, R. and Majlaglic, R. (2002). What Kind of Social Policy Do Social Work Students Prefer? *International Social Work*, 45(1), 59-81.

White, A. T. (1982). Why Community Participation? *Assignment Children*, 59/60, 17-34.

White, V. (2006). *The State of Feminist Social Work*. New York: Routledge.

Whitehill, J. (1994). Buddhist Ethics in Western Context. *Journal of Buddhist Ethics*, Vol. 1.

Wilson, J., Thomson, J. and Mcmahon, A. (1996). *The Australian Welfare State: Key Documents and Themes*. Melbourne, Australia: Macmillan.

Wisner, B.L. (2011). Exploring the Lived Religion of Buddhists: Integrating Concepts from Social Work and Religious Studies. *Journal of Religion & Spirituality in Social Work: Social Thought*, 30(4), 385-404.

World Bank. (2005). *The Effectiveness of Word Bank Support for Community-Based and-Driven Development*. Retrieved 12 March 2012.

World Bank. (1997). *World Development Reports: The State in a Changing World*. New York: Oxford University Press.

———. (1999/2000). *World Development Reports: Entering the 21st Century*.New York: Oxford University Press.

———. (2000/2001). *World Development Reports: Attacking Poverty*. New York: Oxford University Press.

———. (2001). *Understanding and Measuring Social Capital*. Washington,DC: World Bank.

———. (2013). *India Development Update. Economic Policy and Poverty Team, South Asian Region*. Retrieved 3 July 2013.

Wronka, J. (2007). *Human Rights and Social Justice: Social Action and Servicefor the Helping and Health Professions*. Thousand Oaks, CA: SAGE Publications.

Xiong, Y. and Wang, S. (2007). Development of Social Work Education in China in the Context of New Policy Initiatives: Issues and Challenges. *Social Work Education*, 26(6), 560-572.

Yuen, A.W.K. and Ho, D.K.L. (2007). Social Work Education in Hong Kong at Crossroads: Challenges and Opportunities amidst Marketization and Managerialism. *Social Work Education*, 26(6), 546-559.

Yuen-Tsang, A.W.K. and Wang, S. (2002). Tensions Confronting the Development of Social Work Education in China: Challenges and Opportunities.*International Social Work*, 45(3), 375-388.